高等院校文科通用教材

PUTONG LUOJIXUE JIAOCHENG

普通逻辑学教程

（第六版）

P M M S

李小克◎编著

首都经济贸易大学出版社
Capital University of Economics and Business Press
·北 京·

第六版前言

就像是我们不能过分相信我们的视觉一样，我们决不能过分相信我们“与生俱来”的逻辑能力。视觉有视觉差，而我们先天的逻辑能力也存在被蒙蔽的可能。

后天的逻辑修养是必要的。后天的逻辑修养可以使我们的逻辑能力由不自觉变为自觉。后天逻辑能力的培养可以使我们的思考成为批判性的思考，可以使我们的阅读和学习变为批判性的阅读和学习。

而批判性恰恰是我们民族的弱点。

本版新增加的内容可以使我们更深刻地认识到这种自觉的逻辑能力的重要性。

欢迎读者批评指正。

前 言

我买第一本逻辑学教科书是在 1965 年，到今天已有 30 几年了。我从事普通逻辑学教学工作至今，也整整 20 年了。其间，多次萌发要写一本普通逻辑学教科书的念头。第一次产生这个念头是在 1973 年，那一次，试写了几章，自觉“功力”不够，便停笔了。后来又动了几次念头，终因“等等再说”的自我告诫而没动笔。

今天，这个愿望终于实现了，这得感谢首都经济贸易大学出版社的同志，特别是我的学生王晓云同志。

本书在写作形式上作了一些探索。其目的有如下几点：

第一，使采用本教材的教师觉得普通逻辑学易教。

第二，使学习本教材的学生觉得普通逻辑学易学。

第三，使自学者觉得普通逻辑学没那么难学。

本书在内容上尽可能地加进了一些实用性的东西；同时把一些陈旧、过时乃至错误的东西排除掉，这些东西不仅误人，还要占据十分大的文字空间。

逻辑学从来就是一个激烈争论的学科，这是由这门学科的特点所决定的。

事实上，没有哪两本普通逻辑学教科书在基本理论和观点上完全相同。这本身就说明，没有一本普通逻辑学教科书是可以避免受到指摘的。我所希望达到的只是尽可能少地受到致命的、理论性的指摘，而同时希望自己提出的某些新观点和新方法又能为逻辑学同仁所接受。虽然这种希望近乎是奢望，但在本书见“公婆”之前，似乎也不为过。

作　者

2002 年 3 月

目　录

第一章 绪论

“逻辑”是一个音译词。有观点认为是日本人首先把这两个音译字带进日语，而若干年后又是由严复把它带回“娘家”——汉语中来的。

“逻辑”一词具有多重含义，一般说来具有以下四层：

第一，它可以指一门学科，这就是逻辑学。

第二，它可以指某些客观规律，例如人们常说的“这是事物发展的逻辑”“中国革命的逻辑”等等。在这里，“逻辑”二字指的就是某些客观规律。

第三，它可以指某些特殊理论，例如人们经常听到的诸如“强盗的逻辑”“侵略者的逻辑”这一类说法。在这里，“逻辑”的含义就是指特殊的理论或特别的观点、说法和学说。

第四，它可以指逻辑学中的某些规则或规律，例如人们常说“你的推理不合逻辑”。在这里，“逻辑”指的就是推理规则。

一、逻辑学的历史演变

一般认为，逻辑学是由几门子学科组成的。普通逻辑、数理逻辑（符号逻辑）、辩证逻辑是组成逻辑学的三门子学科。因此它是这三门子学科的统称。

普通逻辑是一门开创很早的学科，2000多年前的亚里士多德是公认的普通逻辑的开山鼻祖。经过2000多年的补充和发展，今天，普通逻辑已经成为一门相当成熟的科学。而数理逻辑的产生只是近百年的事，在它前面还有很长的路要走。尽管如此，把普通逻辑与数理逻辑作一下比较也是很有益处的。

同数理逻辑相比，普通逻辑有其无可比拟的优点。它能与人类的语言和思维实际密切结合，从而使人类在使用它时不会觉得不自然，也就不会觉得其理论与自己的思维实际相去甚远。但普通逻辑也有自身的不足之处：它的基本内容分成几大块，彼此之间的关联相对较少，没有一个基本的线索可以把它所有的内容贯穿起来。例如,在普通逻辑学中,三段论推理和各式各样的复合判断推理各有各的推理规则。三段论推理的规则只在三段论推理中有效,在假言推理和选言推理中就成为毫无意义的东西;同样,在假言推理中有效的推理规则,在选言推理和三段论推理中就成了毫无意义的东西。虽然这种情况在普通逻辑学中比比皆是,但很少有人把其作为普通逻辑学的一种不足。与数理逻辑相比,这种不足是很明显的。在数理逻辑中,推理规则是相对统一的,凡是正确的推理必符合这套规则,不存在只适用于此种推理而不适用于彼种推理的规则。

数理逻辑的系统性很强,浑然一体,这是它的优点,但它的缺点也是显而易见的。这就是,它不能与人类的语言思维保持基本的一致。我们在这里所指的是数理逻辑的“蕴涵怪论”,这个“怪论”困扰了逻辑学家近百年。令人不可思议的是,数理逻辑认可的某些定理,在正常的人类思维看来是无法接受的。学术界为了消除这个“怪论”,进行了几十年艰苦的努力,但是仍然无法彻底消除它给逻辑学家带来的内心深处的不安。种种迹象表明,“怪论”这个阴影仍然将继续存在下去,除非对数理逻辑进行某种理念性的改革,除非对数理逻辑赖以建立的最基本的东西——公理或公理方法本身加以改变,否则数理逻辑仍将会在“怪论”这个阴影之中不能自拔。

辩证逻辑作为逻辑学的一个分支,它的提出是基于恩格斯和列宁的设想,20 世纪 70 年代末期至 80 年代在我国很是热了一阵子。当时,我国的很多大学和研究机构都出版了有关的专著。但是,能为逻辑学界公认的理论架构和为各派观点均认可的理论体系却并未出现。从某种意义上说,辩证逻辑这门学科时至今日仍处于开发的过程中。以目前的情况看,对辩证逻辑的开发性研究正处于退潮的过程中。

普通逻辑在我国历史上曾经有过许多名称。在我国春秋战国时期，普通逻辑学叫“名学”和“辩学”。明朝末期，我国有一位学者叫李之藻，他翻译了一本葡萄牙人的逻辑书，他认为其中既讲了名学的问题又讲了推理的问题，于是把译本定名为《名理探》。“逻辑”一词在我国文字中的使用是从严复开始的，他翻译了一本逻辑书且把译本命名为《逻辑学》，这时已是清朝末期了。至于普通逻辑其他的称谓，在我国也多有采用，例如“形式逻辑”“论理学”“理则学”等。

值得一提的是，在我国藏传佛教的理论中有一套相当于普通逻辑的理论——“因明学”。很久以来它一直保留着古老而神秘的内容和称谓。目前有不少从事逻辑史研究的学者在致力于这方面的发掘、研究和挽救工作。

在逻辑学的开创阶段，普通逻辑就是逻辑学，而逻辑学也就是普通逻辑，二者是一回事。因为当时逻辑学的其他分支并未出现，所以，普通逻辑无论怎样称谓都不会引起争议。但是在辩证逻辑、数理逻辑都出现以后，普通逻辑便不能不改变自己的称谓了。我国曾召开过一次全国逻辑学讨论会，很多与会者一致认为：有必要统一普通逻辑这门学科的称谓，而只把其称为“普通逻辑”，以便与数理逻辑、辩证逻辑相区分。

二、普通逻辑学的学科地位

普通逻辑学的学科地位体现在以下四个方面：

第一，普通逻辑学是一门基础学科。这意味着，普通逻辑学是其他很多学科的基础，没有普通逻辑学就谈不上这些学科的建立和发展。因为任何一门学科的建立和发展都离不开人的思维活动，而普通逻辑学却恰恰是研究人的思维的。它的基础地位为联合国教科文组织及很多权威机构所承认。有的权威机构认为基础学科总共有三种，有的权威机构认为有“七大基础学科”，但无论是“七大基础学科”还是“三大基础学科”，其中总有普通逻辑学的位置,这其中的缘由不言而喻。

第二,普通逻辑学是一门没有阶级性的、属于全人类的学科。虽然人类之间的交流和沟通存在着很多障碍,但是其间却也存在着一个使交流和沟通成为可能的基础。语言上的障碍可以通过翻译而逾越,其他方面的障碍也可以通过相应的方法加以克服。但是,使交流和沟通成为可能的这个基础却总是为人们所忽略。其实,对这个基础是应当加以重视的,它不是别的,正是逻辑。如果不同的国家、不同的种族和不同的阶级有不同的逻辑,那么再好的"翻译"也无法为他们之间的沟通提供服务,因为人类无法把以一种逻辑为基础而建立的思想翻译成以另一种逻辑为基础而建立的思想。幸好,这种可怕的情况从未出现过。正因为人类思维赖以存在的逻辑是同一种逻辑,所以人类之间的交流和沟通才有可能进行。而普通逻辑学正是以研究人类思维及其所实际运用的逻辑为自己唯一的任务。

由此可见,普通逻辑学具有全人类的性质,它远远超越了阶级性和民族性。任何一个国家、种族,任何一个阶级都在用同一个逻辑思考这个世界;无论是黑人还是白人,也无论是企业家还是雇员,他们都在用同一个逻辑来形成并表达他们各自不同的思想和声音,用同一个逻辑来审视他们各自不同的立场和各自不同的利益需求。

第三,普通逻辑学是一门具有很高实用价值的学科。掌握普通逻辑学对于人们敏锐的思维、精确的表达是十分重要的。

不学数学,人们不能进行稍微复杂一点的数字计算;可是,不学逻辑学,人们仍然可以进行逻辑思维和表达。这种情况多少会使逻辑学家有些尴尬。然而,逻辑学毕竟不是数学,不懂数学计算的人可以补习数学,甚至可以从 1 +1 开始学起,但是没有逻辑思考能力的人却没有办法补习逻辑学,逻辑学是思考与学习的最根本的基础,这是逻辑学本身的性质所决定的。与数学相比,逻辑学是更为根本的东西,因为数学本身也是建立在逻辑学的基础之上的,没有一定的逻辑理论,数学便不可能产生。

对于这个问题黑格尔曾给出过一个极好的解释。他认为,逻辑学与生理学有些相近,不学生理学的人仍会消化食物,而学过生理学的人则更懂得养生。逻辑学也一样,虽然没有学过逻辑学的人也能进行逻辑思考,但是学过逻辑学的人,他的逻辑思维能力、表达能力会更强,更能有意识地发现并纠正自己及他人在思考、表达和论证中可能出现的错误;在思考和表述的同时,能对自己的思维和表述进行反思,能意识到自己正在用何种推理或判断进行思考或表述,也能意识到这种思考或表述的潜在意义。

从逻辑学的高度进行反思,这只是具有相当逻辑修养的人才可能具有的能力。

第四,平铺直叙的表述与沟通同带有幽默感的表达在效果上的差别是巨大的。值得一提的是,相当多或者说绝大多数的幽默方法是以逻辑学为手段的,较少的逻辑修养必然导致较少的幽默感,反之亦然。

三、普通逻辑学的学科特点

有很多普通逻辑学教材被命名为“形式逻辑”,这不是没有道理的。因为普通逻辑学在研究思维时,是以“形式”为手段进行的。

数学在研究客观世界时,也是抽象地进行的。1+1=2,这可能意味着一个苹果加一个苹果,也可能意味着一只猫加另一只猫。但数学绝不考虑事物之间存在的差异,这只是研究数学时使用的一些实例;数学只研究数字之间的关系而绝不研究这些数字所包含的内容。

普通逻辑学也一样,它研究思维时,也要在某种程度上摆脱掉一些内容的束缚,这是普通逻辑学所避免不了的。可以说,普通逻辑学之所以是普通逻辑学，任何一门科学之所以成为科学，某种特定的抽象性是这门学科赖以成立或得以存在的必要条件。

普通逻辑学认为以下两个判断在形式上是相同的：

有些不良少年是可以变成有用之才的。

有些专业是热门专业。

它们都具有"有些S是P"的结构，这个结构可以用公式表示为：

$$S\ I\ P$$

这个公式就是上述两个判断所具有的形式。

同样，普通逻辑学认为以下两个推理在形式上是相同的：

凡是人都应该遵纪守法，

张三是人，

所以，张三应遵纪守法。

凡是人都有可能成为百万富翁，

李四是人，

所以，李四也有可能成为百万富翁。

因为这两个推理的框架、结构是相同的，也就是说它们的推理形式是相同的，所以也可以说它们是同一个推理。

$$\begin{array}{c} M—P \\ \underline{S—M} \\ S—P \end{array}$$

然而，有些人可能会觉得奇怪：分明是两个不同的推理，怎么说是一个推理呢？说"这是两个推理"，这种说法是对的；说"这是一个推理"，也是不错的。因为，这其中一个说的是"张三应该守法的事"，另一个说的是"李四是否会发财的事"，守法与发财怎能混为一谈。但应当注意的是，"这是两个推理"的说法不是从形式上来分析而是从内容上加以考虑的。从形式上来分析，它们的结构是相同的,所以是同一个推理。

普通逻辑学研究的对象是形式而非内容,这是这门学科最重要的特点。背离这一点,普通逻辑学的产生便无从谈起。

从形式上把握对象,这是一种抽象。很多科学都具有抽象的特点。几何学把对象抽象成点、线、面、体,并用其来研究客观世界。另有一些科学,哲学史上称为实证科学,似乎与逻辑学和数学不同,如生物学从研究物种到研究基因都很具体,天文学也一样。抽象科学和较具体的实证科学在性质上是有很大差异的,作为抽象科学的普通逻辑学是通过形式并以其为手段来对思维进行研究的。

所谓抽象是指思维对思维对象的本质和规律的把握。列宁曾说过:当思维从具体的东西上升到抽象的东西时,它不是离开真理……而是接近真理,物质的抽象,价值的抽象及其他等等,一句话,一切科学的……抽象,都更加深刻、更正确、更完全地反映着自然。

四、普通逻辑学的研究对象

普通逻辑学所要研究的思维形式有三种:概念、判断和推理。这也就是说,人类的逻辑思维活动总是以这三种形式进行的。离开这三种形式的逻辑思维是不可能存在的。除此之外,它也研究一些简单的逻辑方法和逻辑规律。这些方法和规律虽然并不是独立于思维形式之外的特殊思维规则,但或者是由于其特别的实用性,或者是由于其特殊的价值,使其与思维形式并列成为普通逻辑学的研究对象。

五、普通逻辑学与语言的关系

无论是作为一种理性认识活动本身,还是作为一种理性认识活动的结果,抽象思维都是同语言不可分割地联系在一起的。抽象思维的产生、抽象思维活动及抽象思维的成果的表达和交流都离不开语言。为此,斯大林曾提到:思想只有在语言材料的基础上、在语言的词和句子的基础上才能产生和存在,而没有语言的材料、没有语言的自然物质的赤裸裸的思想是不存在的。

逻辑思维也是一种抽象思维过程。因此,普通逻辑学研究的三种思维形式——概念、判断和推理,也是与语言密不可分的,它们在语言中分别表现为语词、句子或复句、句群、段落乃至篇章。

六、普通逻辑学的学习方法

最后,应当谈一下怎样学好普通逻辑学。不同学科的学习方法有其共性也有其特性,关于共性这里就不多说了,关于普通逻辑学的学习方法的特性倒是值得说几句。黑格尔认为,方法取决于对象,学习对象的特点决定学习方法的取舍。从学习的角度而言,普通逻辑学兼具文科和理科的特点,学习普通逻辑学的读者绝大多数是文科或者准备向文科方面发展的读者,因此,这门学科的理科特点是他们更应该注意的。

在学习的过程中,读者会发现,这门学科其实是由大量的规则堆积而成的。对这些规则,我们不能满足于单纯的理解,单纯的理解是不够的。我们需要牢记这些规则,就像牢记数学中的公理和公式一般,只有这样我们才可能随时随地地使用它们。学习数学需要做大量的习题;学习生物学需要做实验;学习普通逻辑学则需要在实际生活中、在自己的思考过程中和与他人的沟通过程中尽可能地运用已经学到的知识。这既是一种实践活动,也是一种学习过程,对学习普通逻辑学而言,这似乎更为重要。

第二章 概念

第一节 概 述

黑格尔在写《小逻辑》时曾经为给他的理论找一个出发点而发了一通议论，他认为出发点其实是任意的。他的意思是说，他所要表述的理论为一个整体，这个整体是由若干部分组合而成的，而他无论以哪一个局部为出发点，都可以把他的思想完整地交给他的读者。

我们也该为本章找寻一个出发点。传统教材的出发点略显生硬，它一开始就试图直接告诉读者“概念是什么”或“什么是概念”，而我们选定的出发点是“事物”。

一、事物

“事物”这两个字，我们平常用得太多太多，以至于都不去注意区分它们了，但这两个字确实是值得我们认真思考的。

上课了，老师走进教室，他环视了所有的学生以后，举起一支粉笔问：“你们看见了什么？”这时，有的学生说，他们看见了“一支粉笔”；有的学生说，他们看见“老师手里拿着一支粉笔”。

以上两种回答都是正确的，但这两种回答的区别却太大了。

作第一种回答的学生认为自己看到的是一件“东西”。

作第二种回答的学生认为自己看到的是一件“事”。

在同样的情景中，对同一个问题作出两种回答，这意味着学生们对所面临的客观对象作出的处理是不同的。第一种处理把对象当作“物”，第二种处理把对象当作“事”。从这个事例我们可以看出，我们是从不同的角度审视这个世界的，而这也是我们在认识这个世界时的两个最基本的角度。

如果老师要求大家对他手中的粉笔再说点什么，大家会说它是“白色的”，呈“圆柱体”状，还会提及它的“硬度”和“化学构成”

等等。对这支粉笔而言,这些都是它的“属性”。同时,也会有人对老师举着一支粉笔“一事”的目的、原因等作出另一些猜测。从“物”的角度认识对象,我们揭示的是它们的属性、性质等等,从“事”这一角度认识对象,我们考察的是这件事发生的原因、结果、目的、手段、时间、地点等。

二、属性

客观对象的相同或相异就是属性的相同或相异。

“属性”这个词是个常用词,还有许多含义与其相似的词,例如“性质”“特性”“特征”“特质”“特点”“本质”“本质属性”等等。我们即使细细品味它们中的每一个,也很难把握它们的异同;我们办不到,哲学家、语言学家也会为它们头痛。

这种现象在英语中也存在,像 property, attribute, characteristic, feature 等也都是含义相似的词。我们这些把英语作为外语来学习的人,实在没有勇气去分辨它们。为此笔者曾请教过一位美国语言学家,而他也承认很难说出其间的微妙差别。

属性是如此重要的一个概念,以致事物之间的异同全由它来定夺。俗话说,“物以类聚,人以群分”。“物”之所以能以“类”聚,是由于一类事物中的每一个体都具有某些相同的属性,而这些个体之所以能归于一类,也恰恰是因为它们拥有某些相同的属性;“人”之所以能以“群”分,也是因为在不同的群体中,归属于同一群体的个体有着共同的属性。十年动乱中很多人被斥为“臭老九”类,其原因是每一个“臭老九”都具有“知识分子”这一属性。在中国历史上人分几等,有知识的人位居第九,再加上十年动乱中他们多为被“斗争”被“批判”的对象,且排行老九,就只能是“臭老九”一类了。人类内部尚且如此,“物”与“人”自然在更多的属性上有所区别,所以一个以“类聚”,而另一个只能以“群分”。

类的不同,意味着一些属性的不同;反之,具有不同属性的对象,也正因其属性的不同才使这些对象归属于不同的类。任何一个对象必定可以归属于某个类,因为任何一个对象都有很多属性,而每一种属性本身即意味着一种该对象可以归属的类。

没有属性的赤裸裸的客观对象并不存在,同样,不依附任何对象的属性也是不可思议的。

属性大致上可以分为三种,即本质属性、固有属性和偶有属性,其中后两种属性可以作为非本质属性。下面,我们以"人"为例来说明这三种属性。

1. 本质属性。每一个客观对象都有很多属性,"人"这个对象也有很多属性。人有"能制造并使用工具进行劳动"的属性,也有"能进行抽象思维"和"能直立行走"的属性,还可能有"贪婪"这一属性。然而,对人而言这些属性的重要程度是不同的。"能制造并使用工具进行劳动"、"能进行抽象思维"这些属性是人区别于其他任何事物的最根本的属性。没有这些属性,人类就不能称之为人了。这些属性是只有人才具有的。这些属性我们称之为人的本质属性。

2. 固有属性。人能直立行走,所以"能直立行走"是人的属性。但其他的某些动物也能直立行走,所以这个属性并非只有人才具有,这种属性我们称之为固有属性。

3. 偶有属性。有些人是贪婪的,但并非所有的人都是贪婪的,贪婪的人也并非总是贪婪的。因此,"贪婪"这个属性就只是人的偶有属性。

三、概念是反映对象本质属性的思维形式

人是什么?对这个问题每一个读者都会毫不犹豫地说,人是能制造并使用工具进行劳动、有语言、有抽象思维能力的高级哺乳动物。读者在这里所揭示出来的都是"人"这个概念的本质属性,至于是否能直立行走等非本质属性则连想都不会去想。这不是马虎大意,这是一种本能,这说明思维通过概念把握对象时,只把握

对象的本质属性而舍弃了其他的非本质属性。

所以说,概念是反映对象本质属性的思维形式。

四、概念与词语之间的关系

有些概念可以用不同的词来表述,如“普通逻辑学”和“论理学”,“洋白菜”和“卷心菜”,每一组的两个词都是同义词,从逻辑学的角度来说它们表达的是同一个概念。

有时,相同的词语可以表达不同的概念,前文提到的“逻辑”就是一个可以表达多个概念的多义词。它既可以指一门学科又可以指客观规律等。

每一个概念都可以用词语来表达,但有些词语是不表达概念的,如“或者”和“并且”就是不能表达概念的词语。一般来讲,实词表达概念而虚词不表达概念。就像你在路上遇到一个人,而他又是你的朋友,久别重逢,你们可能会握手交谈。这个人一定是一个活生生的、真实的人。

语言的使用有不同的层次。元语言与对象语言是语言使用的不同层次。元语言所涉及的对象是语言本身;对象语言所涉及的对象是客观对象和客观事物。

“‘人’是一个名词。”对在这句话里的“人”你是不能与之握手的,因为它只是一个词,你是不能同一个词握手的。在这里,“人”这个词是在元语言的意义上被使用的。一个词若在元语言的意义上被使用往往要用引号以示区别。

“人是能制造并使用工具进行劳动的。”这也是一个句子,这其中的“人”意味着一类对象——无数活生生的人;你虽不能同这个类本身握手,但你可以同其中的任何一个人握手。因为在这里,“人”这个词是在对象语言的意义上被使用的。

从语法的角度来看,“人”是个名词;从普通逻辑学的角度来看,“人”是一个概念。

五、概念的内涵与外延

概念具有反映对象本质属性的功能，此外它还具有指称对象本身的功能。如“卫星”这个概念，如果我们已经掌握了这个概念，那么我们就会知道，这个概念所反映的对象的本质属性是“环绕行星运转”，而且会知道这个概念同时指称着一类对象——无数的卫星，其中包括地球的卫星——月亮，包括土星的几个卫星，如土卫一、土卫二等。

“环绕行星运转”，这是每一个卫星的本质属性，但同样的这个属性如果被思维所把握并成为概念的内容，那么它便成为“卫星”这一概念的一部分了。这一源于对象的、被思维所把握并成为概念的内容的本质属性在普通逻辑学中被称为概念的内涵。

概念的内涵是反映在概念中的对象的本质属性。概念所指称的对象在普通逻辑学中被称为概念的外延。这样，地球的“月亮”，土星的“土卫一”“土卫二”及宇宙间的每一个卫星都成为“卫星”这一概念的外延的一分子了。

概念的外延是具有概念所反映的本质属性的对象。

概念的建立是需要有一个过程的，这绝不像买一张 CD 一样，你要么拥有它，要么不拥有它。对一个幼儿和一个化学家，“水”这一概念在他们二者之间是有很大区别的，但你不能说幼儿还不知道“水”这一概念，我们只能说这个概念在他那仍处于建立的过程中，并且随着幼儿知识的增长，“水”这一概念的内涵会不断地深化和丰富。

六、概念是会发生变化的

概念作为人的认识的成果不是一成不变的。

随着认识的深化和发展，概念的内涵和外延都会发生变化。例如，我们对宇宙的认识随着太空望远镜进入太空而被极大地拓展了,宇宙这个概念的内涵和外延也因此而发生了很大的变化。

另外,客观对象本身也是不断发展变化的。今天计算机与网络的含义与它们刚诞生时的含义相比,发生了巨大变化。20 世纪 50 年代的人造卫星与今天的人造卫星是无法相提并论的,随着科技的发展,人造卫星这一概念的内涵和外延被深化和拓宽了。

第二节　概念的种类

逻辑学研究概念的目的就是为了明确概念的内涵和外延。“人”这个概念有它自己的内涵和外延,“卫星”这个概念也有自己的内涵和外延,明确这两个概念就是明确它们的内涵和外延。“人”这个概念的内涵我们已经讲了不少,现在我们来研究它的外延。

“人”这个概念的外延十分宽泛,古今中外的每一个人都是这个概念外延中的一分子。对于外延如此宽泛的概念我们无法也不必要一一考察其外延中的每一个分子,通常的做法是把其外延的所有分子分成类来加以把握。例如,我们可以把其外延分成“白种人”和“有色人种”,也可以分为“成年人”和“非成年人”,明确了这些类就等于明确了这个概念的外延。

“概念”这个概念,也有它自己的内涵和外延。在上一节中,我们提到它是“反映对象本质属性的思维形式”,这实际上就等于明确了它的内涵;同样,我们也可以通过对其外延进行分类来明确其外延。

对概念可以作如下分类。

一、单独概念与普遍概念

根据概念的外延所包含对象的多少,可以将其分为单独概念和普遍概念。

单独概念,它的外延只有一个对象。“鲁迅”就是一个单独概念,它的外延只有一个对象;“中国女排”也是一个单独概念,它的外延也只有一个对象,即曾获得“五连冠”的那个中国女排。

普遍概念,它的外延包含多个(两个或两个以上)对象。如“作家”就是一个普遍概念,因为它的外延包含了很多对象,古今中外的每一个作家都属于这个概念的外延;再如“城市”“中国女排队员”“银行”等也都是普遍概念。这种区分只以一个概念的外延所包含的对象是否为一个为依据,超出了一个对象的标准,哪怕只有两个对象也只能把它作为普遍概念。

单独概念与普遍概念的词语表现有一定的区别。专有名词只能表达单独概念,如“长城”“中国女排”“中国人民银行”等,从语言上看它们都是专有名词。在普通逻辑学中,专有名词表达单独概念。普遍概念常用普通名词或词组来表达,如“城市”“中国女排队员”“银行”等都表达普遍概念。

值得指出的是,“中国女排”同“中国女排队员”不是同一个概念:前者的外延在世界上只有一个,是独一无二的,即曾经获得“五连冠”的那个中国女子排球队,因此它是单独概念;后者的外延中却包含了多个对象,因此它是普遍概念。

二、正概念与负概念

根据概念所反映的对象是否具有某种属性,可以将其分为正概念和负概念。

正概念是正面肯定对象具有某种属性的概念。例如“党员”“脊椎动物”“结盟国家”,它们都属于正概念。“党员”这个概念反映了其外延中的所有对象具有“履行了入党手续”这一属性;“脊椎动物”这个概念反映了其对象“具有脊椎”这一共同的属性;“结盟国家”则反映了这些国家具有“与其他国家结盟”这一属性。

负概念是否定对象具有某种属性的概念。例如“非党员”“无脊椎动物”“不结盟国家”,它们都属于负概念。“非党员”所反映的是对象不具有“履行过入党手续”这个属性,其他两个负概念则反映了对象不具有“有脊椎”、“结盟”的属性。

有些概念如“不丹”则不是负概念。从语言的角度看,这里的“不”字不能作为否定词,不具有否定的含义,因此它只能算是正概念。

上述三个负概念中出现了三个否定词,这三个否定词的用法是很不相同的。例如,把“非党员”表达成“不党员”、“无党员”,把“无脊椎动物”表达成“不脊椎动物”是不行的。那么为什么“党员”前面以“非”否定讲得通,而以“不”、“无”否定则讲不通呢?这也许是约定俗成的缘故吧!如果我们要求前文提到的美国语言学家告诉我们以下表达否定的前、后缀,例如:un -,a -,dis -,non -,in -,- less 中每一个词缀各有何特点,以及在何种情况、何种场合下我们可以准确无误地使用它们,这也许就太难为这位美国语言学家了,因为汉语也没能解决这类问题。以英语为母语的人可能不会对这些前后缀感到太棘手,就像我们用“不”、“无”、“非”时,也不必抱太大的戒心一样。在自己的母语中可以跟着感觉走,出不了大问题。但外国人学习汉语时,“不”、“无”、“非”的使用就成问题了,如果没有使用规则,他们不敢轻易用这几个否定词编造一个新概念。中国人学英语时也一样,不敢随便使用这些表达否定的前后缀。因为不是母语,讲母语时的语感与讲外语时的语感和自信显然是不同的。

看来,规则还是需要的。语法尚未解决这个问题,普通逻辑学也未能解决这个问题;汉语没解决,英语也没能解决。希望寄托在读者身上。

三、属性概念与实体概念

根据概念所反映的对象属性的多少,可以将其分为属性概念和实体概念。

属性概念是只反映了对象某一条属性的概念。实体概念则是反映了对象多条属性的概念。

例如,“红旗”是一个实体概念,它的内涵其实是由“旗子”这一属性加上“红色的”这一属性构成的。“红”本身也是一个概念,一个属性概念,它的内涵只反映和突出了对象所具有的“红色的”这一属性。再如“幸福的儿童”和“勇敢的战士”,其中“幸福”和“勇敢”作为属性概念,只反映了对象“幸福的”和“勇敢的”这些属性本身,而忽略了对象的无须强调的其他属性。

属性概念一般常用抽象名词或形容词表达,而实体概念则常用具体名词表达。

“实体概念”的“体”字的用法与几何学中的“体”颇有相似之处。在几何学中,一维的东西只能是“线”,二维方可是“面”,只有三维,才能称“体”,这与实体概念之“体”相当。内涵中含有两条或两条以上的属性的概念为实体概念,内涵中只含有一条属性的概念则为属性概念。

四、集合概念与非集合概念

根据概念所反映的对象是否是集合体,可以将其分为集合概念和非集合概念。

如果一个概念所反映的对象只能是某集合体本身,那么这个概念就是集合概念。例如:“大兴安岭森林”“小兴安岭森林”,“中国工人阶级”“俄国工人阶级”,“湖人队”“八一队”,《十万个为什么》《中国通史》等都是集合概念。它们分别是特定的“树”、“工人”、“球员”和“书”的集合体。

在集合概念中,概念的内涵不一定为这个概念外延中每一个个体所具有。例如,“中国工人阶级”这个概念的内涵中有“领导阶级”这一属性,而这个属性不为集合体中的任何一个个体所具有。

与集合概念相对应的是非集合概念。

如果一个概念所反映的对象是可以个体化的非集合体,那么这个概念就是非集合概念。例如,“树”“工人”“球员”“书”这些概念就是非集合概念。“书”的外延就是一本一本的书,而不是什么集合体;“工人”的外延就是一个个具体的工人。

在非集合概念中,概念的内涵一定为这个概念外延中每一个个体所具有。例如,“书”这个概念的内涵中有“表达一定的思想内容”这一属性,而这个属性为它外延中的任何一本书所具有。

非集合概念所反映的对象是非集合性的,它所反映的属性为对象中的每一个个体所具有,例如,“书”这个概念内涵中的属性为每一本书所具有。集合概念所反映的对象是集合性的,它的内涵所反映的集合体的属性不一定为集合体中的每一个个体所具有,例如,“工人阶级”具有的“大公无私”这一属性并不为每个工人所具有。

普通逻辑学之所以把概念区分为集合概念与非集合概念,是因为我们在使用集合概念时常犯一些为语言表达习惯所容忍的错误。例如,我们常说“中国人不好惹”,这里的“中国人”是一个集合概念,它把中国人作为一个整体对待,“不好惹”这一属性不一定为集合体中的每一个中国人所具有。确切地表达这句话,可以说“中国人民是不好惹的”或“中华民族是不好惹的”。

语言表达习惯所容忍的错误常引发逻辑上的恶果。例如,“朝鲜族人爱干净,李某是朝鲜族人,所以李某爱干净。”这个推理表面看来似乎言之成理,但它的确是错误的,因为“李某既是朝鲜族人,同时又不爱干净”的这种可能性是存在的。如果把其中的“朝鲜族人”换成“朝鲜民族”,那么犯这个错误的可能性便几乎没有了。

如果脱离了语境,脱离了上下文,就没有必要确定一个概念是否是集合概念。由于集合概念经常被使用,而其文字表达又往往不规范,所以,普通逻辑学对集合概念的区分往往需要在语境当中进行。如果脱离了语境,脱离了上下文,只给出一个“朝鲜族人”,我们不好说它是否是一个集合概念。

集合概念并非总是单独概念,而单独概念也不一定总是集合概念。例如,“森林”作为普遍概念,它的外延既包含“大兴安岭森林”又包含“小兴安岭森林”,具体森林才是它所反映的对象,但“大兴安岭森林”“小兴安岭森林”这两个森林中,每一个都是树木的集合体。再如“篮球队”作为普遍概念,它的外延既可以包含“湖人队”,又可以包含“八一队”,但只有具体的球队才是球队成员的集合体。“丛书”是一外延很宽的概念,它既可以指老版本的《十万个为什么》,也可以指《外国法律思想文库》,无论是哪一部丛书,都是一套书的集合体。“工人阶级”也是这类概念,它的外延包括“中国工人阶级”“俄国工人阶级”,任何一个国家的工人阶级都是“工人阶级”这一概念外延中的对象,但无论是“中国工人阶级”“俄国工人阶级”,还是哪一个国家的“工人阶级”,它们中每一个都是由性质相同的个体集合而成。

有一点值得引起注意,那就是集合概念在西方语言中常常表现为专有名词。

在本节中,我们从四个方面揭示了概念的种类。任意一个概念在每一种分类中都可以确定其归属。例如,“森林”是一个普遍概念、正概念、实体概念,“大兴安岭森林”是一个单独概念、正概念、实体概念,在具体的语境中如有必要,我们还可以把其作为集合概念。

第三节 概念间的关系

普通逻辑学用图解的方法表达概念的外延。如水果的外延可以用一个圈(A)表示,苹果的外延也可以用一个圈(B)表示(见图2-1)。

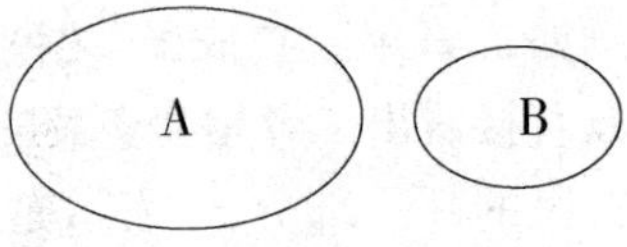

图2-1

水果与苹果的外延是有关系的，如把二者联系起来考查，苹果的外延包含在水果的外延之中，这种关系可用图 2－2 来表示。

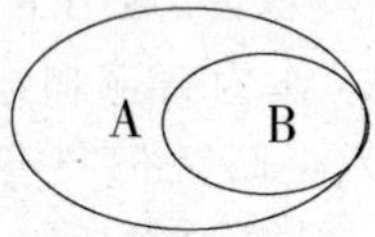

图 2－2

这种图解方法是数学家欧拉提出的，故称为欧拉图解。

普通逻辑学所研究的概念间的关系是概念外延上的关系，其着重点是概念外延是否有重合的部分。如果两个概念在外延上有重合的部分，我们称这两个概念间的关系为相容关系；如果两个概念在外延上没有重合部分，我们称这两个概念间的关系为不相容关系。

一、概念间的相容关系

概念间的相容关系有三种：

1. 同一关系。有些教材把它叫作全同关系。例如，"西红柿"与"番茄"之间的关系就是同一关系，二者的外延完全相同，如图 2－3所示。

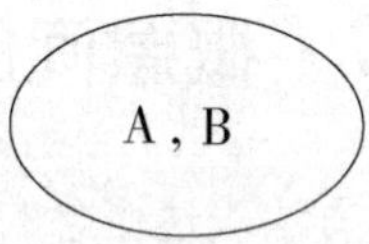

图 2－3

2. 交叉关系。例如，"青年"与"农民"之间的关系就是交叉关系。从下图我们可以直接看出二者相互交叉的情况。图 2－4 中，A 表示是青年而非农民的那一部分，C 表示是农民而非青年的那一部分，B 表示既是青年又是农民的那一部分。

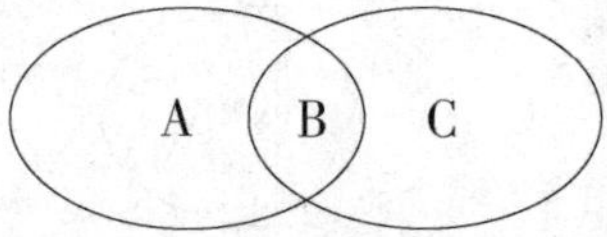

图 2－4

3. 属种关系。例如，"羊"与"哺乳动物"之间的关系就是属种关系。图 2－5 表示的就是这两个概念之间的关系。A 表示哺乳动物，B 表示羊，B 的外延完全包含在 A 的外延之内。逻辑学把概念 A 称为属概念，把概念 B 称为种概念。属与种是相对而言的。在这里，"羊"是"哺乳动物"的种概念，哺乳动物同时是羊的属概念；换一个场合，例如"山羊"是种概念而"羊"则成了属概念。有些教材把 A 与 B 的关系称为"真包含关系"，把 B 与 A 的关系称为"真包含于关系"。

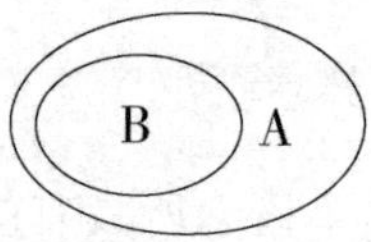

图 2－5

二、概念间的不相容关系

概念间的不相容关系有两种：

1. 矛盾关系。如"脊椎动物"与"无脊椎动物"，这两个概念在外延上的关系就是矛盾关系。它们在外延上没有重合的部分，而且这两个概念的外延之和恰恰等于它们的属概念。图 2－6 中，C 表示"动物"这个属概念，A 和 B 分别代表脊椎动物与无脊椎动物这两个种概念。

2. 反对关系。如"团员"与"老人"，这两个概念外延上的关系就是反对关系。它们的外延没有重合的部分，且作为种概念，其外延之和小于它们的属概念。图 2－7 中，C 表示属概念"人"，A 和

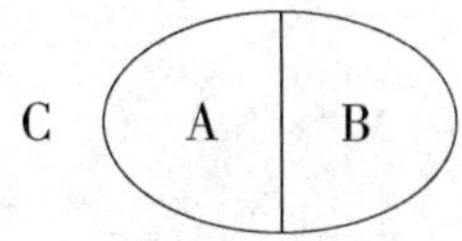

图 2-6

B 分别表示"团员"与"老人"这两个种概念。

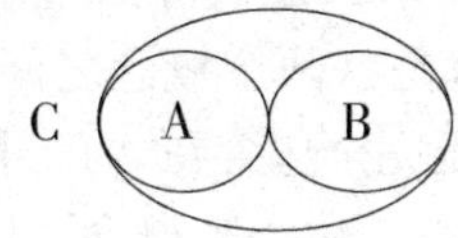

图 2-7

普通逻辑只研究某些概念间的关系,因为这些概念具有共同的属概念,这样的概念间的关系可以从外延上加以研究。还有一些概念间的关系我们无法从外延上加以把握。

三、概念间的全异关系

如果我们很难找出两个概念所具有的共同的属概念,或者这两个概念根本没有共同的属概念,那么,概念间的这种关系我们可以称之为全异关系。例如,我们很难发现"帕瓦罗蒂"与"《我的太阳》"这两个概念在外延上有什么关系,因为我们很难找出他们所具有的共同的属概念,或者也许他们根本没有共同的属概念。

对于全异关系,普通逻辑学的概念理论从未研究过,实际上也不可能进行研究。因为,事实上全异关系不是概念上的而是实际对象之间的。帕瓦罗蒂可以演唱《我的太阳》,也许会改写《我的太阳》,但这些都已经是事实或可能存在的事实了。

概念间的关系与对象间的关系事实上有很大的区别。例如鲁迅与许广平是夫妻关系,这种关系是文学或法学上要研究的,普通逻辑学不研究这两个人之间的关系,它要研究的是概念间的关系。

从概念上看,"鲁迅"与"许广平"之间的关系是反对关系,因为这两个概念的外延没有重合的部分,且外延之和小于其属概念“人”的外延。

“公牛队”与“爵士队”这两个概念间的关系也是反对关系,二者在外延上无重合的部分,且二者的外延之和小于其属概念“篮球队”的外延。但从事实上看,作为两个真实对象的球队,实力上也许差不多,也许相去甚远,也许在某场比赛中公牛队赢了爵士队,但这只是某种客观事实,而非逻辑学所关心的概念间的关系。

概念间的全异关系在概念间是普遍存在的,但这个情况并未引起逻辑学界的足够认识,以致造成许多混乱。有些教材虽也提到全异关系,但把其等同于本书所述及的概念间的不相容关系,因而实际上也未对这个问题作任何处理。

第四节 概念的概括与限制

概念的概括与限制也是一种明确概念的方法。

在与人交流或沟通时,你可能会感到对方表达的太烦琐,也可能感到对方表达的不太具体。例如,在路上你遇到一个同事,问他干什么去,他告诉你他要去买一双 26 号的黑色无带的牛皮鞋,你当然会感到他太啰嗦了。再如,你这个同事到了鞋店之后,售货员问他买什么鞋,他说要买一双皮鞋,售货员又问他买男式的还是女式的,还得问买什么皮的,多少号的,什么款式的等等,像挤牙膏一样。这岂不让售货员烦恼,一下子说清楚多好。

你同事的问题出在哪儿? 出在他不能恰当地使用概念,该概括的时候太具体,而该具体的时候又太笼统了。

一、概括是从种概念过渡到属概念的过程

从“26 号的黑色无带的牛皮鞋”概括到“牛皮鞋”,再概括到“皮鞋”,直到概括为“鞋”,这其中每一个概念都是前一个概念的

概括,也是前一个概念的属概念。从外延上看,概括是使概念外延变宽的过程;从内涵上看,概括是减少概念内涵属性的过程。

20世纪60年代有一个笑话:一个青年工人很尊敬地把他的师傅称为"王师傅",后来他出徒了,就把"王师傅"改称为"师傅"。又过了几年,他也带徒弟了,这时"师傅"二字他也不用了,就直呼"老王"。从这个小笑话里,我们可以看出"王师傅"这个概念被一步一步地概括了,师徒之间的关系也一步一步地疏远了。

对一个外延较窄的概念可以进行多次的概括。每一次概括的结果必定是使一个概念的外延变宽,而所采用的手段必定是通过减少概念的内涵属性来实现的;至于概括到什么程度,就完全取决于具体的需要了。

概括是有终点的。例如,从"人"—"哺乳动物"—"脊椎动物"—"动物"—"生物"—"物质",概括到"物质"就算到终点了,因为"物质"是哲学上的一个范畴,而哲学范畴是外延最宽的属概念。

在实际生活中,概括往往存在一个合理的限度。超出这个限度有时会产生负面效果。例如,你说某人是一个"老总",他也许会很得意;你说他是一个"经营者",他会不以为然;你要是说他是一个"人",他会很奇怪;而如果你说他是一个"动物",他肯定会发怒。

十年动乱期间,有一种"无限上纲上线"的做法,这种做法不知造成了多少冤假错案;而所谓的"上纲上线"其实就是概括,只不过是无限制的或者说脱离了合理的限度的一种概括而已。

以往的普通逻辑学教科书很少注意到,概括应有一个合理的限度。但遗憾的是,本教材也只能提出这一点,而无法给"合理限度"以一个理论上的界定,也许这种界定是根本无法给出的。读者不必期盼逻辑学能为自己提供一些相关的规则或类似的东西,而只能在具体实践中因时因地加以灵活把握。

二、限制是从属概念过渡到种概念的过程

限制是概括的反过程。限制通过增加内涵达到使概念外延变窄的目的。例如，我们可以把“党”限制为“共产党”，再限制为“亚洲的共产党”，最后还可限制为“中国共产党”。前文提到的从“鞋”“皮鞋”“牛皮鞋”再到“26 号牛皮鞋”，这个过程也是一步步的限制过程。

限制也存在一个极限的问题。例如，前面的限制过程限制到“中国共产党”便不能再进行限制了，因为“中国共产党”已经是一个单独的概念了，而单独概念的外延只包含一个对象。在一个概念的外延中，如果只包含一个对象，那么这个概念的外延是不能再减少的了。因为，限制过程只能使概念的外延化宽为窄，使外延中的对象化多为少，而绝不能使其化有为无。所以，一般认为单独概念是限制的极限，限制到了单独概念便不能再简单地进行限制。

值得注意的是，某些时间性的限定成分也可以对概念起某种限定作用（请注意，我们这里用的是限定而非限制，以示二者之间的区别）。

例如：我们在“中国共产党”前面加上一个“十一届三中全会以后的”限定成分，其作用虽然不能改变概念的外延，但却可以为概念的内涵增加“改革开放”这一属性，而在“中国共产党”前面加上一个“十年动乱”这一限定成分，就会使人联想起“四人帮”的横行霸道。

再如，“鲁迅是许广平的爱人”，这是毫无疑义的说法。但如果我们在鲁迅前面加上一个时间性的限定成分，比如“幼年”，那么“幼年的鲁迅是许广平的爱人”便是一个不可接受的说法了。可见，某些限定成分也能对概念起某些限定的作用。它虽不能改变概念的外延，但却能使概念的内涵起变化，并进而改变了概念在某些场合运用的有效性。

语法上的修饰与逻辑上的限制有着根本的区别。例如,在“伟大、光荣、正确的中国共产党”这个概念中,“伟大”、“光荣”、“正确”不对“中国共产党”起限制作用,因为它没有改变“中国共产党”这一概念的外延,也没有改变它的内涵,而且“伟大”、“光荣”、“正确”也不是时间性的限定成分。从语法上来说它是修饰而非逻辑上的限制。

概念的概括与限制是人在思考当中随时随地都可能使用的逻辑方法。正确地使用概括与限制是人的思维是否具有很强的逻辑性的重要标志之一。正确地使用概括与限制可以使人们之间的沟通和交流避免很多无谓的错误和麻烦。

第五节 定 义

给概念下定义也是一种明确概念的方法,它是使用精练简明的语言揭示出概念内涵的一种方法。

实际上我们已经接触了很多的定义。例如:

限制就是从属概念过渡到种概念的一种方法。

人就是能制造并使用工具进行劳动、有语言思维能力的高级哺乳动物。

内涵就是反映在概念中的对象的本质属性。

热岛现象是指制冷设备所排放的热量停滞在地面和树木较少的城区,使局部气温不正常地不断升高的现象。

儿童多动症是指智力正常或接近正常的儿童所具有的以活动过多、注意力难以集中、情绪容易冲动并伴有认识障碍和学习困难为特征的一种综合征。

以上几句话用最精练的语言揭示出了“限制”“人”“内涵”“热岛现象”“儿童多动症”这几个概念的本质属性,这就是定义。

一、定义的形式

定义中的表达一般常采用如下形式：

"…… 就是……"

"所谓……就是……"

"……即……"

具有这类句子形式的语句所表达的都是定义，除非滥用或误用了这些句子形式。

二、定义的结构

从结构上看，定义分成两大部分。"就是"、"即"之前的部分在逻辑上叫作被定义项，之后的部分叫作定义项。

定义项又分成两部分。例如，在前面第二个定义中定义项是"能制造并使用工具进行劳动、有语言思维能力的高级哺乳动物"，而它又可以分为"能制造并使用工具进行劳动、有语言思维能力的"和"高级哺乳动物"两部分；普通逻辑学把第一部分称做种差，第二部分称做属。很明显，第二部分"高级哺乳动物"是被定义项"人"这一概念的属概念；相对于这个属概念，"人"只是其中的一个种概念。除了"人"这个种概念，属概念还包含着其他的种概念，如"猩猩""猴子"等很多；这些种概念在内涵上有很大区别，而"人"这个种概念的内涵与其他种概念内涵上的差别恰好是"种差"。

定义的结构可用如下公式表达：

被定义项 = 种差 + 邻近的属

这种定义方法有很多名称，有些教材称其为"实质定义"，有些教材称其为"真实定义"，逻辑史上曾称其为"唯实定义"，但比较传统的名称是"属加种差定义"。

三、下定义的步骤与过程

我们试用上述的定义方法给一个概念下定义。比如给“水”下定义,其过程是这样的:我们首先要为这个被定义的概念找一个属概念,这是一个概括过程。“化合物”是水的属概念,但不是邻近的属,外延比“化合物”的外延稍窄一些的概念才是邻近的属,使用较邻近的属可以使定义更具体,这样我们就找到了“中性化合物”这一属概念。剩下的工作便是找种差了,通过分析我们发现,可以从水的化学结构上为其找到“其分子是由一个氧原子与两个氢原子构成的”这一种差。这样我们就得到这个定义:“水就是其分子是由一个氧原子、两个氢原子化合而成的中性化合物”。

下定义是一个综合运用概括与限制的过程。为被定义项找一个邻近的属,这个过程是概括,而找出种差并使其作用于这个邻近的属的过程是限制;先概括,后限制,先把被定义概念的外延展宽为邻近的属概念的外延,再通过种差的限制作用把邻近的属概念的外延缩回到被定义概念外延的实际水平,通过这两个步骤就可以揭示被定义概念的内涵。

下定义最好使用“最邻近的属”。值得一提的是:所谓“邻近的属”,它实在是一个很难把握的、相对性很强的说法,我们只能确认某个属比另一个属更“邻近”或更“远”一些,但对某个“邻近的属”而言可能存在一个比它更“邻近”的。读者完全不必对此担心。

下面是两个定义:

水就是其分子由一个氧原子、两个氢原子构成的中性化合物。

水就是其分子由一个氧原子、两个氢原子构成的化合物。

这两个定义在定义理论上都是正确的,尽管第一个定义的属比第二个定义的属更“邻近”一点,但它并不比第二个定义更正确。从效果上看二者有所不同,第一个定义揭示的内涵较第二个丰富一些，所以第一个定义更成功些。下定义的目的是揭示概念的内涵，揭示的越多当然越成功。

“邻近”这只不过是个要求、是个“软指标”而已，其目的无非是使定义更确切、更科学。另外，普通逻辑学无法教你找出“最邻近的属”，这是各具体学科的事，只有具备相当专业知识的人才可能找出这个“最邻近的属”并作出最科学的定义。

概念所反映的对象的本质属性是多方面的，因此，可以从不同学科的角度分别给一个概念下定义。例如，水这个对象既是化学的又是物理学的研究对象，所以，我们不仅可以从化学角度给“水”这一概念下定义并揭示出其在化学方面的内涵，而且还可以从物理学的角度给“水”下定义：

水就是无色、无味、透明、比重为1、比热为1、冰点为摄氏零度、标准大气压下沸点为摄氏100度的液体。

这个定义揭示了“水”这一概念的物理学方面的内涵。

四、定义规则

我们常接触一些现成的定义，也会自己下定义，有时我们需要对定义的正确性作出辨认，为了这种辨别的需要，我们应该牢牢掌握下述定义规则。

第一，定义应当相称。

所谓定义应当相称，指的是定义项与被定义项的外延应保持同一关系。不能保证同一关系的定义必定是一个错误的定义。

岛就是四面环水的陆地。

这个定义就是一个错误的定义。作为定义项“四面环水的陆地”的外延比“岛”这个被定义项的外延宽，定义项与被定义项外延上的关系是属种关系，而非同一关系。澳大利亚是一块四面环水的陆地，但它却不是岛而是一个洲，这说明这个定义的定义项的外延太宽了。

使定义项外延变窄的仅有的方法是限制，通过增加限制成分或者增加种差，可以把被定义项的外延控制在与定义项外延相称或同一的水平上。

岛是四面环海，面积小于、等于格陵兰岛的小块陆地。

这个定义也不正确，它的定义项的外延比被定义项“岛”的外延窄，因为我国青海湖中的“鸟岛”、长江口的“崇明岛”都不是四面环海的，但却是货真价实的岛。

使定义项外延变宽的方法是概括，我们可以通过减少限制成分、减少种差或更换某些限制成分、某些种差，代之以一些限制作用较弱的限制成分、种差来使定义项外延变宽。如果把“四面环海”改成“四面环水”，那么这个定义就会变成正确的定义。

第一个定义的错误在于其定义项太宽，普通逻辑学把这种错误称为“定义过宽”；第二个定义的错误在于其定义项太窄，普通逻辑学把这种错误称为“定义过窄”。

如果让未学过普通逻辑学的学生给“岛”下一个定义，大部分学生会作出如下定义：

岛就是四面环海的陆地。

这个定义的错误，以往的教材和理论未曾提及。我们既不能说它“定义过宽”也不能说它“定义过窄”；事实上，这个定义的被定义项与定义项间的关系是交叉关系，因为有些“四面环海的陆地”并不是“岛”，而有些“岛”也不是“四面环海的陆地”。这种错误可称为“定义交叉”，它是违反定义规则“定义应当相称”所产生的错误之一。

第二，定义项中不得直接或间接地引用被定义项。

实用主义者就是在待人接物方面特别讲究实用的人。

如果把这句话作为一个定义，那它就违反了第二条定义规则。因为被定义项中的“实用”直接出现在定义项中，这使我们在揭示“实用主义者”这一概念的内涵时反倒需要借助“实用”这一概念。

这样的定义达不到揭示概念内涵的目的,而徒有定义的表达形式。这个定义所犯的错误就是“同语反复”。

奇数是偶数加一形成的数;偶数是奇数加一形成的数。

如果把这句话也当成定义,那么它也违反了第二条定义规则。这个定义所采用的表达方式有点儿特殊,它分成两部分:第一部分是一个标准的定义,是主体部分;第二部分是辅助部分,辅助部分的作用是对主体部分定义项中的某些成分——在这个例子中是“偶数”——作进一步的说明,即对“偶数”这一概念作进一步的定义。但是,辅助部分在对“偶数”作进一步的定义时却引用了主体部分的被定义项。用字母表达其间的关系,可以把它简单地描述为:

A 就是 B,而 B 就是 A。

这样,A 和 B 互为定义项和被定义项,空绕了一个圈子,既没定义了 A,也没定义了 B。在定义被定义项时,间接地使用了被定义项本身的某些重要成分,这种定义的错误叫作“循环定义”。

第三,定义一般采用肯定的形式。

“定义一般采用肯定的形式”这条规则是针对定义的表述形式提出的。它告诉我们,只有采取肯定的形式才能正面揭示出被定义项的内涵具有什么属性,采用否定的形式——包括使用负概念——则达不到这个目的。一个定义如果采用否定形式,所能起的作用充其量也只能说明被定义项内涵中不具有何种属性,这完全不符合定义的目的和要求。定义要求我们揭示被定义项的内涵中有何种属性,而不是说明被定义项内涵中没有何种属性。

商品不是供生产者自己消费的产品。

如果把上面这个句子当作定义,那它就违反了定义的第三条规则。它所采用的定义方式是否定形式。由于采用了这种形式,它不能揭示被定义项内涵中所包含的属性,它只是说明了被定义项内涵中没有包含什么属性而已。这样一个定义完全起不到定义应起的作用,很多教材把这种定义的错误叫作“定义否定”。

值得注意的是,在给某些概念下定义的时候,只能采取否定的形式。

例如,在给“非党员”这个概念下定义时,我们往往不自觉地把它定义为:

没有加入过党组织的人。

似乎只能采用这种否定形式,而不能用肯定形式。事实上给负概念下定义,否定形式是可行的,而用肯定形式下定义则往往是事倍功半。

再如,在给“无机物”这个概念下定义时,我们只能把其定义为:

无机物就是除了碳酸盐以外,不含碳的化合物。

对第三条定义规则而言,负概念是普通逻辑学认可的一个例外。

有一些概念,如“偶数”,是个正概念,可以定义为“能被二整除的整数”;“奇数”也是一个正概念,我们把其定义为“不能被二整除的整数”。后一个定义采用的是否定方式,但似乎没有什么不妥。表面上看它是违反了第三条定义规则的,因为它用否定形式给一个正概念下了定义。但如果我们考虑到“偶数”、“奇数”这两个概念间的关系是矛盾关系,那么我们给矛盾关系的一方用肯定形式下定义,给另一方用否定形式下定义,似乎也是天经地义的。以往的教材没有注意到这一点,只给负概念以“豁免权”,这是值得修正的。

第四,下定义不得采用比喻方法。

珠穆朗玛峰是世界屋脊。

教师是辛勤的园丁。

作家是人类灵魂的工程师。

玩具是儿童的天使。

如果把这几个句子当成定义，那么它就违反了定义的第四条规则，因为在这几个句子中使用了比喻。我们仔细分析一下每一个定义项中所谓的属，就会发现它与被定义项之间根本不存在属种关系，也就是说“珠穆朗玛峰”与“屋脊”之间、“教师”与“园丁”之间、“作家”与“工程师”之间均不存在属种关系。

实际上，在上述几个定义中，定义项根本不可能具有真正意义上的属，这是比喻的本性所决定的；反过来说，如果在一个定义内可以找出定义项的属概念的话，那么二者之间怎么“比”又怎样“喻”？

前面提到的这几个定义所犯的错误叫作“以比喻代定义”。

作为一种修辞方法，比喻的作用是不容低估的。它能给人以形象、生动的感受，给人以哲理的启迪，但修辞毕竟不是逻辑，而比喻也毕竟不是定义，互相取代是完全不可取的，也是错误的。

五、语词定义

我们常常见到这样一些句子：

驹就是小马。

犊就是小牛。

CPU 就是中央处理器。

ROM 就是只读存储器。

CEO 就是首席执行官。

CBD 就是中央商务区。

虽然这些句子也具有“…… 就是 ……”的形式，但它们与“种差加属定义”有明显的不同，其区别主要是在这些句子中或者找不到用于揭示被定义项内涵的种差，或者找不到被定义项的属概念。在前两个例句中我们找不到用于揭示被定义项内涵的种差，在后四个例句中找不到被定义项的属概念。

从上述这些句子的功用看，它们虽未对被定义项的内涵作出定义理论所要求的说明，但对所要说明的词项的词义还是有一定的揭示作用的。因此,普通逻辑学既不否认它们是能够起到一定的类似定义的方法所能起到的作用,又不正面肯定它们是定义,而把其认作“语词定义”,也有教科书把其称为“类似定义方法”或“准定义方法”。

“语词定义”在逻辑史上被称为“唯名定义”。

语词定义分为两种,一种是“说明性的语词定义”,另一种是“规定性的语词定义”。

上述前两个例句为说明性的语词定义,后四个例句为规定性的语词定义。例如:

驹就是小马。

在这个说明性的语词定义中,“马”就是“驹”这个被定义项的属概念。

再如:

毒刺式导弹是一种小型地对空导弹。

在这个说明性的语词定义中,“导弹”是被定义项“毒刺式导弹”的属概念。

规定性的语词定义,一般情况下,都不带有被定义项的属概念,例如:

CPU 就是中央处理器。

在这个规定性的语词定义中,就找不到被定义项 CPU 的属概念。

再如:

“四人帮”指的就是十年动乱中王洪文、张春桥、江青、姚文元四个人。

“红五类子女”就是革命干部、革命军人、革命烈士、工人、贫下中农的子女。

“黑五类子女”就是地、富、反、坏、右的子女。

在这三个规定性的语词定义中,也找不到被定义项的属概念。

在现实生活中,语词定义出现最多的场合,莫过于词典、辞海一类工具书了,其中的词条几乎都是此类定义。所以,也有把语词定义的方法称为"辞典方法"的。

六、定义的作用

概念作为三种思维形式之一,它在人类的思维中起着重要作用。没有概念,人类便谈不上认识,但是没有定义,概念也无从谈起。定义的作用主要表现在以下几方面:

1. 定义是人类认识活动的简明总结。例如,马克思提出的"生产力""生产关系""经济基础""上层建筑"和恩格斯、列宁提出的"国家""阶级""帝国主义"等概念以及对这些概念所下的定义,都是他们对各自长期理论研究成果的科学总结。这些科学概念曾经在很长的历史时期内指导着很多国家的社会生活,将来也仍会发挥重要作用。

2. 定义是人类认识活动进一步发展的支撑点。人的认识总是建立在前人认识的基础上的,但前人的认识活动本身并不直接构成这一基础,构成这一基础的是依据他们的认识活动所建立、所浓缩的规则、规律和科学概念。

3. 定义是明确概念内涵的逻辑方法。

4. 定义对实践工作有巨大的指导作用。定义在这方面的作用尤其体现在行政管理和公安、司法等涉及大量法规、法律的工作上。如果这些法规、法律没有科学的定义,对其就不可能有统一的理解和执行,就可能带来十分严重的混乱。

5. 定义是各种讨论、争论正常进行的前提条件。放后我们曾进行过几次大讨论,一个是"一分为二"与"合二为一"的讨论;一个是"逻辑学大讨论"。这两个讨论大约进行了总计六七年时间,反思这些讨论,其中很多是无益的,无结果的。古语说得好:"意通而后对”,说的是对同一概念有了共同的理解之后,再行讨论,否则很难展开一场有实际意义的讨论。

第六节　划分与归类

一、划分

1. 划分是揭示概念外延的逻辑方法。在本书中,我们已经见到不少划分了:如把逻辑学分为普通逻辑、数理逻辑、辩证逻辑三门子学科,把概念分为单独概念、普遍概念,把属性分为本质属性、固有属性、偶有属性。通过划分,我们在一定程度上明确了逻辑学、概念、属性这三个概念的外延。

2. 划分有一定的结构。被划分的概念叫作母项,划分出的概念叫作子项,此外,还有一个一般在文字中体现不出来的成分——划分的依据。在划分中只有母项和子项总可以体现在文字中,划分的依据常常被排除在文字之外。例如,把概念分为单独概念和普遍概念,其划分的依据是“概念外延当中所反映的对象的多少”,这个依据常常不出现在文字中。再如,人分为男人、女人,其分类的依据——“性别”也没有必要出现在文字当中。

3. 划分有一套规则。只有在不违反这些规则的条件下,一个划分才可能是正确的。

第一,划分必须相称。

这条规则的意思是:母项的外延与子项的外延的总和必须保持同一关系,否则这个划分就是错误的。例如:

人分为老年人、中年人、青年人、少年人、幼儿和婴儿。

这个划分是一个错误的划分,其母项的外延宽于子项外延的总和,因为在子项中,缺少了“胎儿”这一项。这个划分违反了划分的第一条规则,它所犯的错误逻辑上叫作“子项不全”。

关于几个月的胎儿才算人？这在医学上是有争议的，但不管怎样，只要有一个未出生的胎儿能被医学认定为“人”，那么这个划分就是错误的。

学生分为大学生、中学生、小学生和老年大学的学生。

这个划分也是一个错误的划分。因为，母项的外延比子项外延的总和要窄，它也违反了划分的第一条规则，它所犯的错误叫作“多出子项”。

老年大学固然也能使老年人学到一些技能、技巧，十分有利于老年人的晚年生活，但它毕竟不是学历教育，其学生也不是国家所认定的正规意义上的学生。因为在诸子项中多出了“老年大学学生”这一子项，所以这个划分是错误的。

在划分一个概念时，常会划分出很多子项。依据具体情况，有时不需要把所有的子项一一罗列出来，而只列出某些重要的、相关的子项，把不需要列出的子项一概省去，并以“等等”这一方式取代省去的子项。例如：

高级职称包括正、副教授，正、副研究员等等。

第二，每一步划分必须依据同一标准。

这条规则的意思是说在一个划分中，每一个子项的分出都必须依据同一个标准，否则这个划分就是错误的。

学生包括大学生、中学生、小学生和走读生。

这个划分违犯了这条规则，前三个子项是依据同一个标准——受教育的水平——划分出来的，第四个子项是依据另一个标准——教学方式——划分出来的。

期刊包括周刊、双周刊、月刊、双月刊、季刊以及中文期刊、外文期刊等等。

在这个划分中，已列出的几个子项也不是依据同一个标准划分出来的，其中几个子项的划分是依据“出版频率”，其他的子项的划分是依据“出版文种”。违反了划分的第二条规则所发生的错误叫作“多标准划分”。

第三,在划分中,子项必须是互相排斥的。

这条规则要求我们要保证子项之间的关系是不相容的关系。如果划分出两个子项,那么其间的关系必须是矛盾关系;如果划分出两个以上的子项,那么其间的关系必须是反对关系。否则这个划分就是错误的。例如:

学生包括大学生、中学生、小学生和走读生。

期刊包括周刊、双周刊、月刊、双月刊、季刊以及中文期刊、外文期刊等等。

对上述这两个例子,读者可能会感到奇怪,用于说明第二条规则的例子,怎么又搬到这里来了?我们这么做,无非是想说明第二条规则与第三条规则是一回事。违反了第二条规则必定也同时违反了第三条规则;反之,违反了第三条规则同时也必然违反了第二条规则。我们找不到一个只违反第二条规则而不违反第三条规则的例子;同样,我们也找不到一个只违反第三条规则而不违反第二条规则的例子。

从第三条规则的角度来看,第一个例子的几个子项——“大学生”与“走读生”、“中学生”与“走读生”、“小学生”与“走读生”,它们之间的关系都是交叉关系,因而也是相容关系,有相容关系的两个概念是不可能互相排斥的。

第二个例子的几个子项——“周刊”“双周刊”“月刊”“双月刊”“季刊”分别与“中文期刊”“外文期刊”这两个子项构成交叉关系,它们都违反了第三条规则。违反这条规则所发生的错误叫作“子项相容”。

第二条规则是从划分依据这个角度提出规范性要求的,而第三条规则,则从子项的角度提出规范性的要求。两条规则互为因果,违反第二条规则是因,造成的结果必然是违反了第三条规则。

普通逻辑学其实没有必要同时保留这两条规则,本书只是为了尊重习惯才同时保留这两条规则。

第四，在划分中，必须保证母项是子项的属概念。

这条规则看似简单，其实并不然。在实际生活中，很多划分的错误都是因它而起。例如：

河北省分为石家庄、保定、衡水、沧州、唐山、邯郸等地区。

这是一个错误的划分，我们大多数人都可能这么划分，但它确实是错误的。它的母项“河北省”是一个单独概念，它不可能成为任何一个子项的属概念，因为单独概念的外延最窄，它的外延中只有一个分子，这样一个概念能成为谁的属概念呢？

北京大学包括中文系、外语系、哲学系等众多系科。

如果把这句话也作为划分的话，那它也违反了这条规则。因为世界上只有一个北京大学，所以“北京大学”这个概念也是一个单独概念。

如果我们想对上面两个划分做一些修正并使其成为正确的划分，那么，只需将“河北省”改为“河北省的行政区”，把“北京大学”改成“北京大学的系科”就可以了。看来，导致这两个划分错误的根本原因在于没有准确地使用概念。

再如：

树可以分为树根、树干、树枝、树叶、花、果实。

这也是我们可以经常见到的一种划分，它也是错误的。它的母项虽然是一个普遍概念，但它与任何一个子项均不构成属种关系，既然没有属种关系，那么它当然不可能成为子项的属概念。实际上，“树”与“树干”的关系是局部与整体的关系，这种关系同属种关系相比，毫无共同之处。

违反第四条规则所可能出现的情况只有两种：一种是没有属概念，另一种是没有种概念；违反这条规则所可能出现的错误也只有两个，前两个例子划分的错误是母项不成立，后一个例子划分的错误是子项不成立。

4. 划分有很多形式。包括：

（1）以子项的多少为依据，可以把划分分为“二分法”和“多分法”。

“人分为成年人和非成年人”就是一个二分法，它只含有两个子项。

“三角形分为直角三角形、钝角三角形、锐角三角形”就是一个多分法，因为它含有两个以上的子项。

（2）以划分步骤的多少为依据，可以把划分分为连续划分和非连续划分。

“社会产业包括第一产业、第二产业、第三产业；第三产业又包括服务饮食业、修理业等等。”这个划分就是一个连续划分，它在第一个层次划分的基础上又进行了第二个层次的划分。

非连续划分又叫作“一次划分”，它只进行一个层次的划分，“人分为成年人与非成年人”就是一例。

二、归类或分类

有一个书店老板进了一批书，在把这批书放到书架上之前，他要考虑怎样才能放得有条理。这可不是一个小问题，如果书的摆放没有条理，顾客就很难找到要买的书，其结果会影响销售额。为了使书的摆放有条理，必须得给这批书归一下类。如果老板进的书有《心理学》《宗教学通论》《新英汉词典》《十万个为什么》《阿拉伯神话故事》等几种，那他得把《心理学》放在社科类书架上，《宗教学通论》也可放在此架上，《新英汉词典》可放在工具书类书架上，《十万个为什么》可放在科普类书架上，《阿拉伯神话故事》可放在外国文学类书架上。这就是归类。

1. 划分与归类是很不相同的两种方法，其主要区别有：

（1）二者的运作方向是完全相反的。划分从母项开始，从其中分出子项；而归类则是从子项开始，把子项归类于母项。

（2）二者的运作目的是完全不同的。划分的目的是为了明确概念的外延；而书店老板把《心理学》放在社科类书架上，其目的却绝不是为明确“社会科学书籍”这个概念的外延。

（3）二者的运作手段是完全不同的。划分是从母项开始到子项结束，在划分中，母项是子项的属概念，从属概念到种概念的过渡须以限制为手段才可以实现；而归类是从子项开始，通过概括这一手段使子项过渡到母项——属概念。划分与归类所采用的手段恰恰是相反的。

因此，可以说划分与归类是完全相反的两种方法。

2. 归类的科学价值。有些归类不具有什么科学价值，它们的存在无非是使工作更有条理、更有成效；但也有一些归类具有很高的科学价值。值得一提的是门捷列夫的“元素周期表”。

在门捷列夫提出元素周期律之前，化学家们所知道的元素有63种，其中每一种元素都要和其他物质化合而成几十、几百甚至几千种化合物，包括氧化物、酸、碱、盐。它们有的是液体，有的是气体，有的是晶体；有的没有颜色，有的闪闪发光；有的气味强烈，有的没有气味；有的稳定，有的不稳定。

门捷列夫想为人们展开一幅统一的、秩序井然的物质世界的图画，想为人们指出宇宙的物质构造所凭借的几条重要法则。但是，这谈何容易。在复杂的化学迷宫中怎样才能找到一条基本线索？怎样才能找到一个每一种元素都要服从的自然秩序？他深信这样的自然规律是存在的，他相信元素虽然有种类的不同，但元素与元素之间一定隐藏着某种统一性。

门捷列夫制成了63个方形卡片，在每一张卡片上写上一种元素的名称以及它的重要性质及原子量，然后把这些卡片当纸牌玩了起来。这纸牌一玩就玩了好几年。

他把这些小卡片一组一组地摆起来，不断变换它们的位置和顺序，不断变换它们的排序根据，以期可以寻找到一种一般的规律性，寻找到一种一切元素都共同遵守的统一的法则。

最后他发现，所有已发现的元素都可以排列成一个自然的行列。这个行列以63种元素中原子量最小的元素“氢”为排头，以原子量最大的元素“铀”为排尾，其排序以原子量的大小为准。

后来，他又发现在这个自然行列中，元素性质的变化是有一个周期的。大多数元素在性质上的变化以7为一个周期，每隔7个元素，元素的性质就会重复性地出现一次。最后，他终于发现了元素周期表。

由于当时还有许多元素未被发现，所以元素周期表上有许多空位，他在这些空位里加进了一些卡片，并在卡片上面预言了将来占据这个卡片位置的元素所可能具有的性质。例如：有一张卡片占据了一个空位，这个空位同铝元素是一个族的，他预言这个将来会被发现的元素的原子量接近68，比重在5.9左右，他给这个未来的元素起名为“类铝”。

5年以后果然发现了一种新元素，它的原子量在69左右，比预言的稍大一点，而比重正好是5.9，它的很多化学、物理性质也与门捷列夫所预言的相符，基本上和铝元素相似。这个元素后来被命名为“镓”。

门捷列夫发现元素周期表的过程，是一个很复杂的过程，在这个过程中，门捷列夫可能使用了多种逻辑方法，其中最重要的方法非归类莫属。

在给元素的排序过程中，他发现元素性质的变化是有序的，而且是呈周期性的。于是，他把物理性质和化学性质相似或相近的元素划归为一个族；根据某一元素的性质，就可以准确地把这一元素放到它所应在的那个族中。

每一个族中所有的元素都有相似或相近的化学、物理性质。从归类上来看，这些具有相似或相近性质的化学元素所构成的类就是一个母项，而每一个需要在这个类中确定自己位置的元素都是一个子项。把一个子项划归到一个母项中,这本身就是一个归类过程。

有些归类具有巨大的科学价值,而有些归类只具有很平常的作用。它们在逻辑原理上并没有本质区别,有区别的地方主要在于其复杂程度不同,很多教科书往往把复杂程度较高且有科学价值的归类称为科学归类。

门捷列夫元素周期律的发现本身就是一个科学归类的过程,它为以后元素的发现指出了方向。它大胆地预言了 31 号元素“镓”、32 号元素“锗”的存在,强有力地证明了科学归类的无比巨大的价值。

值得注意的是,有时划分与归类往往是很难区分的,因为划分与归类往往是“纠缠不清”的。

例如,你要建立一个图书馆,你首先要决定你藏书的门类,这时,你是在进行划分;如果图书购买了,你要把它们一一放到相应的书架上,而这件事却是一个归类过程;图书馆开业了,读者借书之前要查目录,可是在查目录前必须明确自己要借的书属于哪一类,这又是一个归类过程;反过来,图书管理员根据读者的需求找书的过程,又是一个划分过程。

虽然归类在理论上和现实生活中都十分重要,但长久以来并未得到应有的重视。长久以来,逻辑学教科书只讲划分而不提归类,或把归类或分类等同于划分,从而完全忽略了对归类理论的探索和研究,这种情况不能也不应当再继续下去了。

第三章 判断(1)——简单判断

第一节　概　述

概念是一种思维形式,判断也是一种思维形式。因为句子是判断的载体,所以,我们研究判断必须从句子开始。

一、句子

句子是表达一个完整意思的最小的语言单位。

有人认为词是构成句子的成分,所以词是表达一个完整意思的最小单位。这种说法是错误的。假如你在黑板上看见一个“门”字,那么你能认为这个字表达思想了吗?如果你认为它表达思想了,那就大错特错了。你顶多是看见了这个“门”字,而不知道这意味着什么。“门”从语言上来说是一个词,所以它有特定的词义;从逻辑上来说,“门”是一个概念,而一个概念有它特定的内涵。至于黑板上的这个字是否表达了什么,与它自身有何种含义完全是两回事。

如果你在黑板上看见的是“关门!”,那么你就会知道,写这两个字的人要求每个进教室的人随手关门。写这两个字的人表达了自己的要求,也表达了自己的思想;而你,确实也从这个思想当中得到了信息。如果你把门关了,说明你接受了这个要求;如果你不去关门,那你就是拒绝了这个要求。无论你关门与否,你都从其中得到了信息。

关门!

啊!长城!

你知道哪个国家将举办2008年夏季奥运会吗?

彭德怀是十大元帅之一。

明天会下雨。

以上这些句子都表达了特定的思想。我们要对这些句子从另一个角度进行研究，我们将考察一下这些句子哪些“有真假”可言，哪些“没有真假”可言。

所谓“有真假”可言，就是说我们可以找到一个事实以确定这些句子是真的还是假的，这个事实可能是现在已经存在的。也可能是以后才能存在的。例如：

明天会下雨。

今天我们不能确定这个句子是真的还是假的，但我们明天就会知道了。根据明天的事实，就能确定这句话的真假了。

所谓“无真假”可言，就是说我们不可能找到这样一个事实，或者不可能存在这样一个事实，以使我们去判断一句话的真假。例如：

你知道哪个国家将举办2008年夏季奥运会吗？

这句话就没有真假。无论你知道还是不知道哪个国家将举办2008年夏季奥运会，这个问句都是没有真假的。再如：

车辆应该沿马路右侧行驶。

一个人可能从来不违反这条交通规则，而另一个人可能因为违反这条规则而经常被罚款，但这些都丝毫不能说明这句话有真假。万一有一天，这条规则被改成“沿左侧行驶”，这也不说明以前的规定是假的。

一般来说，陈述句表达命题；复句可表达命题乃至更复杂的推理；反问句表达命题；感叹句有的表达，有的不表达命题；问句，祈使句，命令句不表达命题。

二、命题

有真假可言的句子叫“命题”，下面的句子都表达命题：

①雷锋是党员。

②雷锋比乔安山个子矮。

③雷锋和乔安山都是战士。

④那天或者是雷锋开车或者是乔安山开车。

⑤那天如果是雷锋开车,那么他就不会因公殉职。

⑥并非乔安山不会开车。

⑦雷锋可能会永远活在人们心里。

⑧雷锋在参军之前曾当过工人和拖拉机手。

读者当中可能有很多人不知道雷锋干过多种工作,对他们而言,命题⑧虽然有真假,但是他们无法确定它的真假。对这些人而言,命题⑧只是命题而不是“判断”。某些人知道命题⑧是符合事实的,这样它对他而言就是一个判断,因为他有断定命题⑧为真的依据。

三、判断

被断定了的命题叫作“判断”。

命题与判断之间的区别在于一个是未被断定的,另一个是已被断定的。我们确定一个句子是否是命题是有客观标准的,但一个命题能否成为判断却因人而异,它受认识能力和知识水平等主观条件的制约。一个命题在某人那里可以成为判断,是因为他有断定这个命题的依据;而在另一个人那里,一个命题仅仅是一个命题而不能成为判断,是因为他可能不具备使这个命题成为判断的主观条件。例如:水是由两个氢原子和一个氧原子构成的化合物。这个定义对于学过化学的人而言,是一个判断,而对于小学生来说,则只能是一个命题,因为他无法对其作出判定。鉴于此,本书以后将不再区分命题与判断,因为我们不可能知道书中的某个命题能否被某个读者所断定。

四、判断的种类

在上面的例子中,每一个判断的复杂程度都是不同的。例如:判断①和判断②只叙述了一个简单事实,这两个判断是简单判断,其他判断是复合判断,因为它们叙述了一个以上的事实或可能情况。

判断①只有一个被断定对象,它断定的是这个对象具有什么性质,在逻辑上,它被称为“性质判断”。

判断②含有一个以上的被断定对象,它断定的是对象之间具有何种关系。在逻辑上,它被称为“关系判断”。

判断③实际上叙述了两个事实,即“雷锋是一个战士”,“乔安山也是一个战士”。这个判断在语法上是并列句,在逻辑上表达的是一个复合判断——“联言判断”。

复合判断是一种本身由其他判断构成的判断,用于构成复合判断的判断称为“肢判断”,也称“子判断”。联言判断直接肯定了它所包含的肢判断,这是它最根本的、区别于其他复合判断的特征。

判断④从语法上来说是一个选择句,从逻辑上来说是一个“选言判断”。它也包含两个肢判断:“雷锋开车”或者是“乔安山开车”。这个判断对这两个肢判断本身没有作任何直接断定,而只把它们作为两种可能性加以肯定,这个判断也是一个复合判断。

判断⑤在语法上叫作假设句,在逻辑上,它表达的是一个“假言判断”。它也包含两个肢判断,它断定的是这两个肢判断中的“条件关系”或“制约关系”。它也是一种复合判断。

判断⑥表达了一个复合判断。它包含了一个肢判断“乔安山不会开车”,而这个复合判断本身是对这个肢判断的一种否定。否定一个判断而形成的判断,逻辑学上叫作“负判断”。

判断⑦表达了一个复合判断。它所包含的肢判断是“雷锋会永远活在人们心里”。这个复合判断通过“可能”这种方式对肢判断进行了某种方式的肯定。“可能”、“必然”这类词在逻辑上叫作“模态词”。含有模态词的判断叫作“模态判断”。

我们将判断的种类归纳如下,如图 3－1 所示。

- 判断
  - 简单判断
    - 性质判断
    - 关系判断
  - 复合判断
    - 联言判断
    - 选言判断
    - 假言判断
    - 负判断
    - 模态判断

图 3－1

第二节　性质判断

性质判断就是断定对象具有或不具有某种属性的判断。

①珠穆朗玛峰是世界第一高峰。

②珠穆朗玛峰不是地处欧洲。

③所有作家都有作品出版。

④所有犯罪者都不是守法公民。

⑤有些青年人是艾滋病患者。

⑥有些青年人不是大学生。

⑦阿布格莱布是比巴士底更有名的监狱。

以上几个判断都是性质判断。第一个判断断定了珠穆朗玛峰具有“世界第一高峰”的属性，第六个判断断定了有些青年不具有“大学生”的属性。

一、性质判断的结构与公式表达

在性质判断中，被断定的对象被称为“主项”；表达对象属性的词项叫作“谓项”；用于对对象肯定或否定的词项叫作“联项”；有些性质判断中含有“有些”“所有”，它们叫作“量项”。量项在自然语言中的表现是多种多样的，比如：“少数”“极少数”“一小撮”“不少的”“许多”“多数”“大多数”“绝大多数”等等，只要不是“全部”，逻辑上都把它们作为“有些”处理；“每一个”“任何”“任何一个”“全部”“都”等等，它们的含义与“所有”的含义一致，逻辑上把它们都看做“所有”。

主项用“S”表示；谓项用“P”表示；联项与量项不单独用字母表示，而是结合起来用字母表示。

判断③所用的联项与量项具有如下形式：“所有……（都）是……”这个联项与量项的组合可以用字母“A”来表示。具有这种形式的联项与量项的判断我们称之为“全称肯定判断”，简称为“A 判断”。全称肯定判断可以用公式表达为：

S A P

这个公式读做“所有 S 是 P”。

判断④所用的联项与量项具有如下形式：“所有……（都）不是……”这个联项与量项的组合可以用字母“E”来表示，具有这种形式的联项与量项的判断我们称之为“全称否定判断”，简称为“E 判断”。全称否定判断可以用公式表达为：

S E P

这个公式读做“所有 S 不是 P”。

判断⑤所用的联项与量项具有如下形式：“有些……是……”这个联项与量项的组合可以用字母“I”来表示。具有这种形式的联项与量项的判断叫作“特称肯定判断”，简称为“I 判断”。特称肯定判断可以用公式表达为：

S I P

这个公式读做“有些 S 是 P”。

判断⑥所用的联项与量项具有如下形式：“有些……不是……”这个联项与量项的组合可用字母“O”来表示。具有这个联项与量项的判断叫作“特称否定判断”，简称为“O 判断”。特称否定判断可以用公式表达为：

S O P

这个公式读做“有些 S 不是 P”。

公式 SAP 所表达的判断可简称为“A 判断”或“A”,SEP,SIP,SOP 依此类推为“E”“I”“O”。

二、性质判断的表达

在自然语言中,性质判断的表达往往不是很规范的。它的联项常被省略,例如:

天气很闷热。

他们十分爱学习。

在全称判断中,量项也常被省略,例如:

我们的干部是人民的公仆。

昆虫有六条腿。

特称判断的量项是不可以省略的。

三、词项的周延性问题

在性质判断中,词项的周延性问题是一个十分重要的问题,在我们以后所要讲的性质判断推理当中,它起一个核心的作用。

所谓词项的周延性,是指主项与谓项的全部外延是否都被判断的断定涉及了。如果一个词项的全部外延都被涉及了,那么,这个词项在这个判断中就被称之为是“周延”的;如果一个词项只有部分外延而不是全部外延被判断的断定所涉及,那么,这个词项我们就称之为是“不周延”的。

A,E,I,O 四种性质判断的周延情况如下:

1. 全称肯定判断,即 S A P。它断定“所有 S”是“P”。“所有 S”意味着 S 这个主项的全部外延都被断定所涉及了,所以这个 S 在 S A P 中是周延的。P 在 S A P 中是不周延的。因为 S A P 只断定了“所有 S 是 P”,而没有同时也断定“所有 P 是 S”。例如,在

"所有鲸是哺乳动物"中,"鲸"这个主项的全部外延都被涉及了,而谓项"哺乳动物"的外延只有部分被涉及。

2. 全称否定判断,即S E P。它断定"所有S"不是"P"。也就是说,"每一个S"不是"任何一个P"。这个判断的断定同时涉及主项和谓项的全部外延,所以S与P在S E P中都是周延的。

3. 特称肯定判断,即S I P。它断定"有些S"是"P"。既为"有些S",显然,没有涉及S的全部外延,故S不周延;至于P,它也是不周延的,因为这个判断完全没有"所有P"是"某些S"的意思。

4. 特称否定判断,即S O P。它断定"有些S"不是"P"。它的主项S是不周延的,它的谓项P是周延的。因为这个判断断定属于"有些S"的那些对象不是"任何一个P",既为"任何一个P",显然涉及P这个谓项的全部外延。

如果我们把A,E,I,O四种性质判断的主谓项的周延情况总结一下,我们可以得出:

全称判断的主项是周延的。

否定判断的谓项是周延的。

单称肯定判断与单称否定判断的主谓项的周延情况同全称肯定判断和全称否定判断的主谓项的周延情况完全相同(所谓单称判断,就是指其主项所表示的对象是一个特定的个体,而不是一类事物的判断)。所以普通逻辑学就不再使用独立的公式来表达单称肯定判断与单称否定判断,而使用S A P和S E P这两个表达全称肯定判断与全称否定判断的公式来表达。

四、素材相同的性质判断之间的关系

所谓素材相同指的是几个性质判断具有相同的主谓项、不同的联项与量项。以下几个判断是一组素材相同的判断:

①某班所有学生都是努力学习的。

②某班所有学生都不是努力学习的。

③某班有些学生是努力学习的。

④某班有些学生不是努力学习的。

1. 上反对关系。我们首先考虑判断①与判断②之间的关系，也就是A判断与E判断之间的关系。

我们假定A判断是真的，那么E判断肯定是假的。

我们假定A判断是假的，那么E判断有真、假两种可能，因此A与E有可能同为假判断。

我们假定E判断是真的，那么A判断肯定是假的。

我们假定E判断是假的，那么A判断同样有真、假两种可能，所以A与E有可能同为假判断。

从以上四个方面的分析，我们可以得出：A与E之间的关系具有“不可同真但可同假”的特点，具有这个特点的关系我们称之为“上反对关系”。

2. 下反对关系。现在我们分析一下判断③与判断④之间的关系，即I判断与O判断之间的关系。

我们假定I判断是真的，那么O判断怎样呢？O判断真假不定。例如：一个校长查看了某班的部分成绩册，发现有些学生学习成绩很好，于是他可以得出结论——“某班有些学生是努力学习的”，但不能据此推断——“某班有些学生不是努力学习的”的真假，事实上两种可能性都存在。因此，I与O两个判断有可能同真。

如果I判断是假的，那也就是说，“某班没有一个学生是努力学习的”，而这等于说“所有学生都不是努力学习的”；这样，O判断就一定是真的。因此，I与O两个判断不可能同时为假。

同样，如果O判断是真的，那么I判断也有真假两种可能。因此，I与O两个判断亦可同时为真。

如果O判断是假的，那么I判断就必定是真的。因此，二者不可同时为假。

综合以上分析,I与O间的关系具有“不可同假,但可同真”的特点,这种关系称为“下反对关系”。

3. 矛盾关系。A判断与O判断之间的关系是矛盾关系。

我们假定A判断是真的,那么O判断就是假的。因为,如果“所有学生都是努力学习的”是真的,那么“有些学生不是努力学习的”当然是假的;如果A判断是假的,那么O判断就是真的。A与O两个判断之间不可能同真也不可能同假,这种关系我们称之为矛盾关系。

E判断与I判断之间的关系也具有不可同真也不可同假的特性。

4. 差等关系。A判断与I判断之间的关系叫作差等关系。

我们假定A判断是真的,那么I判断也是真的;如果I判断是假的,那么A判断也是假的。在A与I的关系中,A判断我们称为“上位判断”,I判断称为“下位判断”。

E判断与O判断之间的关系也是差等关系,有些书把差等关系叫作“蕴涵关系”。

素材相同的四个判断之间的关系可以用图3-2来说明。

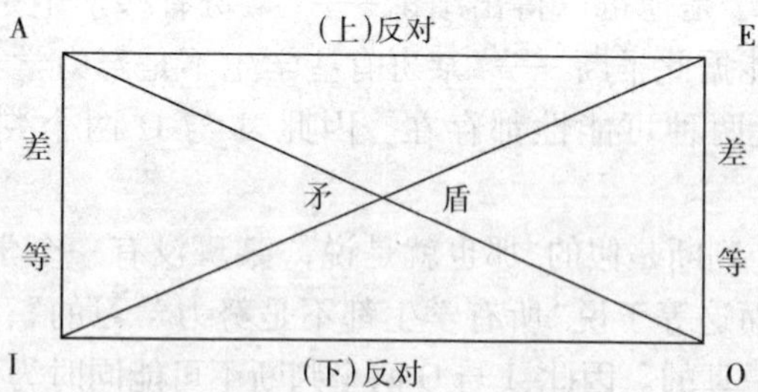

图3-2

图3-2叫作“对当方阵”。它含有六条线,这六条线分别反映了A,E,I,O四个判断中的六组判断关系。在这个方阵中,上面

两个角是全称判断,有些教材称“上位判断”,下面两个角是特称判断,有些教材称“下位判断”。左面两个角是肯定判断,右面两个角是否定判断。这个方阵中的上反对关系往往被简称为反对关系。

我们必须强调:方阵中A判断、E判断不代表单称肯定判断和单称否定判断,尽管单称肯定判断和单称否定判断的主谓项的周延性分别与A判断和E判断相同,且借用A判断、E判断的公式,但是它们之间的关系与A判断和E判断之间的关系完全不同;单称肯定判断、单称否定判断之间的关系是矛盾关系,而A判断与E判断之间的关系是反对关系。

对当方阵给我们提供了这样的可能——知道一个判断的真假,根据方阵便可推论素材相同的其他三个判断的真假情况。

如果A真:

那么I真,因为A,I间是差等关系;

那么O假,因为A,O间是矛盾关系;

那么E假,因为A,E间是反对关系。

同样,如果E真:

那么O真,因为从上位判断真可推知下位判断真;

那么I假,因为E,I两判断只能一真一假;

那么A假,因为A,O两判断只能一真一假。

综合从A真、E真两个出发点的推论结果,我们发现,如果左上角A真,那么同侧下角I也真,而另一侧上角E及下角O均假;同样,如果右侧上角E真,那么下角O也真,而另一侧的A,I均假。据此可得出一规律性的结论:

上角真,同侧真,另侧假。

如果I真:

那么E假,因为二者只能一真一假。

那么 A 真假不定。因为从下位判断 I 真,不能确定 A 的真假;从 E 假也不能确定 A 的真假,因为二者的关系是反对关系。

那么 O 的真假不定。因为从 I 真推不出 O 的真假;从 E 假也推不出 O 的真假,因为在差等关系中,我们只能从下位判断出 O 假推出上位判断 E 假,而不能反其道而行之。

如果 O 真:

那么 A 假,那么 E 真假不定,I 真假不定。

从 I 真、O 真推出其他判断的真假情况看,我们可以得出另一规律性的结论:

下角真,对角假,其余不定。

还有两种情况值得一提:一种是"上角假",另一种是"下角假"。

如果是"上角假",那么对角一定真,对角真这意味着"下角真",这样,我们套用"下角真,对角假,其余不定"就可推断其他判断的真假情况。

如果是"下角假",那么,它的对角就是真的。而这时"对角真"就意味着"上角真",这样,我们套用"上角真,同侧真,另侧假"就可以推断其他素材相同的判断的真假。

我们总结出的这两条规律性的结论,可以概括对当方阵中六条关系线的全部内容。

值得特别一提的是,在周延问题上,单称可作全称处理,但单称判断与全称判断终有区别;单称肯定判断与单称否定判断间的关系是矛盾关系而非反对关系;此方阵不反映两种单称判断的关系。

第三节　关系判断

关系判断是断定对象间是否具有何种关系的一种简单判断。

例如：

①中国的人口比日本国的人口多。

②河南省位于河北省与湖北省之间。

判断①断定了中国的人口与日本国的人口具有“……比……”多的关系。判断②断定了三个对象在地理位置上的关系。

一、关系判断的结构

关系判断所涉及的对象在逻辑上叫作“关系项”，“中国的人口”“日本的人口”“河南省”“河北省”“湖北省”分别是上述两个关系判断的关系项。

关系判断所涉及的关系在逻辑上叫作“关系词”，“……比……多”“……位于……和……之间”就分别是上述两个关系判断的关系词。

关系项常用小写英文字母 a,b,c…表示。

关系词用大写字母 R 表示。

二、关系判断的公式

判断①可以用符号公式表示：

$$a\,R\,b$$

也可以用另一种符号公式表示：

$$R(a,b)$$

第一种表示方法叫作“中置式”；第二种表示方法叫作“前置式”。这两种公式表达方式各有千秋。中置式比较直观，而前置式则可以用于一些比较复杂的关系判断，如判断②就不能用中置式来表达，而前置式则可以很方便地将其表达为：

$$R(a,b,c)$$

由于普通逻辑只研究比较简单的关系判断，所以普通逻辑一般只采用中置式的表达方式。

三、关系判断的关系词

关系判断的关系词是本节研究的重点，关系词的研究可以从以下两个角度来进行：

1. 对称性。从这个角度来研究关系词就是把两个关系项的位置调换一下，看这个关系判断是否仍然成立。

(1)对称的。例如："张某与李某是朋友。"如果把关系项调换位置，就形成另一个关系判断——"李某与张某是朋友。"如果这个判断依然成立，那么我们就说这个关系判断的关系词是"对称的"。它可以用以下推理式说明：

$$\frac{a\,R\,b\,(T)}{b\,R\,a\,(T)}$$

括号中的"T"表示这个判断是真的。

(2)反对称的。例如："老布什是小布什的父亲。"如果把关系项调换一个位置，那么，"小布什是老布什的父亲"就一定不成立。其间的关系词"……是……的父亲"就是"反对称的"。它可以用以下推理式说明：

$$\frac{a\,R\,b\,(T)}{b\,R\,a\,(F)}$$

括号中的"F"表示这个判断是假的。

(3)非对称的。例如："张三讨厌李四。"如果把这个关系判断的关系项调换位置，则有"李四讨厌张三"，这个判断有可能成立，有可能不成立，或者说真假不定。这样，其间的关系词"讨厌"就是"非对称的"。它可以用以下推理式说明：

$$\frac{a\,R\,b\,(T)}{b\,R\,a\,(?)}$$

其中的"?"表示这个判断真假不定。

2. 传递性。传递性是指一个关系判断的关系词能否传递的问题。例如：

$$\begin{array}{c} a\,R\,b \\ b\,R\,c \end{array}$$

它们具有相同的关系词,其中有一个关系项 b 是共同的,而且在一个判断中居于关系前项的位置,在另一个判断中居于关系后项的位置。这时,a 与 c 之间的关系即 a R c 是否成立,将决定关系词 R 具有何种性质。

(1)传递的。例如:“上海的人口多于北京”,“北京的人口多于天津”,那么“上海的人口多于天津”。其中的关系词“多于”就是传递的。具有传递性的关系词还有很多。例如:“少于”“等于”“大于”“小于”“重于”“包含于”“包含”等等。传递性可以用下述推理式说明：

$$\begin{array}{c} a\,R\,b\,(\,T\,) \\ \underline{b\,R\,c\,(\,T\,)} \\ a\,R\,c\,(\,T\,) \end{array}$$

(2)反传递的。例如:“雍正皇帝是乾隆皇帝的父亲”“乾隆皇帝是嘉庆皇帝的父亲”,而“雍正皇帝是嘉庆皇帝的父亲”则一定是假的。这样,“……是……的父亲”就是反传递的。具有反传递性的关系词还有“……是……的母亲”“……是……的领导”等等。反传递性可以用下述推理式说明：

$$\begin{array}{c} a\,R\,b\,(\,T\,) \\ \underline{b\,R\,c\,(\,T\,)} \\ a\,R\,c\,(\,F\,) \end{array}$$

(3)非传递的。例如:“张三厌恶李四”“李四厌恶王五”,那么,“张三厌恶王五”这个关系判断的真假就是不能确定的。这时,这个关系词“厌恶”就是非传递的。还有很多关系词具有非传递性,例如:“喜欢”“帮助”等等。非传递性可以用下述推理式说明：

$$\frac{\begin{array}{c} aRb\,(T) \\ bRc\,(T) \end{array}}{aRc\,(?)}$$

如果我们从对称性与传递性两方面来综合考虑,那么关系词共分以下九种:

①对称传递;

②对称反传递;

③对称非传递;

④反对称传递;

⑤反对称反传递;

⑥反对称非传递;

⑦非对称传递;

⑧非对称反传递;

⑨非对称非传递。

我们上面提到的"……是……的父亲"就属于反对称反传递关系,而"……讨厌……"则属于非对称非传递关系,而"……是……的朋友"则是对称非传递关系。

关系词的性质对关系判断来说是十分重要的,在以后的章节中,我们还要涉及关系推理,如果弄不清关系词的性质是无法研究关系推理的。

第四章 判断(2)——复合判断

复合判断本身是由其他判断构成的,复合判断所包含的判断我们称为肢判断,也叫子判断。根据复合判断对肢判断的处理的不同,可以将其分为很多种类。

第一节　联言判断

联言判断是一种复合判断,它的肢判断是被直接断定了的。

①颜真卿与柳公权都是书法家。

②毛泽东既是诗人又是政治家。

③我们不但要建设物质文明,而且要建设精神文明。

④虽然前途是光明的,但是道路是曲折的。

⑤尽管年过花甲,但他还是参加了今年的高考。

⑥无论最近是否下雨,北方的旱灾都已成定局。

以上几个句子都是联言判断,它们所包含的肢判断都被直接断定了。联言判断至少含有两个肢判断,比较复杂的联言判断可能会含有更多的肢判断。例如:

江泽民同志既是国家主席,又是军委主席,还是党的总书记。

在这个联言判断中含有三个肢判断。

一、联言判断的语言特点

联言判断有一定的语言特点。

从主语、谓语的角度来看,例①具有“联主”的特点,也就是说它的主语具有并列关系;例②具有“合谓”的特点,它的谓语是并列的。一个句子无论具有“联主”的特点还是“合谓”的特点,它所表达的都是联言判断。

从一个句子所使用的关联词语的角度来看,例②用的是“既……又 ……”在语法上,它表达句子的并列关系。表达并列关系的关联词语还有很多,例如:“一方面……另一方面……”

"……并且……"有些具有并列关系的句子甚至省去关联词语。例如：

国有国法，家有家规。

情有可原，理无可恕。

虚心使人进步，骄傲使人落后。

例③从语法上说是递进句，它也表达联言判断，它除了常用的"不但……而且……"之外，还常用"不仅……还……""不仅……甚至……""不仅……更………"等等。

例④和例⑤为转折关系，除了"虽然……但是（却）……""尽管……但（却）……"这两个关联词语之外，还有"固然……但（却）……""即使（便）……仍（也、还）……""纵然……仍（也、还）……""纵使……仍（也、还）……""……但……""虽然……"这一类关联词语的省略形式。

例⑥从语法上说是无条件句，除了"无论……都……"之外，"不管……都……""任凭……都……"也都是表达无条件语句常用的关联词语。

使用以上这些句型的句子都表达联言判断。

二、联言判断的符号与公式

联言判断的肢判断我们常常用字母P,Q,R...表示。

联言判断的肢判断之间的关系，逻辑上叫作"合取"关系。常用符号"∧"表示。这个符号的名字读做"合取"，也可以读做"并且"。一个联言判断，无论它是用并列语句、递进语句或者是用其他的语句来表达，逻辑上都把肢判断之间的关系认作"并且"的关系。所以，以上的例子都可以用公式来表示：

$$P \wedge Q$$

这个公式中的P可以分别表达例①至例⑥中的第一个肢判断，Q表达第二个肢判断。也就是说，不仅例①可以用这个公式表达，其他的判断也可以用这个公式表达。讨论不同的问题时，同一个P

可以表达不同的判断。P 的含义随语境的变化而有所不同,从这个意义上来说,P,Q,R 等这些表达肢判断的符号,我们称为“变项”。

“∧”在任何一个联言判断中,其逻辑含义都是“并且”,这是恒定不变的。所以,逻辑学把它称为“常项”。

三、联言判断的真假

联言判断的真假与其肢判断的真假是密切相关的,联言判断所包含的肢判断在逻辑上称为“联言肢”,一个联言判断仅仅在其联言肢都是真判断这一条件下才是真的。

四、真值表定义方法

在研究复合判断时,我们常用一种表格的方法——“真值表”的方法,它是一种语义学方法,我们常用这种方法界定复合判断的真假值。下面就是一个用于说明联言判断的真值表(表 4 – 1)。

表 4 – 1

P	Q	P∧Q
T	T	T
T	F	F
F	T	F
F	F	F

在上面的这个真值表(表 4 – 1)中,第一栏的 P 表示联言判断的第一个肢判断,第二栏的 Q 表示第二个肢判断。

例如:“今天既刮风又下雨”,“今天刮风”用 P 表示,“今天下雨”用 Q 表示,那么这个联言判断可以用公式表示为:

$$P \wedge Q$$

对这个联言判断而言的实际情况,即实际上是否会刮风,是否会下雨,有如下几种组合:

①刮风,下雨(在真值表中第一行,P真、Q真);

②刮风,不下雨(在真值表中第二行,P真、Q假);

③不刮风,下雨(在真值表中第三行,P假、Q真);

④不刮风,不下雨(在真值表中第四行,P假、Q假)。

联言判断 $P \land Q$,只在真值表的第一行——P真、Q也真的情况下才是真的,即事实上,今天确实“风雨交加”时才是真的,其他情况下都是假的。

真值表行数的多少取决于复合判断肢判断的多少。下面这个公式可以告诉我们怎样确定一个真值表的行数:

$$真值表的行数 = 2^n$$

其中,“2”表示肢判断有真假两种可能,“n”表示肢判断的个数;如果一个联言判断有三个肢判断,那么用于定义这个联言判断的真值表就应该有八行。

有些联言判断的肢判断是否定的。例如:

碳不是金属,但它可以导电。

我们在用公式表达这个联言判断时可以表达为:

$$P \land Q$$

这个公式中的P的含义是“碳不是金属”。很多情况下我们需要用另一个公式来表示它:

$$\overline{P} \land Q$$

这个公式读做“非P并且Q”。这时,P的含义是“碳是金属”,$\overline{P}$的含义是“碳不是金属”。P上面的短横“-”表示否定,读做“非”,“$\overline{P}$”读做“非P”。下面的真值表(表4-2)是对 $\overline{P} \land Q$ 的语义定义,$\overline{P} \land Q$ 只在第三行——P假、Q真时是真的。

逻辑学中有好几个符号可以表示否定,如“¬”、“~”,除了这两个符号之外还可以通过在变项或公式上面加上“上划线”来表达否定。上划线的方法比较直观,它的否定范围或者说“作用域”是一目了然的。例如:

表 4-2

P	Q	$\overline{P} \wedge Q$
T	T	F
T	F	F
F	T	T
F	F	F

$$\overline{R \wedge S \wedge P}$$

这个公式读做“并非既 R 并且 S 并且 P”。这个上划线的含义是对一个含有三个联言肢的联言判断的否定。

如用“¬”取代公式中的上划线,该公式则变成¬(R∧S∧P),很明显此式的直观性差一些。

第二节　选言判断

选言判断也是一种复合判断,它所包含的肢判断叫作“选言肢”。选言判断区别于其他复合判断的特点在于,它把肢判断所描述的情况作为一种“可能性”加以肯定。例如:

①不是你死,就是我亡。

②张某犯伤害罪,要么是故意伤害,要么是过失伤害。

③张某今天没有上班,或因为他家里有事,或因为他生病了。

④这篇论文没有通过,或者是因为论点不成立,或者是因为论据不充分,或者是因为论证方式有问题。

一、选言判断的种类

以上几个判断都是选言判断,它们中每一个都把所包含的肢判断作为一种可能性加以肯定。但是,在不同的选言判断中,肢判断之间的关系有所不同。例①和例②中，肢判断间的关系是“不可兼”的，例如：“你死”与“我亡”就是二者择一的；“故意伤害”与“过失伤害”也是非此即彼的，伤害不可能既是“故意”又是“过失”的。例③和例④中肢判断之间的关系是“可兼的”。张某没上班的原因可能是其中的一个原因，也可能因为两个原因同时存在；一篇论文没通过，同样也可能是由于一个或几个原因共同造成的。

选言判断根据肢判断之间的关系的不同，可以分为两种：肢判断之间的关系具有可兼性的选言判断叫作“相容关系选言判断”，肢判断之间的关系具有不可兼性的选言判断叫作“不相容关系选言判断”。

相容关系选言判断可以用如下公式来表示：

$$P \vee Q$$

其中，P 和 Q 作为变项表达两个选言肢；“∨”是一个常项，名称叫“相容析取”，在公式中读做“或者”。

不相容关系选言判断可以用如下公式来表示：

$$P \dot{\vee} Q$$

其中，P 和 Q 之间的符号称为“不相容析取”，在公式中读做“要么……要么……”

相容析取与不相容析取统称为“析取”。

二、选言判断的语言表现形式

在自然语言中，选言判断的表现形式是多种多样的，常见的有：

“……或……或……”

“……也许……”

“不是……就是……”

“是……还是……”

前两种形式常用于表达相容关系选言判断，后两种形式常用于表达不相容关系选言判断。但是，在自然语言中，关联词语的使用并不规范，在很多情况下与逻辑学的要求并不一致，例如：

今天或是周一或是周二。

美国这次大选或是黑人当总统或是女人当副总统。

这两个选言判断的肢判断间具有不相容关系，但它没有使用“要么……要么……”这个不相容关系选言判断的专用的关联词语。遇到这种情况，我们便不能根据它使用的关联词语，而只能根据它的肢判断之间的关系来确定这个选言判断的性质。

三、真值表定义

下面这个真值表（表 4 – 3）用于定义不相容关系选言判断。

表 4 – 3

P	Q	$P \dot{\vee} Q$
T	T	F
T	F	T
F	T	T
F	F	F

表 4 – 3 中，“P”表示“故意伤害”，“Q”表示“过失伤害”。这个不相容关系选言判断只在真值表的第二行、第三行是真的，这两行的共同特点是在它所有的肢判断中，只有一个是真的；这个不相容关系选言判断在真值表的第一行、第四行的情况下都是假的，因为，“某人犯伤害罪”不可能既是“故意的又是过失的”，也不可能“既不是故意的又不是过失的”。

下面的真值表（表 4 – 4）是对相容关系选言判断的语

义定义。

表 4 - 4

P	Q	$P \vee Q$
T	T	T
T	F	T
F	T	T
F	F	F

在表 4 - 4 中，“P”表示“家里有事”，“Q”表示“生病了”。这个相容关系选言判断只在每一个肢判断都是假的的情况下才是假的，这种情况在真值表中恰好是第四行所描述的情况。在前三行所描述的情况下都是真的。其中第一行所描述的情况是，“家里既有事，又病了”；第二行所描述的情况是，“家里有事，而没生病”；第三行所描述的情况是，“家里没事，但生病了”。相容关系选言判断肯定了这三种情况同时存在的可能性，它仅仅排除第四行所描述的情况。从这个真值表我们可以看出：相容关系选言判断在真值表中，只有一行是假的，即在每个选言肢都是假的情况下才是假的。

选言判断中也常常出现一些肢判断是否定判断的情况。例如：

某学生没有被评为三好生，或是因为学习成绩不好，或是因为身体不好。

这也是一个相容关系选言判断，它的两个肢判断都是否定的，如果我们用“P”表示“学习好”，“Q”表示“身体好”，那么这个选言判断可以用公式表示为：

$$\overline{P} \vee \overline{Q}$$

可用如下真值表（表 4 - 5）来定义它。

表 4 - 5 中，“$\overline{P}$”表示“学习不好”，“$\overline{Q}$”表示“身体不好”。这个相容关系选言判断在真值表中第一行是假的，其他三行是真的。

为什么“P 或者 Q”是第四行假,而“非 P 或非 Q”是第一行假呢?

表 4-5

P	Q	$\overline{P} \vee \overline{Q}$
T	T	F
T	F	T
F	T	T
F	F	T

让我们仔细注意上文导出的相容关系选言判断的特征:相容关系选言判断在真值表中,只有一行是假的,即在每个肢判断都是假的情况下才是假的。

每一个肢判断都是假的,这意味着,“非 P”“非 Q”都是假的,而“非 P 是假的”,意味着“P 是真的”,“非 Q 是假的”,意味着“Q 是真的”,所以在“P 真”“Q 真”的情况下,“非 P 或非 Q”才是假的。

从真值表(表 4-5)第一行中,我们可以看出,如果事实上“某人学习好,身体也好”,而却有人说“他没评上三好生或是由于学习成绩不好,或是由于身体不好”,这就是一个假判断了。确定了第一行的值,其他三行的值就好办了,可以很容易地确定这个相容关系选言判断在真值表中的其他三行的值为“真”。因为相容关系选言判断在真值表中是“一行假,三行真”。

第三节 假言判断

假言判断也是一种复合判断,它断定的是肢判断之间的条件关系,例如:

如果某人有选举权,那么他的年龄是 18 岁或 18 岁以上。

只有温度合适,鸡蛋才能孵出小鸡。

两直线平行,当且仅当,同位角相等。

在假言判断中,第一个肢判断叫作"前件",第二个肢判断叫作"后件"。

一、条件关系决定假言判断的性质

以上几个判断都是假言判断。它们所断定的前、后件之间的条件关系是各不相同的。

1. 充分条件假言判断。第一个假言判断的前、后件之间的条件关系是:

第一,肯定前件一定肯定后件。

第二,否定前件不一定否定后件。

第三,肯定后件不一定肯定前件。

第四,否定后件一定否定前件。

第一条的意思是假定"某人有选举权,那么他一定是 18 岁或 18 岁以上",凡正常选民都属这种情况。

第二条的意思是假定"某人没有选举权,那么他不一定不到 18 岁或 18 岁以上",在押或服刑人员在此之例。

第三条的意思是假定"某人 18 岁或 18 岁以上,那么他不一定有选举权"。

第四条的意思是假定"某人不到 18 岁或 18 岁以上,那么他一定没有选举权"。

以上从四个方面分析了第一个假言判断前、后件之间的条件关系。对这四个方面的分析结果为第一条、第四条带有"一定",这是这种条件关系的特征。这种条件关系称为充分条件关系,具有这种条件关系的假言判断称为"充分条件假言判断";在充分条件假言判断中,前件是后件的充分条件。

2. 必要条件假言判断。第二个假言判断的前、后件之间的条件关系是:

第一,肯定前件不一定肯定后件。

第二,否定前件一定否定后件。

第三,肯定后件一定肯定前件。

第四,否定后件不一定否定前件。

第一条的意思是“假如温度合适,那么不一定能孵出小鸡”。因为,在孵化之前鸡蛋有可能已经坏了。

第二条的意思是“假如温度不合适,那么一定孵不出小鸡”。比如,孵化温度是100摄氏度,那么鸡蛋一定早已变熟,肯定孵不出小鸡。

第三条的意思是“假如小鸡孵出来了,那么温度一定合适”。

第四条的意思是“假如小鸡没孵出来,那么不一定是温度不合适”。

通过对第二个假言判断所进行的四个方面的分析,使我们得出了这样一个结论,即第二条和第三条带有“一定”,它表明了这种条件关系的特征。这种条件关系是必要条件关系,具有这种条件关系的假言判断叫作“必要条件假言判断”;在必要条件假言判断中,前件是后件的必要条件。

3. 充要条件假言判断。第三个假言判断的前、后件之间的条件关系是:

第一,肯定前件一定肯定后件。

第二,否定前件一定否定后件。

第三,肯定后件一定肯定前件。

第四,否定后件一定否定前件。

在对第三个假言判断所作的四个方面的分析中,每个分析结果都带有“一定”。具有这组特性的条件关系叫作充要条件关系。所谓“充要”,其实是“充分且必要”的简称。其中第一条、第四条与充分条件的第一条、第四条是相同的;第二条、第三条与必要条件的第二条、第三条是相同的。充分条件带有“一定”的两条特征，即第一条和第四条加上必要条件带有“一定”的两条特征，即第二条和第三条正好等于充要条件的四条特征。前、后件间具有这种条件关系的假言判断叫“充要条件假言判断”。

二、符号、公式表达与真值表定义

1. 充分条件假言判断的表达与真值表定义。如果用 P，Q 分别代表假言判断的前、后件，那么充分条件假言判断可以用公式表达为：

$$P \rightarrow Q$$

其中的“→”是一个常项，叫作“蕴涵”，读做“如果……那么……”也可以读做“蕴涵”；整个公式读做“如果 P 那么 Q”，也可以读做“P 蕴涵 Q”。我们可以用下面这个真值表（表 4－6）来定义充分条件假言判断。

表 4－6

P	Q	P → Q
T	T	T
T	F	F
F	T	T
F	F	T

表 4－6 中，P 表示“某些人有选举权”，Q 表示“他们 18 岁或 18 岁以上”。表中：

第一行描述的情况是：“某些人有选举权，他们 18 岁或 18 岁以上了。”

第三行描述的情况是：“某些人没有选举权，但也 18 岁或 18 岁以上了。”

第四行描述的情况是：“某些人没有选举权，但都不到 18 岁或 18 岁以上。”

如果某人有选举权,那么他的年龄是在 18 岁或 18 岁以上。

这个假言判断作为一个真判断允许第一、三、四行所描述的各种情况出现；反过来说,也仅仅在一、三、四行所描述的情况确实同时存在的条件下,才可以确定这个假言判断是一个真判断。

第二行描述的情况是:“某些人有选举权,但他们不到 18 岁或 18 岁以上。”

第二行描述的情形是充分条件假言判断作为一个真判断所不允许出现的。因此,如果第二行所描述的情况确实存在,那说明这个充分条件假言判断是一个错误的、假的判断。

作为一般规则,充分条件假言判断在真值表中表现为:**三行真,一行假,在前件真、后件假时为一假判断。**

2. 必要条件假言判断的表达与真值表定义。必要条件假言判断可以用以下公式表示:

$$P \leftarrow Q$$

其中“←”是一个常项,叫作“反蕴涵”。它可以读做“只有……才……”也可以读做“反蕴涵”。这个公式可以读做“只有 P 才 Q”,也可以读做“P 反蕴涵 Q”。

下面的真值表(表 4－7)可以定义必要条件假言判断。

表 4－7

P	Q	P ← Q
T	T	T
T	F	T
F	T	F
F	F	T

表 4－7 中,P 表示“温度合适”,Q 表示“鸡蛋可以孵出小鸡来”。

第一行描述的情况是:“孵化的温度合适,小鸡也孵出来了。”

第二行描述的情况是:“孵化的温度合适,但小鸡没有孵出来。”

第四行描述的情况是:“孵化的温度不合适,小鸡没有孵出来。”

只有温度合适,鸡蛋才能孵出小鸡。

这个必要条件假言判断作为一个真判断,允许上述三种情况存在;而且,只有上述三种情况同时存在,我们才可以确定这个必要条件假言判断是一个真的必要条件假言判断。

第三行描述的情况是必要条件假言判断所不能允许的,这种情况如若存在,那说明这个必要条件假言判断是一个错误的判断。

必要条件假言判断在真值表中表现为:**三行真,一行假,在前件假、后件真时是一假的判断**。每一个必要条件假言判断都遵循这条规则,没有例外。

3. 充要条件假言判断的表达与真值表定义。充要条件假言判断可以用以下公式表示:

$$P \longleftrightarrow Q$$

其中:P 表示“两直线平行”;Q 表示“同位角相等”;“$\longleftrightarrow$”表示“当且仅当”,它是一个常项,名称是“等值”,读做“等值”,在数学中常读做“当且仅当”,在自然语言中常读做“如果并且只有……那么……”

下面的真值表(表4-8)定义了充要条件假言判断。

表4-8

P	Q	$P \longleftrightarrow Q$
T	T	T
T	F	F
F	T	F
F	F	T

充要条件假言判断“两直线平行,当且仅当,同位角相等”在真值表中,表现为**两行真**。

第一行描述的情况是:“两直线平行且同位角等”。

第四行描述的情况是:“两直线不平行且同位角不相等”。

第一行和第四行描述的情况说明,在 P 和 Q 所表述的情况同时存在或同时不存在的条件下,充要条件假言判断为真;或者说 P,Q 同真或同假时,公式 $P \longleftrightarrow Q$ 为一真判断。

第二行所描述的情况是:“两直线平行,且同位角不相等”。

第三行所描述的情况是:“两直线不平行,且同位角相等”。

充要条件假言判断不允许第二行、第三行所描述的前后件不相等的情况存在。如果这些情况存在,那便说明该充要条件假言判断为一假判断;反之,若一个充要条件假言判断是假的,其前、后件之间真、假值必然相反。

顾名思义,“等值”其实就是说前、后件的真假值是相同或相等的意思。

三、假言判断在自然语言中的表现

1. 充分条件的语言表达。假言判断在自然语言中的表现是多种多样的。在表达充分条件关系时,常使用以下关联词语:

“如果 ……那么 …… ”

“假使 ……那么 ……”

“倘若 ……则 ……”

“若 ……则 ……”

“只要 ……就 ……”

“要是 ……就 ……”

“使 ……则 ……”

“当 ……便 ……”

2. 必要条件的语言表达。表达必要条件关系时,常使用以下关联词语:

“只有 ……才 ……”

“必须 ……才 ……”

“除非 ……不 ……”

3. 充要条件的语言表达。表达充要条件时常见的关联词语有：

“ …… 当且仅当 ……”

“ 如果并且只有……那么 ……”

“ 如果并且只有……才 ……”

“只有而且只要……就……”

以上表达充要条件假言判断的关联词语实际是两种关联词语的“合并”，或是复合的关联词语。在实际表述时人们往往把复合关联词语拆开使用，例如：

“如果 ……那么 ……，并且，只有 ……才 ……”

“只要……就……，并且，只有……才……”

拆开之后，一半用于表明前件是后件的必要条件，另一半用于表明前件是后件的充分条件。

值得注意的是，关联词语在自然语言中的运用并不规范，而逻辑学界对某些关联词语的逻辑含义也是有争议的；况且在很多情况下，特别是在古汉语及一些成语中根本不使用或使用不完整的关联词语，例如：

不破，不立。

不入虎穴，焉得虎子。

量小非君子。

虚心使人进步，骄傲使人落后。

因此，在确定一个假言判断的条件关系时，应该依据它的前、后件间的实际关系而非仅仅依据它所使用的关联词语。

四、假言判断的前后件之间的对应关系

假言判断的前后件之间存在一定的对应关系。

1. 如果前件是后件的充分条件，那么后件是前件的必要条件。

前面的例子提到：

如果某人有选举权，那么他的年龄是18岁或18岁以上。

“有选举权”是“18岁或18岁以上”的充分条件，那么根据对应关系，“18岁或18岁以上”就是“有选举权的必要条件”了；这样，我们便可以轻而易举地得到另一个必要条件假言判断：

一个人的年龄只有是18岁或18岁以上，那么才有选举权。

以上两个假言判断在语义上是完全相同的。对它们的语义定义见下面的真值表(表4-9)。

表4-9

P	Q	P → Q	Q ← P
T	T	T	T
T	F	F	F
F	T	T	T
F	F	T	T

表4-9中，Q ← P是一个必要条件假言判断，它在“Q假P真”时为假；P → Q是一个充分条件假言判断，它在“P真Q假”(即“Q假P真”)时为假。其他情况下都是真的。

以上两个假言判断在真值表中每一行的值都是相同的，所以我们说这两个判断的语义是相同的，或者说，它们之间的关系是等值的。它们之间的区别仅仅在于表达的侧重点有所不同：P → Q强调的是P是Q的充分条件，而Q ← P强调的是Q是P的必要条件。

只有温度合适，鸡蛋才能孵出小鸡。

这是一个必要条件假言判断，把其前后件换一个位置，则构成一个充分条件假言判断。上面的真值表(表4-9)同样可以说明这两个判断在表达形式上的转换。

2. 在充要条件假言判断中，前件是后件的充分且必要条件,那后件必定是前件的必要且充分条件。在这个意义上我们可以说,前件是后件的充要条件,那么,后件同样也是前件的充要条件。

在充要条件假言判断中,前后件必定是“互为充要条件”。下面的真值表(表4-10)可以说明这种情况。

表4-10

P	Q	$P \longleftrightarrow Q$	$Q \longleftrightarrow P$
T	T	T	T
T	F	F	F
F	T	F	F
F	F	T	T

第四节 负判断

负判断是否定一个判断而得到的判断。我们称被否定的判断为原判断,否定原判断所得到的判断称为负判断。

一、性质判断的负判断

1. A判断的负判断。A判断为原判断,它的负判断为$\overline{A}$,$\overline{A}$可以读做“非A”或“A假”。从对当方阵中可知,A假,O必真;也就是说,A判断的负判断,等值于O判断。它的语言表现形式有:

第一,并非所有S是P。

第二,S不都是P。

第三,不能说所有S是P。

第一种形式是比较规范的表达负判断的形式。例如:

并非所有老年人都是病人。

第二种形式是比较隐蔽的形式。例如:

老年人不都是病人。

在性质判断中,“都”字前面的“不”和“都”字后面的“不”的逻辑含义是很不一样的。“都”字后面的“不”表达这个性质判断的联项是否定,例如“S都不是P”中 的“不”;而“都”前面的“不”则表明这个性质判断是个负判断。

第三种形式是一种口语化的表现形式,比较直观。例如:

不能说所有老年人都是病人。

2. E判断的负判断。E判断为原判断,它的负判断为$\overline{E}$,$\overline{E}$可以读做“非E”或“E假”。从对当方阵中可知,E假,I必真;也就是说,E判断的负判断,等值于I判断。它的语言表现形式有:

第一,并非所有S不是P。

第二,S不都不是P。

第三,不能说所有S不是P。

例如:

并非所有年轻人都不是京剧爱好者。

年轻人不都不是京剧爱好者。

不能说所有年轻人都不是京剧爱好者。

3. I判断的负判断。I判断为原判断,它的负判断为$\overline{I}$,$\overline{I}$可以读做“非I”或“I假”。从对当方阵中可知,I假,E必真;也就是说,I判断的负判断,等值于E判断。它的语言表现形式有:

第一,并非有(些)S是P。

第二,没有S是P。

第三,不能说有(些)S是P。

第一种形式是比较规范的表达负判断的形式。例如:

并非有些小学生懂得人生哲学。

第二种形式是比较隐蔽的形式。“有”字前面的“没”和“是”字前面的“不”虽然都表达否定,但它们的逻辑含义是很不一样的。“是”字前面的“不”表达这个性质判断的联项是否定,例如:

有(些)S 不是 P;“有”字前面的“没”也有否定的作用,但它否定的是原判断本身,而不仅仅否定一个谓项。例如:

没有小学生懂得人生哲学。

第三种形式是一种口语化的表现形式,比较直观。例如:

不能说有些小学生懂得人生哲学。

4. O 判断的负判断。O 判断为原判断,它的负判断为 $\overline{O}$,$\overline{O}$ 可以读做“非 O”或“O 假”。从对当方阵中可知,O 假,A 必真;也就是说,O 判断的负判断,等值于 A 判断。它的语言表现形式有:

第一,并非有(些)S 不是 P。

第二,没有(些)S 不是 P。

第三,不能说有(些)S 不是 P。

例如:

并非有些学生不懂得交通安全。

没有学生不懂得交通安全。

不能说有些学生不懂得交通安全。

5. 单称肯定判断和单称否定判断的负判断。单称肯定判断的负判断的等值判断是单称否定判断,单称否定判断的负判断的等值判断是单称肯定判断,二者互为对方负判断的等值判断。例如,“并非太阳是宇宙最大的恒星。”它等值于“太阳不是宇宙最大的恒星”。原判断是单称肯定判断,其负判断的等值判断是单称否定判断。

二、复合判断的负判断

1. 联言判断的负判断。联言判断 $P \wedge Q$ 的负判断是 $\overline{P \wedge Q}$,它读做“并非既 P 又 Q”,它等值于 $\overline{P} \vee \overline{Q}$。例如:

既要建设好物质文明又要建设好精神文明。

这个判断的负判断等值于:

或者没有建设好物质文明,或者没有建设好精神文明。

再例如：

这个商店的商品物美价廉。

这个判断的负判断等值于：

这个商店的物品或者物不美，或者价不廉。

下面的真值表(表4－11)说明了这个负判断的推导过程。

表4－11

P	Q	$P \wedge Q$	$\overline{P \wedge Q}$	$\overline{P} \vee \overline{Q}$
T	T	T	F	F
T	F	F	T	T
F	T	F	T	T
F	F	F	T	T

表4－11中第三栏是对 $P \wedge Q$ 的定义，第四栏是对这个联言判断的负判断的定义，即$\overline{P \wedge Q}$。

表4－11中的第四栏与第三栏相比，它每一行的值都是相反的。联言判断在真值表中是一行真，三行假，它的负判断则是一行假，三行真。一行假，三行真意味着这个负判断可以等值地表达为一个相容关系选言判断。相容关系选言判断在每个肢判断都是假的时候是假的，那就等于说，在“$\overline{P}$ 和 $\overline{Q}$ 都假”时，它才是假的；因为“P 真”等于“$\overline{P}$ 假”，“Q 真”等于“$\overline{Q}$ 假”。这样我们可以确定这个相容关系选言判断的两个肢判断是 $\overline{P}$ 和 $\overline{Q}$，而这个选言判断应为 $\overline{P} \vee \overline{Q}$，用公式可表达为：

$$\overline{P \wedge Q} \longleftrightarrow \overline{P} \vee \overline{Q}$$

2. 相容关系选言判断的负判断。相容关系选言判断 $P \vee Q$ 的负判断是 $\overline{P \vee Q}$，它读做“并非或者 P 或者 Q”，它等值于 $\overline{P} \wedge \overline{Q}$。例如：

某小商品批发市场的商品或者物美或者价廉。

其负判断为：

并非某小商品批发市场的商品或者物美或者价廉。

它等值于：

某小商品批发市场的商品既非物美又非价廉。

下面的真值表（表4－12）中，第三栏定义了这个选言判断，第四栏定义了它的负判断。由于原判断在真值表中为“三行真、一行假”，所以它的负判断在表中为“三行假、一行真”；这个负判断等值于一个联言判断，因为联言判断在真值表中也是“三行假、一行真”。

表4－12

P	Q	$P \vee Q$	$\overline{P \vee Q}$	$\overline{P} \wedge \overline{Q}$
T	T	T	F	F
T	F	T	F	F
F	T	T	F	F
F	F	F	T	T

下述公式表达其间的等值关系；

$$\overline{P \vee Q} \longleftrightarrow \overline{P} \wedge \overline{Q}$$

这个公式与公式 $\overline{P \wedge Q} \longleftrightarrow \overline{P} \vee \overline{Q}$ 在逻辑学上被称为德·摩根定理。

3.不相容关系选言判断的负判断。例如：

张某要么喜欢滑冰要么喜欢游泳。

这是一个不相容关系选言判断，它告诉我们的是：张某只能“喜欢其中一种运动”，而不能“不喜欢其中任何一种运动”或者“两种运动都喜欢”。以这个判断为原判断，那么，它的负判断等值于一个充要条件假言判断：

张某喜欢游泳，当且仅当他喜欢滑冰。

这个充要条件假言判断恰好只允许两种可能性出现：一种可能性是都喜欢，另一种可能性是都不喜欢。这个推导过程可以用下面真值表(表 4 - 13)来表示。

表 4 - 13

P	Q	$P \dot{\vee} Q$	$\overline{P \vee Q}$	$P \longleftrightarrow Q$
T	T	F	T	T
T	F	T	F	F
F	T	T	F	F
F	F	F	T	T

表 4 - 13 中,第三栏定义了不相容关系选言判断,第四栏定义了它的负判断。第三、四栏相比较,每行的值都是相反的,在第三栏中二、三行真,而在第四栏中则是一、四行真,而这又意味着第四栏等值于第五栏这个充要条件假言判断。

“两种运动或者都喜好或都不喜好”。对张某而言,这无疑意味着这两种运动间存在着充要条件关系。

4. 充分条件假言判断的负判断。例如:

这盘棋如果我输了,那么我请客。

这是一个充分条件假言判断,它的负判断是:

并非这盘棋如果我输了,那么我请客。

而这个负判断等值于:

虽然输了,但没请客。

下面的真值表(表 4 - 14)说明了其间的推导过程。

表 4 - 14

P	Q	$P \rightarrow Q$	$\overline{P \rightarrow Q}$	$P \wedge \overline{Q}$
T	T	T	F	F
T	F	F	T	T
F	T	T	F	F
F	F	T	F	F

在表 4－14 中，第三栏定义了这个充分条件假言判断，第四栏是第三栏的否定，它定义了这个充分条件假言判断的负判断，这个假言判断的负判断在真值表中只有一行真。这说明这个负判断与一个联言判断是等值的，而这个联言判断恰恰是“P 真但 Q 假”；它等于说“虽然输了，但没请客”，用公式可以表示为：

$$\overline{P \rightarrow Q} \longleftrightarrow P \wedge \overline{Q}$$

充分条件假言判断的负判断等值于一个联言判断。这个联言判断的第一个肢判断是充分条件假言判断的前件，即 P；第二个肢判断是被否定了的后件，即 $\overline{Q}$。

再如：“如果打雷，那么下雨”也是个假的判断。任何一个人都知道，否定它，意味着我们必须肯定“打雷，但不下雨”是一种可能实际存在的情形。

5. 必要条件假言判断的负判断。例如：

只有灯泡坏了灯才会不亮。

这无疑是一个假的必要条件假言判断，任何一个人都知道其之所以为假，是因为“灯泡不坏，灯也有不亮的可能”。我们通过后者可以确定这个必要条件假言判断是假的，而后者恰恰是一个联言判断，下面的真值表（表 4－15）可以验证这个推导的正确性。

表 4－15

P	Q	$P \leftarrow Q$	$\overline{P \leftarrow Q}$	$\overline{P} \wedge Q$
T	T	T	F	F
T	F	T	F	F
F	T	F	T	T
F	F	T	F	F

表 4－15 中，第三栏定义了这个必要条件假言判断，第四栏

定义了它的负判断，第三栏和第四栏是互为矛盾的两栏，因为它们每一行的值都是相反的。第三栏是“三行真、一行假”，第四栏是“一行真、三行假”，而“一行真、三行假”意味着它等值于一个联言判断，用公式可以表示为：

$$\overline{P \leftarrow Q} \longleftrightarrow \overline{P} \land Q$$

必要条件假言判断的负判断的等值判断是个联言判断，这个联言判断的第一个肢判断是假言判断被否定了的必要条件，即 $\overline{P}$，而第二个肢判断则原封不动保留了这个假言判断的充分条件，即Q。这个过程与充分条件假言判断的负判断的推导过程是完全相同的，它们的负判断都等值于联言判断，这个联言判断的一个肢判断是假言判断的充分条件，另一个肢判断是被否定了的必要条件。

6. 充要条件假言判断的负判断。从原理上来讲，充要条件假言判断是“两行真、两行假”，那么，它的负判断及与负判断等值的判断也应该是“两行真、两行假”，下面的真值表（表4－16）可以说明这个情况。

例如：

这次预选赛亚洲组中国队出线，当且仅当日本队出线。

表4－16

P	Q	$P \longleftrightarrow Q$	$\overline{P \longleftrightarrow Q}$	$P \dot{\vee} Q$
T	T	T	F	F
T	F	F	T	T
F	T	F	T	T
F	F	T	F	F

这个判断肯定了两种可能性，一种可能性是“都出线”，另一种可能性是“都不出线”；它的负判断否定了这两种可能性，而肯定了另外两种可能性，即“中国队出线而日本队不出线”和“中国

队不出线而日本队出线”。表达这两种可能性的判断其实就是一个不相容关系选言判断。

7. 负判断的负判断。否定一个负判断我们可以得到这个负判断的负判断，即原判断。P 为原判断，$\overline{P}$ 是它的负判断，而 $\overline{P}$ 的负判断则又等值于 P 本身。用公式可以表示为：

$$\overline{\overline{P}} \longleftrightarrow P$$

这个公式是逻辑学的一个定理，叫作“双重否定”。例如：

并非，并非他是工会主席。

那就等于说：

他是工会主席。

第五节　模态判断

“可能”、“必然”这类词语在逻辑上叫作“模态词”，含有模态词的判断叫作模态判断。例如：

今天下午可能下雨。

今年北方或许会发生洪水。

他也许会考上北大。

他大概有七十多岁了。

以上几个判断分别含有“可能”“或许”“也许”“大概”这几个词，“或许”“也许”“大概”的含义与“可能”的含义是相同的。逻辑学把含有这些词语的判断称为“可能判断”，也有些教科书称之为“或然判断”。可能判断可以用下述公式表示：

$$\Diamond P$$

其中 P 表示这个判断的非模态部分，在第一个例子中，就相当于“今天下午下雨”。“◇”表示这个模态判断的“或然”模态词。

一、模态判断的种类

模态判断分为两种,含有“可能”的判断叫作可能判断,含有“必然”的判断叫作“必然判断”,以下是几个必然判断的例子:

2008 年的北京奥运会必然成功举办。

正义必战胜邪恶。

中国必定能够成为世界一流强国。

小张一定当不成科学家。

此行定马到成功。

以上这几个判断含有“必然”、“必”、“必定”、“一定”、“定”一类词语,它们的含义等同于“必然”。

必然判断可以用公式表示为:

$$\Box P$$

其中“□”表示模态词“必然”;P 表示判断的非模态部分,以第一个判断为例:

2008 年的北京奥运会必然成功举办。

模态判断在自然语言中的表现也是多种多样的,其主要变化表现在模态词位置的不同及是否使用复句形式。例如:

2008 年的北京奥运会将必然成功举办。

2008 年的北京奥运会将成功举办,这是必然的。

这是必然的,2008 年的北京奥运会将成功举办。

二、模态判断之间的素材问题

模态判断之间也存在一个素材是否相同的问题,以下几个模态判断的素材是相同的。

股市必然下跌——$\Box P$。

股市必然不下跌——$\Box \overline{P}$。

股市可能下跌——$\Diamond P$。

股市可能不下跌——$\Diamond\overline{P}$。

这几个判断间的关系也可以用一个方阵来表达(见图4－1)。

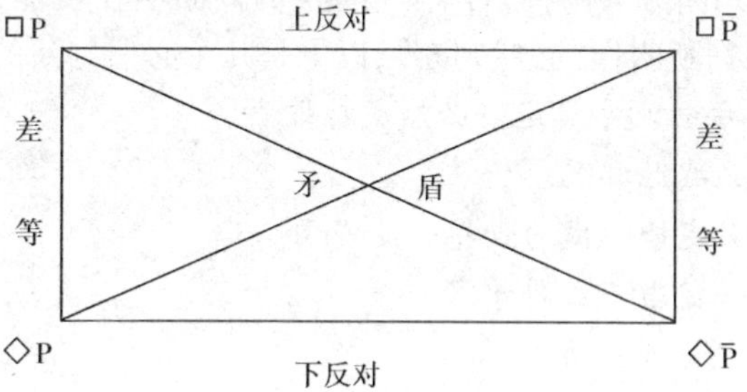

图4－1

这个方阵的结构同性质判断A,E,I,O的方阵是完全同构的,区别仅仅在于四个角的内容有所不同。在这个方阵中,上两个角的判断都带有□,下两个角带有◇,左侧两个角都带有P,右侧两个角带有$\overline{P}$。

方阵中□P和$\Box\overline{P}$间的关系是上反对关系,它有"不可能同真但有可能同假"的性质。例如:股市的下跌或者上涨,可能是由某一个偶然因素或者短期因素造成的。在这种情况下,股市的下跌不带有必然性,说它"必然下跌"或"必然不下跌"都是假的。

方阵中◇P和$\Diamond\overline{P}$间的关系是下反对关系,它有"可能同真但不可能同假"的性质。例如:"对伊拉克的制裁可能会继续下去","对伊拉克的制裁可能不会继续下去",这两种可能性在目前都是不可否认的。因此,它们可以同时为真判断;未来,制裁或许撤销或许持续下去,但这两个判断总有一个是真的。

方阵中□P和◇P间的关系是差等或蕴涵关系,从上位判断□P之真可以推出下位判断◇P之真,从下位判断◇P之假可以推知上位判断之假。例如:从"中国散打选手必然击败泰拳选手"之真可以推知"中国散打选手可能击败泰拳选手"之真;亦可从"中国散打选手可能击败泰拳选手”之假，推知“中国散打选手必然击败泰拳选手”之假。

方阵中$\Box\overline{P}$和$\Diamond\overline{P}$间的关系也是差等关系。

方阵中$\Box P$和$\Diamond\overline{P}$间的关系是矛盾关系，二者之中只能“一真一假”。例如：从“中国必然完成两个文明的建设”之真，可推知“中国可能完不成两个文明的建设”之假；反之亦然，也可从“中国必然完成两个文明的建设”之假，推知“中国可能完不成两个文明的建设”之真。

方阵中$\Box\overline{P}$和$\Diamond P$间的关系也是矛盾关系。

三、负模态判断

否定一个模态判断就得到一个负模态判断，而它则等值于另一个模态判断。

否定$\Box P$，则有$\overline{\Box P}$，可用下述公式表示为：

$$\overline{\Box P} \longleftrightarrow \Diamond \overline{P}$$

例如：

《静静的顿河》一定（即必然）是肖氏的作品。

其负判断为：

《静静的顿河》不一定（即不必然）是肖氏的作品。

而它等值于：

《静静的顿河》可能不是肖氏的作品。

否定$\Box\overline{P}$，则有$\overline{\Box\overline{P}}$，可用下述公式表示为：

$$\overline{\Box\overline{P}} \longleftrightarrow \Diamond P。$$

例如：

张某必然不会成为作家。

其负判断为：

张某不一定不会成为作家。

而它等值于：

张某可能成为作家。

否定◇P，则有 $\overline{\Diamond P}$，可用下述公式表示为：

$$\overline{\Diamond P} \longleftrightarrow \Box \overline{P}$$

例如：

日本国的人口可能会超过印度的人口。

其负判断为：

日本国的人口不可能会超过印度的人口。

而它等值于：

日本国的人口必然不会超过印度的人口。

否定$\Diamond \overline{P}$，则有 $\overline{\Diamond \overline{P}}$，可用下述公式表示为：

$$\overline{\Diamond \overline{P}} \longleftrightarrow \Box P$$

例如：

电视机行业可能不会有很大的发展。

其负判断为：

电视机行业不可能不会有很大的发展。

而它等值于：

电视机行业必然会有很大的发展。

四、模态方阵中各种关系的公式表达

模态方阵中的六条线可用公式表示。

上反对关系：

$$\overline{\Box P} \vee \overline{\Box \overline{P}}$$

下反对关系：

$$\Diamond P \vee \Diamond \overline{P}$$

差等关系：

$$\Box P \rightarrow \Diamond P$$

$$\Box \overline{P} \rightarrow \Diamond \overline{P}$$

矛盾关系：

$$\overline{\Box P} \longleftrightarrow \Diamond\overline{P}$$
$$\Box\overline{P} \longleftrightarrow \overline{\Diamond P}$$

以上这几种关系，每一种都可用不同的公式来表达，而每一个公式都可有多种变形。不同的变形之间具有等值的关系。

例如，上反对关系可以用公式表达为：

$$\overline{\Box P} \vee \overline{\Box\overline{\overline{P}}}$$

可以变形为：

$$\Box P \rightarrow \overline{\Box\overline{\overline{P}}}$$
$$\overline{\Box P} \leftarrow \Box\overline{P}$$
$$\overline{\Box\overline{\overline{P}}} \leftarrow \Box P$$

还可以变形为：

$$\Box\overline{P} \rightarrow \overline{\Box P}$$

方阵中的每一条线所表达的内容都可以用复合判断的公式来表达，而每一公式都可以有很多等值的变形形式，我们只列举了上反对关系。模态判断对当方阵中的其他关系及性质判断对当方阵中的各种关系也都如此，读者可以试一下。

第六节　本章小结

作为复合判断这一章的小结，我们要讨论几个问题。

一、复合判断形态的直觉可接受性

我们设想有这样一个人，他是学过逻辑学的。他想吃小葱拌豆腐，他想捉弄一下人。于是，他对那个卖菜的人说：

“我或者不买豆腐或者买点儿小葱。”

你想想，这小贩会作何反应?!

我想这小贩大概会不知所措，他甚至会骂道：“你 TMD 有病呀，什么叫‘或者不买豆腐或者买点儿小葱’?!”

是的,这小贩完全没有什么不对,因为"或者不买豆腐或者买点儿小葱"从判断形态上讲是一个直觉上很难接受的东西。

那个买菜人在逻辑上没有什么错误,他想吃小葱拌豆腐也没错。他看见集市上有这两样东西,心说:"如果有豆腐卖,那就再买点小葱。"

那么这人心里想的与嘴上说的是不是一回事儿?!

是一回事儿:"或者不买豆腐或者买点儿小葱"与"如果买豆腐,那就再买点小葱"在逻辑上是等值的,在真值表上它们都是三行真、一行假,都是在第二行假。这样我们就把问题摆出来了:

某些在逻辑上、在语义上有意义的判断形态在直觉上是很难接受的。

以相同的素材为例,直觉上很难接受的判断还有:

"或者不买小葱,或者买点儿豆腐。"

换一个素材:

"或者买点儿绿豆,或者不买小豆。"

"或者不买绿豆,或者买点儿小豆。"

这也都是直觉上很难接受的,而下述几个判断在直觉上接受起来则一点儿问题都没有:

"或者买点儿绿豆,或者买点儿小豆。"

"或者不买绿豆,或者不买小豆。"

"或者买豆腐,或者买点儿小葱。"

"或者不买豆腐,或者不买小葱。"

我们可以把讨论的结果总结为两点。

首先:P 或者 q 与非 p 或者非 q 在直觉上是易于接受的;而 P 或者非 q 与非 P 或者 q 在直觉上是很难接受的。这意味着选言判断的选言肢的肯定、否定状态决定选言判断的直觉可接受性;肯定或否定状态相同的(肢判断都是肯定或都是否定)是直觉上易于接受的,肢判断肯定或否定状态不同的选言判断是直觉不易接受的。

其次：我们在遇到“P 或者非 q 与非 P 或者 q”的情形时可以采取回避的方法，我们可以用等值的假言判断来表达同样的思想，假言判断的直觉可接受性是最强的，它的任何一种形态接受起来都不会发生问题：

如果 P，那么 q；

如果非 P，那么 q；

如果 P，那么非 q；

如果非 P，那么非 q。

这里讨论的问题涉及思想与表达的关系，本应是语用学应该研究的，本应是逻辑学向语用学借鉴的，但是，不幸的是它似乎没有引起语用学应有的重视，只好在这里越俎代庖了。

二、转折、递进这两种表达的深层含义

1.转折。下面一个讨论涉及一组关联词语——转折连词。一般认为转折连词有三个：虽然—但是（也）、尽管—但是（也）、即使—也。根据传统观点，它应该是语言学或语法的研究对象。但是，不幸的是这些关联词语在那里并未得到很好的处理。那里所提供给我们的、最值得一提的处理也就是告诉我们：这些关联词语之间的区别是它们的“转折的意义是不同的”，它们中的某一个对“转折”的强调甚于另一个，如此而已；至于“转折”本身是怎么一回事儿那是绝口不提的。

显然，这是远远不够的。我们至少应该知道：

第一，转折本身是怎么一回事？

第二，这些关联词语之间的区别，除了上述所谓的主观上的意义，有没有客观上的意义？

第三，如果其间有客观的区别，那我们是否有随便选用其中一个而不犯语法错误的可能？

我们汉语对这个问题的研究非常不够,其他语言对这个问题的研究也大致如此。我曾经请教过很多外国人,甚至请教过一个讲授语言学的美国教授,但是所有的人都说不出更多的东西。可见对这一课题的忽视绝不仅仅是汉语一种语言的问题。

我们先看一组例子:

虽然已经是三九了,但是天气还不冷。

尽管已经是三九了,但是天气还不冷。

第一句是我们常用的正常表达。第二句我们觉得不太自然,但却说不出它有什么毛病。

再看一组:

虽然不到三九,但是天气已经很冷了。

尽管不到三九,但是天气已经很冷了。

在这一组,第二句是我们常用的正常表达。而第一句我们觉得不太自然,但却说不出它有什么毛病。

我们再换一组素材看看:

虽然打了半天雷,但是仍然没有下雨。

尽管打了半天雷,但是仍然没有下雨。

虽然没有打雷,但是还是下雨了。

尽管没有打雷,但是还是下雨了。

在这一组里,用得比较自然的仍然是第一句和第四句。相比之下,不太自然的仍然是第二句和第三句。

如果我们用 p 表示“到了三九”和“打雷”,用 q 表示“冷”和“下雨”,那以上例子中用得很自然的四句可以表示为以下两种形式:

虽然 p,但是非 q。

尽管非 p,但是 q。

其中,“虽然”后面带的是一个正判断,而“尽管”后面带的是一个负判断。这两句之所以用得自然,有其辞源依据。

“然”字,词典里往往解释为“什么、什么的样子”。在逻辑上,凡是用到“然”的地方都含有“肯定”的意思。例如“虽然”“竟然”“居然”“既然”“然也”“必然”“偶然”“突然”“忽然”等等莫不如此。“不然”里的“然”也是肯定的意思,只不过加了“不”字才变成否定。

词典里把“然”字解释为“什么、什么的样子”,这是对的,因为能带在“然”后面的必定是一件已经发生了的“事儿”。只有已经发生了的才能算是一件“事儿”,没有发生的东西算不得一件“事儿”。例如我们说“某人杀人”,那意味着有命案“发生”,一定是“发生”了一件“事儿”,是对一件“事儿”的描述。但是我们说“某人没有杀人”,却不是对一件“事儿”的表述,因为“没有杀人”只不过是说“杀人”这“事儿”还没有发生而已。再如,我说“我吸烟”,这一定意味着“事儿”的发生,如果追溯,可能要追溯到我下乡插队时期。但是我说“我不吸烟”,却不意味着一件“事儿”的发生。我们无法追溯这“事儿”是什么时候发生的,总不能说在娘胎里就已经不吸烟了。之所以不能追溯,因为这“事儿”就没有发生过。

所以,“事儿”必定是一个正面的事实,而对一个正面事实的表述必定形成一个正判断。所以,“虽然”后面带的判断就应该是一个正判断。

与此相似,“尽管”后面带的成分应该是一个负判断,它是对一件“事儿”的发生的否定性的表述。

日语把转折连词叫“逆态连接词”,这种叫法更直观一些,虽然日语也没有能告诉我们怎样的“态”才算是“逆态”,以及不同“逆态”的不同含义。

所以,使用转折关联词时符合以下公式的才是正确地使用,不符合的就是错误地使用:

虽然 p,但是非 q。

尽管非 p,但是 q。

逻辑学一般在讲联言判断时提到转折连词,但是转折连词与同样可以表达联言判断的并列连词与递进关系连接词是有很大的区别的。

我们设想一下这样一种情况,临近中午两个下完棋的人收棋回家,无论输赢,谁也没有请谁的客。我们对此不会感到意外,不会对输棋的人没有请客感到意外,因为我们没有预期。我们会把这一情况直接表述为:

那人输了,那人没有请客。

而这是一个单纯的简单的并列关系的联言判断。

但是如果我们有了预期,如果下棋的人承诺:

"无论是谁,如果输了,那就请客。"

这时情况就不一样了。这时如果有人输了又没有请客的情况发生,那我们就不会仅仅说:

"那人输了,那人没有请客。"

而会说:

"那人虽然输了,但是还不请客。"

(顺便说一句,这时我们不会表述为:那人尽管输了,但是没有请客。)

这是因为我们有所预期,而且这个预期落空了。预期落空实际意味着对预期,也就是那个假言判断"如果输了,那就请客"的否定。

所以,"虽然—但是"的使用有着更深的含义。在逻辑上,它告诉我们,这个句子是对一个充分条件假言判断的否定的结果。或者可以更直接地说,这个句子告诉我们,"虽然"这个词所提示的分句不是"但是"这个词所提示的分句的充分条件。

我们再设想一个情况。如果我们发现有群众当了干部,我们会直接把这一情况表述为:

"这人不是党员,并且当了干部。"

但是,如果我们说:

“尽管不是党员，但是这人当了干部。”
这时候情况就不一样了，这同样也是对一个预期的否定，同样含有深层含义。这时它是对一个必要条件假言判断“只有党员才能当干部”的否定。

或者也可以更直接地说，这个句子告诉我们，“尽管”这个词所提示的分句不是“但是”这个词所提示的分句的必要条件。

这样，我们的这个讨论就结束了。我们的结论是：

第一，转折连词的使用有严格的规范。

第二，转折连词本身含有深层的含义，它们意味着不同预期的落空，在逻辑上它们意味着对不同的假言判断的否定。

第三，“虽然 p，但是非 q”是对“如果 p，那么 q”的否定。“尽管非 p，但是 q”是对“只有 p，才 q”的否定。

值得注意的是，不恰当地使用或理解这两个关联词语虽然不会造成十分了不起的逻辑错误，但是会减少或模糊人们对深层逻辑含义的表达和接受。如果我们不愿意作出这种牺牲，那正确地、严格地使用这两个关联词语就是必需的。

2. 递进。下面我们简单讨论一下递进句。

(1)递进连词的使用也有严格的规范。

(2)递进连词本身也有深层的含义，它也意味着一个预期的落空，在逻辑上它意味着对一个选言判断的否定。

(3)“不但 p，而且 q”是对“或者非 p，或者非 q”的否定。“不仅非 p，而且非 q”是对“或者 p，或者 q”的否定。

(4)转折句要求子句的肯定、否定的状态相反；而递进句要求子句的肯定、否定的状态相同，只有状态相同才“递进”得起来。这是因为递进句是对选言判断的否定，而一个直觉上可接受的选言判断，它的肢判断的肯定、否定状态本身就是相同的。

这里的讨论其实也是语用学应该研究的东西，只不过是逻辑学觉得不应该再等下去了。

3. 这里的讨论我们有意回避了对“即使—也”的研究,我想把这一研究留给读者去做。在以上讨论的基础上,这一问题的研究其实应该是水到渠成的事儿。

三、非条件性的断定或确认

对条件关系的确认不是我们研究假言判断的全部任务。在搞清楚了各种条件关系之后,我们还需要进一步界定非条件关系或无条件关系。我们需要这种确认方法,否则的话,我们需要确定两个命题或判断间没有充分条件关系、没有必要条件关系、没有充要条件关系才可以确定两个命题或判断之间没有条件关系。如果我们确定了无条件关系的语义学特征或其真值表定义,那无条件关系的确定就是一件相对简单得多的事情。

我们还是先举几个例子。

“打雷”与“下雨”这两件事儿之间没有条件关系,因为:“打雷同时下雨”这种可能性是存在的,有具体的事实存在;

“打雷并且不下雨”这一可能情况也是真实地存在的;

“不打雷同时下雨”的情况也是真实地存在的,也有具体的事实相对应;

最后,“不打雷并且不下雨”的情况还是存在的。

如果用真值表来记录上述情况,那描述这两个判断之间关系的真值表中的四行都表现为真的真值。

再举一个例子。我们常常说“虚心使人进步”,这句话甚至被奉为格言。在我讲课举这个例子讨论时,绝大多数的学生所持的观点是认为“虚心”与“进步”这两件事儿之间没有条件关系,因为在他们看来:

“虚心同时进步”这种可能性是存在的,有具体的事实存在;

“虚心并且不进步”这一可能情况也是真实地存在的;

“不虚心同时进步”的情况也是真实地存在的,也有具体的事实相对应；

最后，“不虚心并且不进步”的情况还是存在的。

如果用真值表来记录上述讨论的情况，那描述这两个判断之间关系的真值表中的四行也都表现为真的真值。

从以上两个例子可以说明无条件关系的语义学特征是在真值表的四行中，每一行的值都是真。

无论是在我们的生活中还是在我们的文字里，我们常常为条件关系而发生许多无谓的、多余的争论，虽然这些争论最后也可能得到正确的结论，但是辩论过程所走的弯路或繁文缛节的细节往往是不可避免的。无条件关系的判定的实际意义在于它可以使我们直截了当地来确定两个判定间的无条件性，而用不着多余的废话。

如果两个判断之间没有条件关系，那我们在确认这二者之间的这种关系时常用的语句是无条件语句，例如：

“无论上不上大学，他都能成为杰出的人才。”

“无论打不打雷，今天都会下雨。”

传统逻辑学理论对无条件语句的理解几乎无一例外都是错误的。

第五章 直接推理

第一节 概 述

推理是从一个或几个已知判断导出一个新判断的思维过程。例如：

① 直角三角形内角和是180°，
锐角三角形内角和是180°，
钝角三角形内角和是180°，
这三种三角形是三角形的全部形态，
———————————————
所以，凡三角形内角和都是180°。

② 法律是体现国家意志的行为规范，
刑法是法律，
———————————————
所以，刑法是体现国家意志的行为规范。

③ 如果要健全社会主义市场经济秩序，就必须严厉打击假冒伪劣；
———————————————
所以，不严厉打击假冒伪劣就不能健全社会主义市场经济秩序。

以上几个例子都是推理，推理①从多个前提推出结论，推理③从一个前提推出结论。

一、推理的结构

作为推导依据的判断称为前提，从前提推出的判断称为结论。在逻辑学中，表达推理时，我们常常用一条横线把前提和结论隔离开。

二、推理在语言中的特征

表达推理的句子或句群，在文字上通常有一些标志，其间往往出现“因为”“所以”“由于”“可见”“以至”“致使”“因而”“从而”“既然……就……”等词语。从语法上讲，因果句表达的都是推理。

三、推理的形式与内容

研究一个推理，往往从两个角度来进行。第一个角度是从形式的角度，从这个角度进行研究的目的是确定这些形式的正确与否。

例如，推理①可以用符号表示为：

S_1…P，

S_2…P，

S_3…P，

S_1，S_2，S_3是S类的全部对象，

所以，凡S…P。

推理②可用符号表达为：

$$\frac{\begin{array}{c}\mathrm{M\ A\ P}\\ \mathrm{S\ A\ M}\end{array}}{\mathrm{S\ A\ P}}$$

推理③可以用符号表示为：

$$\frac{P \rightarrow Q}{Q \rightarrow P}$$

以上这些推理形式都是逻辑学所关心的，我们将研究各种各样的推理规则以保证推理形式的正确性。

研究推理的第二个角度是研究推理的真实性。真实性是对内容而言的，真实性在推理中主要是指前提和结论的真实性。在推

理中,我们并不直接研究前提和结论的真实性,但在判断部分,我们要对判断的真实性作某种程度的处理。

例如,我们通过真值表可以确定一个复合判断在什么条件下是真的,在什么条件下是假的。所以,实际情况并不像某些教材所说的“逻辑学只管正确与否,而不管真假问题”。

四、推理的种类

推理分很多种类。

根据前提和结论之间的关系,推理可以分为演绎推理、归纳推理、类比推理。

演绎推理的前提和结论之间的关系是从一般到个别的关系。

归纳推理的前提和结论之间的关系是从个别到一般的关系。

类比推理的前提和结论之间的关系是从个别到个别的关系。

以推理的前提的数量为标准,可以把推理分为直接推理和间接推理。

直接推理是含有一个前提的推理。

间接推理是含有两个或两个以上前提的推理。

推理①从第一个划分看是归纳推理,从第二个划分看是间接推理。推理②从第一个划分看是演绎推理,从第二个划分看是间接推理。推理③从第一个划分看是演绎推理,从第二个划分看是直接推理。

五、推理的作用

推理的作用主要表现在两个方面:

一方面,推理是出新知的工具。可以说,没有推理,就没有人类文明。推理是三种思维形态之一,没有推理,便没有理性思维,也就没有人类本身。

另一方面,推理也是论证的工具。任何一篇论证性文章,要么是提出自己的观点,要么是反驳别人的观点,脱离了推理这种思维形式,论证本身便不存在。

第二节　直接推理

以一个判断为前提的推理叫作直接推理。实际上,在以前的章节中我们已经见到过不少直接推理了。

一、以对当方阵为基础的直接推理

1. 根据上反对关系进行的推理。我们可以从 A 真推出 E 假。例如:“最近所有股票都大幅下跌”为真;“最近所有股票都没大幅下跌”为假。我们还可以从 E 真推出 A 假。例如:“发达国家今年的经济增长率都没有去年的高”为一个真判断,那么“发达国家今年的经济增长率都比去年的高”为一个假判断。这两个推理可以用公式表示为:

$$A \rightarrow \overline{E}$$
$$E \rightarrow \overline{A}$$

2. 根据下反对关系进行的推理。我们可以从 I 假推出 O 真。例如:“我们班有些同学考上了北京大学”为假,那么,“我们班有些同学没考上北京大学”为真。同样我们可以从 O 假推出 I 真。这两个推理可以用公式表示为:

$$\overline{I} \rightarrow O$$
$$\overline{O} \rightarrow I$$

3. 根据差等关系进行的推理。我们可以从 A 判断真推出 I 判断真,也可以从 I 判断假推出 A 判断假。这两个推理可以用公式表示为:

$$A \rightarrow I$$
$$\overline{I} \rightarrow \overline{A}$$

E 判断和 O 判断之间的关系也是差等关系，它们之间所能进行的推理如下：

$$E \rightarrow O$$
$$\overline{O} \rightarrow \overline{E}$$

4. 根据矛盾关系进行的推理。我们可以从 A 判断真推出 O 判断假，也可以从 A 判断假推出 O 判断真；我们还可以从 O 判断真推出 A 判断假，也可以从 O 判断假推出 A 判断真。可以用公式表示为：

$$A \rightarrow \overline{O};\ \overline{A} \rightarrow O$$
$$O \rightarrow \overline{A};\ \overline{O} \rightarrow A$$

E 判断和 I 判断之间的关系也是矛盾关系，它们之间所能进行的推理如下：

$$E \rightarrow \overline{I};\ \overline{E} \rightarrow I$$
$$I \rightarrow \overline{E};\ \overline{I} \rightarrow E$$

模态判断对当方阵中的六条线也都可以成为直接推理的根据，因为模态方阵与 A，E，I，O 方阵是同构的，每种关系的名称和性质都相同，故这里不作赘述。

二、根据复合判断等值变形所进行的直接推理

复合判断等值变形我们已经见过以下两种：

$$①\ P \rightarrow Q \longleftrightarrow Q \leftarrow P$$
$$②\ P \leftarrow Q \longleftrightarrow Q \rightarrow P$$

这两个推导的根据是假言判断前后件之间的对应关系。除此之外还有：

$$③\ P \rightarrow Q \longleftrightarrow \overline{Q} \rightarrow \overline{P}$$

这个公式叫作“假言易位定理”。它的意思是说如果我们否定一个充分条件假言判断的后件，那么就可以否定它的前件。这种变形实际是根据充分条件的第四条性质进行的。因此，根据假

言判断前后件之间的对应关系，可以进一步得出：

$$④\ \overline{Q} \rightarrow \overline{P} \longleftrightarrow \overline{P} \leftarrow \overline{Q}$$

由于充分条件假言判断与相容关系选言判断在真值表里都是“三行真、一行假”，所以，它们之间可以进行等值的转换：

$$⑤\ P \rightarrow Q \longleftrightarrow \overline{P} \vee Q$$

这个公式可以看做是二者之间的相互定义。这样，任何一个充分或必要条件假言判断都可以等值地变形为其他三个假言判断和一个相容关系选言判断的表述形式。例如：

$P \rightarrow \overline{Q}$——如果他是罪犯，那么他一定不遵守法律。

$Q \rightarrow \overline{P}$——如果他遵守法律，那么他一定不是罪犯。

$\overline{Q} \leftarrow P$——他只有不遵守法律，才可能是罪犯。

$\overline{P} \leftarrow Q$——他只有不是罪犯，才可能遵守法律。

$\overline{P} \vee \overline{Q}$——他或者不是罪犯，或者不遵守法律。

以上五个判断在语义上是完全相等的，它们之间互为等值变形。再如：

$\overline{P} \rightarrow Q$——现在中国如果不发展高科技，那么将来会落后。

$\overline{Q} \rightarrow P$——如果中国将来不落后，那么现在一定发展高科技。

$Q \leftarrow \overline{P}$——如果将来中国会落后，那么现在一定没发展高科技。

$P \leftarrow \overline{Q}$——现在中国如果发展高科技，那么将来不会落后。

$P \vee Q$——中国或者现在发展高科技，或者将来落后。

以上五个判断在语义上是完全相等的。这五个判断虽然是等值的，但使用的场合或表达的目的是不相同的。

第一个判断要表述的意思是：不发展的后果是什么；

第二个判断要表述的意思是：中国将来不会落后的条件是什么；

第三个判断要表述的意思是：中国将来会落后的原因是什么；

第四个判断要表述的意思是：如果中国发展高科技，那么以后的前景是怎样的；

第五个判断告诉我们，现在我们面临的抉择是什么。

以上五个判断在语义上是完全相同的，但在表述形式上有所不同。另外，它们之间有一种互为表里的关系，如果我们用第一种判断形式来表达我们的思想，那么也就是说把这个判断能直接告诉我们的东西作为我们目前要表述的思想，而把其他判断形式所能直接告诉我们的意思作为隐含着的或者是言外之意加以处理。

至于使用哪一个判断形式，这要由具体场合来确定。例如，一个电工在处理灯不亮的故障时，他会依据"如果没电那么灯一定不亮"这一判断，而用电笔去查看电路里是否有电；而决不会依据"如果灯亮，那么一定有电"去查看一个正常发光的灯的线路中是否有电。

三、负判断的等值判断的推导过程也是一种直接推理

负判断的等值判断的推导过程也是一种直接推理，这些内容我们在前面已经讲得很详细了，这里不再赘述。

四、换质法

换质法是以性质判断为前提的一种直接推理，它通过改变联项和谓项使其变为相反的项，使原来的判断改变为一种新的判断。

第一，$SAP \longleftrightarrow SE\overline{P}$。

例如：

中国将来是一个可以快速发展的国家。

换质后变为：

中国将来不是一个不可以快速发展的国家。

第二，$SEP \longleftrightarrow SA\overline{P}$。

例如：

中国人不是怕死的。

换质后变为：

中国人是不怕死的。

第三，$SIP \longleftrightarrow SO\overline{P}$。

例如：

有些公司是上市公司。

换质后变为：

有些公司不是非上市公司。

第四，$SOP \longleftrightarrow SI\overline{P}$。

例如：

有些干部不是廉洁的。

换质后变为：

有些干部是不廉洁的。

以上几种换质是性质判断所可能具有的全部形式，其前提和结论之间的关系是等值关系，这意味着结论通过再换质还可以变回到它的前提去。例如：

SAP——所有党员都是应当依法纳税的。

换质后变为：

$SE\overline{P}$——所有党员都不是不应当依法纳税的。

再换质后变为：

SAP——所有党员都是应当依法纳税的。

五、换位法

换位法是以性质判断为前提的另一种直接推理，它通过改变主项和谓项的位置，使原来的判断改变为一种新的判断。

第一，$SAP \rightarrow PIS$。

例如：

凡共青团员都是青年人。

可以换位为：

有些青年人是共青团员。

第二，SEP ⟷ PES。

例如：

行政行为不是经济活动。

可以换位为：

经济活动不是行政行为。

第三，SIP ⟷ PIS。

例如：

有些博士后是青年人。

可以换位为：

有些青年人是博士后。

第四，SOP不能换位。

例如：

有些动物不是哺乳动物。

不可以换位为：

有些哺乳动物不是动物。

很明显，如果换成后则是十分荒谬的。

我们应该注意到，第二式和第三式所用的是等值式，这种等值换位我们称之为“直接换位”。而第一式则用蕴含，这种换位我们称之为“间接换位”（“间接换位”在某些教材中被称为“限制换位”）。这意味着第二式和第三式通过两次换位可以换位为原来的形式，而第一式通过两次换位则不可以换回到原来的形式：

$$SEP \longleftrightarrow PES \longleftrightarrow SEP$$

$$SIP \longleftrightarrow PIS \longleftrightarrow SIP$$

$$SAP \rightarrow PIS \rightarrow SIP$$

换位推理有一条规则：**在换位过程中，前提中不周延的在结**

论中不得周延。这条规则说明了为什么SAP经过两次换位不能换回到SAP，也说明了为什么SOP不能换为POS。

$$S^{\circ}AP^{\times} \rightarrow P^{\times}IS^{\times} \rightarrow S^{\circ}AP^{\times}$$

在上面的式子中，我们在周延的项上加了个"。"，在不周延的项上加了个"×"以做标记。这种做法不是所有教材都采用的方法，但它能给我们的讲述提供极大的方便。

SAP这个判断中的S项在经过第一次换位后，被换为不周延的；经过第二次换位，也只能继续被换为不周延的项，否则就违反了我们上面的规则，因为第一步换位的结论$P^{\times}IS^{\times}$是第二步换位中的前提。

$$S^{\times}OP^{\circ} \rightarrow P^{\times}OS^{\circ}$$

在SOP这个前提中，由于S是特称判断的主项，故而是不周延的；在结论中，它成了否定判断的谓项，变成周延的项。如果这样推理，就违反了上面的规则，所以这个推理是错误的。

换质和换位可以交替使用，还可以连续使用。换位、换质的交替连续运用叫"戾换"。

在戾换中我们可以以一个判断为出发点，交替连续运用换质和换位，一直推下去，直到碰上O判断，而它又不能换位为止。

以SAP为出发点可得下列两组连续推导：

$$SAP \rightarrow PIS \rightarrow PO\overline{S}$$

$$SAP \rightarrow SE\overline{P} \rightarrow \overline{P}ES \rightarrow \overline{P}A\overline{S} \rightarrow \overline{S}I\overline{P} \rightarrow \overline{S}OP$$

如果我们用实例代入第一组的公式中我们可得出如下推理：

所有北大的学生都是高才生。

有些高才生是北大的学生。

有些高才生不是非北大的学生。

如果我们用实例代入第二组的公式中我们可得出如下推理：

所有北大的学生都是高才生。

所有北大的学生都不是非高才生。

所有非高才生都不是北大的学生。

所有非高才生都是非北大的学生。

有些非北大的学生是非高才生。

有些非北大的学生不是高才生。

在上面第一组公式的推导中,我们先从 A 判断换位开始,直到 O 判断为止;在第二组公式中,我们先从 A 判断换质开始,直到 O 判断为止。其间我们交替使用了换质、换位。在推导过程的每一步,都有 一个名称以表明它的推导过程所包括的步骤。例如在第二组公式中,推导的第一步我们称为是“换质”,推导的第二步对出发点 S A P 而言是“换质、位”,推导的第三步我们称为是“换质、位、质”。以下类推。

从 E 判断开始,我们有:

$$SEP \to PES \to PA\bar{S} \to \bar{S}IP \to \bar{S}O\bar{P}$$

$$SEP \to SA\bar{P} \to \bar{P}IS \to \bar{P}O\bar{S}$$

从 I 判断开始,我们有:

$$SIP \to PIS \to PO\bar{S}$$

$$SIP \to SO\bar{P}$$

从 O 判断开始,我们有:

$$SOP(\text{不能再换位})$$

$$SOP \to SI\bar{P} \to \bar{P}IS \to \bar{P}O\bar{S}$$

换质、换位除了可以交替使用之外,还可以在交替使用换质、换位的过程中,在适当的地方连续使用某一种方法,这是以往理论所没有注意到的,但却是十分重要的。以 S A P 为例:

$$SAP \to PIS \to PO\bar{S}$$

$$\downarrow$$

$$SIP \to SO\bar{P}$$

上述推导过程中有个“分岔”,而分岔后的两个结论即 S I P

与 $SO\bar{P}$，是绝大多数教科书所忽略的。

再如：

$$SAP \rightarrow SE\bar{P} \rightarrow \bar{P}ES \rightarrow \bar{P}A\bar{S} \rightarrow \bar{S}I\bar{P} \rightarrow \bar{S}OP$$

$$\downarrow$$

$$\bar{P}I\bar{S} \rightarrow \bar{P}OS$$

在上述两个连续推导过程中，在适当的地方连续使用某一种方法可以使我们推出一些新的结论。上述两组公式，每一组都出现一个分支，分支中出现的判断就是我们得出的新结论。我们应该注意到分支产生的方式有其共同性，即都发生在 A 判断换位后，通过再换位就产生了新的分支。除此之外还有：

$$SEP \rightarrow PES \rightarrow PA\bar{S} \rightarrow \bar{S}IP \rightarrow \bar{S}O\bar{P}$$

$$\downarrow$$

$$PI\bar{S} \rightarrow POS$$

$$SEP \rightarrow SA\bar{P} \rightarrow \bar{P}IS \rightarrow \bar{P}O\bar{S}$$

$$\downarrow$$

$$SI\bar{P} \rightarrow SOP$$

传统理论存在的漏洞在这里得到了填补，若不补全它们将会产生一些理论上的缺陷。例如：从 SAP 我们无法用传统戾换理论推出 SIP，而用对当方阵却可以推出；这意味着对当理论与戾换理论是不一致的，理论上不一致是不能容忍的，现在这个问题已迎刃而解。

在实际生活中，换质、换位的连续运用往往不超过三步，步骤太多，意义不大。常见的有“换质”“换位”“换质、位”“换位、质”“换质、位、质”。

六、附性法

附性法直接推理就是在前提的主、谓项上分别附以某个共同的成分以得出另一判断的推理。

例如：

羊是动物，所以，羊肉是动物肉。

在这个附性推理的前提中，主、谓项上被附以共同的成分——“肉”，以得出另一判断，前提中的主、谓项在结论中作为这个附加成分的限制成分。

再如：

羊是动物，所以，雄性的羊是雄性的动物。

在这个附性推理的前提中，主、谓项上被附以共同的成分——“雄性”，以得出另一个判断，这个附加成分在结论中作为前提的主、谓项的限制成分。

附性法推理可用公式表示如下：

$$SAP \rightarrow (SN)\ A\ (PN)$$

$$SAP \rightarrow (NS)\ A\ (NP)$$

第一个公式用于说明“羊是动物，所以，羊肉是动物肉”这一类附性推理。其特点是，在前提的主、谓项后附以某种共同的成分。

第二个公式用于说明“羊是动物，所以，雄性的羊是雄性的动物”这一类附性推理。其特点是，在前提的主、谓项前附以某种共同的成分。

在附性法推理中有一条规则是必须遵守的，否则就会导致错误。这条规则是：**在结论中，主、谓项的关系必须与前提中的主、谓项的关系保持一致。**

下面的推理就是错误的附性法推理：

蜜蜂是动物，所以，大蜜蜂是大动物。

萝卜是菜，所以，白萝卜是白菜。

这两个推理的错误在于，主谓项在前提中的关系是属种关系，而结论中却变成了反对关系。

附性法推理从难度上看，是一种低层次的推理，入学前的儿童常接触这类推理，但在现实生活中，人们不应该因此而忽视它。

第六章 简单判断推理

本章主要介绍三段论和关系推理,其中,三段论是本章重点。在学习三段论理论时,读者可以把重点放在三段论的一般规则及各格的特殊规则上。

第一节　三段论

三段论是一种间接推理,也是一种演绎推理。它以两个含有共同项的性质判断为前提,推导出另一性质判断作为结论。

例如:

① 股市是上市公司的融资场所,

上交所是股市,

所以,上交所是上市公司的融资场所。

② 凡金属都导电,

这块玻璃不导电,

所以,这块玻璃不是金属。

③ 所有恐龙都已经灭绝了,

有些恐龙是草食性动物,

所以,有些草食性动物已经灭绝了。

④ 有些哺乳动物是海豚,

所有海豚是水生动物,

所以,有些水生动物是哺乳动物。

上述这些推理的前提和结论都是性质判断,每一个推理的两个前提中都含有共同的项。

一、三段论的结构

结论的主项在逻辑中被称为“小项”,小项用“S”表示。

结论的谓项在逻辑中被称为“大项”,大项用“P”表示。

只在前提中出现的项被称为“中项”,中项用“M”表示。

含有大项的前提被称为大前提,含有小项的前提被称为小前提。这样,我们就可以确定上述三段论推理的第一个前提是大前提,第二个前提是小前提。

二、三段论推理的公式

上述推理可用推理式表示如下:

①	②	③	④
M A P	P A M	M A P	P I M
S A M	S E M	M I S	M A S
S A P	S E P	S I P	S I P

三、三段论的规则

三段论必须遵守一定的规则,这些规则是保证三段论推理形式正确的充分必要条件。

第一,在一个三段论中只能含有三个项。

违反这条规则所犯的错误叫作“四名词”错误,有些教材叫作“四概念”或“四项”错误。

从上述四个正确的推理式中我们可以发现,每一个推理式都只含有三个项,每一个项出现两次。在前提中,大、小项只出现一次,而中项则出现两次;正因为中项出现两次,通过它的媒介作用,大、小项才可以发生联系并形成结论。

日本是一发达国家,

印度是一发展中国家,

————————————

?

以上述两个判断为前提进行三段论推理是无法得出结论的，因为它们共含有四个项，前提中没有共同的项，所以不能形成结论。

中国人是不好惹的，
阿Q是中国人，
———————————
所以，阿Q是不好惹的。

这个三段论推理也犯了“四名词”的错误。这个推理的两个前提从表面上看，或者说从字面上看只包含三个项，但是，从概念上看，两处“中国人”却不是同一个概念，第一个“中国人”是集合概念，而第二个“中国人”则是非集合概念。

第二，中项在前提至少周延一次。

违反这条规则的错误叫作“中项一次也不周延”。

凡黑客都是青少年，
这个学校的学生都不是青少年，
———————————
所以，这个学校的学生都不是黑客。

凡黑客都是青少年，
这个学校的学生都是青少年，
———————————
?

以上两个推理，一个能得出结论，另一个不能得出结论。这两个推理的大前提是完全相同的，小前提的主、谓项也是完全相同的，区别仅仅在于小前提的联项，而这一点区别足以使其中一个能推出结论而另一个推不出结论。上述推理可以用公式表示如下：

$$\frac{\begin{array}{c}P\ A\ M^{\times}\\ S\ E\ M^{\circ}\end{array}}{S\ E\ P}$$

$$\frac{\begin{array}{c}P\ A\ M^{\times}\\ S\ A\ M^{\times}\end{array}}{?}$$

第一个推理,由于在小前提中中项处于否定判断谓项的位置,所以,它是周延的。这样,就可以得出正确结论。

在第二个推理中,两个中项都处于肯定判断谓项的位置,所以都是不周延的。它违反了三段论的第二条规则,犯了“中项一次也不周延”的错误。

第三,前提不周延的项在结论中也不得周延。

违反这条规则的错误叫作“不当周延”。如果这种情况发生在小项上,则可以称为“小项不当周延”;如果这种情况发生在大项上,则可以称为“大项不当周延”。例如:

金属是导电体,
铜是金属,
———————
所以,铜是导电体。

金属是导电体,
碳不是金属,
———————
所以,碳不是导电体。

上述推理可用公式表示如下:

$$\frac{\begin{array}{c}M\ A\ P^{\times}\\ S\ A\ M\end{array}}{S\ A\ P^{\times}}$$

$$\frac{\begin{array}{c}M\ A\ P^{\times}\\ S\ E\ M\end{array}}{S\ E\ P^{\circ}}$$

以上两个推理,大前提完全相同。两个小前提一个是全称肯定判断,另一个是全称否定判断;一个结论是正确的,一个结论是错误的。其原因在于:第一个推理中,大项在前提中不周延,在结论中也不周延；在第二个推理中，大项在前提中不周延而在结论中却周延，犯了大项不当周延的错误。

第四，两个否定前提得不出结论。结论是否定的，当且仅当两个前提中有一个是否定的。

以上三条规则是关于词项的，而第四条规则是关于前提的。例如：

张三不是贪污犯，

李四不是贪污犯，

?

上述两个前提是得不出结论的，尽管它的中项也周延了，但我们无论如何不能进行三段论推理。我们或许能得出"张三李四都不是贪污犯"这个结论，但这已经不是三段论推理了。推不出结论其原因在于它的两个前提都是否定的判断。

生物学不是社会科学，

动物学是生物学，

所以，动物学不是社会科学。

这个推理中两个前提中有一个是否定的，结论也是否定的。从这两个前提我们无论如何得不出一个肯定的结论。

第五，两个特称前提无结论。如果两个前提中有一个是特称的，则结论也一定是特称的。

这也是一条关于前提的规则。这条规则的后半部与第四条规则的后半部所采用的叙述方式是不同的。第四条规则的后半部所采用的是"充要条件假言判断"的叙述方式，而这条规则的后半部所采用的是"充分条件假言判断"的叙述方式。这意味着，从两个全称判断的前提也可以得出特称判断的结论。例如：

有些中文系的学生学过逻辑，

哲学系有些学生没学过逻辑，

?

这个推理得不出结论，因为它的两个前提都是特称判断。

所有团员都是青年人，

我们班有些同学是团员，

———————————

所以，我们班有些同学是青年人。

这个推理中有一个前提是特称的，所以结论也只能是特称的，如果结论是全称的则一定犯了小项不当周延的错误。因为，小项在小前提中是不周延的。

所有天然橡胶都是有机物，

所有天然橡胶都含有硫元素，

———————————

所以，有些含有硫元素的物质是有机物。

这个推理尽管它的两个前提都是全称的，但结论却是特称的。如果得出全称判断的结论则一定也犯了小项不当周延的错误。

四、三段论的格与式

在本节的开始我们举了四个三段论推理的例子，它们所具有的推理形式将在下面进行阐述；这些形式我们称为“格式”，它们既含有“格”的意义又含有“式”的意义。

1. 格：

①	②	③	④
M A P	P A M	M A P	P I M
S A M	S E M	M I S	M A S
S A P	S E P	S I P	S I P

如果只考虑“格”而不考虑式，那么上述格式便剩下：

①	②	③	④
M — P	P — M	M — P	P — M
S — M	S — M	M — S	M — S
S — P	S — P	S — P	S — P

如果我们只保留格式中的 S，M，P，那么便可得出以上四个格，这是三段论推理所可能具有的全部格。格是由中项的位置决定的。在勾画三段论的格时，我们常用“—”连接前提或结论的

主、谓项和两个中项。这四个格依次被称为第一、二、三、四格。

在四个格中共有四条连接中项的“短线”,把这四条线集中起来,再加上一横,便可以构筑一个“业”字。这个字的第一、二、三、四笔分别标明第一、二、三、四格中项的位置,记住这个字就很容易辨清三段论的四个格。

2.式:去掉格,格式中便只剩下式了。以上四个推理式分别是:一格——A A A 式,二格——A E E 式,三格——A I I 式,四格——I A I 式。式是由两个前提及结论的量项和联项决定的。

分别以 A,E,I,O 为三段论的大、小前提和结论,通过排列组合,可得出如下三段论的可能形式:

大前提　小前提　结论

A:　A —— A,　E〈4〉,　I,　O〈4〉
A:　E —— A〈4〉, E,　I〈4〉, O
A:　I —— A〈5〉, E〈4〉,　I,　O〈4〉
A:　O —— A〈4〉, E〈5〉　I〈4〉, O

E:　A —— A〈4〉, E,　I〈4〉, O
E:　E —— A〈4〉, E〈4〉,　I〈4〉, O〈4〉
E:　I —— A〈4〉, E〈5〉,　I〈4〉, O
E:　O —— A〈4〉, E〈4〉,　I〈4〉, O〈4〉

I:　A —— A〈5〉, E〈4〉,　I,　O〈4〉
I:　E —— A〈4〉, E〈5〉,　I〈4〉, O
I:　I —— A〈5〉, E〈4〉,　I〈5〉, O〈4〉
I:　O —— A〈4〉, E〈5〉,　I〈4〉, O〈5〉

O:　A —— A〈4〉, E〈5〉,　I〈4〉, O
O:　E —— A〈4〉, E〈4〉,　I〈4〉, O〈4〉

O：　I —— A〈 4 〉, E〈 5 〉,　I〈 4 〉, O〈 5 〉
O：　O —— A〈 4 〉, E〈 4 〉,　I〈 4 〉, O〈 4 〉

以 A 判断为大前提,分别以 A,E,I,O 为小前提,共有 16 个式,加上以 E,I,O 为大前提的式共有 64 个式。其中很多推理式是违反三段论规则的,有的违反第四条规则,有的违反第五条规则。在上述 64 个式中,有的标有〈 4 〉,有的标有〈 5 〉,这说明这个式违反了三段论的第四条或第五条规则。以这两条规则为依据去判定 64 个式,可以淘汰其中大多数,只剩下以下 12 个式。

A：　A —— A,　I
A：　E —— E,　O
A：　I —— I
A：　O —— O
E：　A —— E,　O
E：　I —— O
I：　A —— I
I：　E —— O
O：　A —— O

所剩下的这 12 个推理式经过三段论其他三条规则(也就是第一、二、三条规则)的检验还可以淘汰掉一些，但必须结合具体的格才可以进行。因为这三条规则是关于词项的，若不结合具体的格，则无法判定词项的周延性，进而无法判定这些推理式是否成立。

先从一格开始,把这 12 个式分别放入第一格,结合第一、二、三条规则,就可得出一格的正确式。以第一式为例：

$$\begin{array}{c} M\ A\ P \\ \underline{S\ A\ M} \\ S\ A\ P \end{array}$$

它没有违反三条规则中的任何一条,因此,它是第一格的一个正确推理式。

再把第二式放入第一格，则有：

$$\begin{array}{l} M\ A\ P^{\times} \\ \underline{S\ E\ M} \\ S\ E\ P^{\circ} \end{array}$$

它不是第一格的正确推理式，因为大项 P 在前提中不周延而在结论中却周延了，违反了三段论推理的第三条规则，犯了“大项不当周延”的错误。

逐一判定每一个推理式的正确性，最后，我们得到以下 24 个推理式：

第一格	第二格	第三格	第四格
AAA	AEE	AAI	AAI
AII	EAE	AII	AEE
EAE	EIO	EAO	EAO
EIO	AOO	EIO	EIO
[AAI]	[AEO]	IAI	IAI
[EAO]	[EAO]	OAO	[AEO]

以上 24 个格式每个格占 6 个，其中有些是用“[　　]”括起来的，这些被称为弱式。弱式共有 5 个，强式共有 19 个；相对于每一个弱式都有一个强式存在。例如，三段论第一格的[AAI]是个弱式，相对于它，存在一个强式 AAA。这两个式前提完全相同，只是弱式的结论 I 被弱化了，因为强式的 A 结论与弱式的 I 结论之间是差等关系。

我们没有必要记住每一个式，这也是很难的；但是要记住某些式，却是很容易的，而且非常实用。例如，EAO 和 E I O 在每一个格都是正确式，加上一格的 AAA 式，一共 9 个式，记住这 9 个式并不难。

五、各格的特殊规则

1. 第一格的特殊规则。如果我们仔细分析一下第一格的 6 个式，我们可以发现：**它的大前提都一定是全称的，它的小前提都必须是肯定的**。这两个特征可以作为第一格的特殊规则。

元素周期表中第一族的元素都可被氧化，
铝不是第一族的元素，
____
所以，铝不可被氧化。

这是一个错误的一格推理，它违反了“小前提必须肯定”这条规则。

2. 第二格的特殊规则。如果我们仔细分析一下第二格的 6 个式，我们可以发现：**它的大前提都必须是全称的，它的两个前提一定有一个是否定的**。这两个特征可以作为第二格的特殊规则。

散打选手都是年轻人，
摇滚歌星都是年轻人，
____
所以，有些摇滚歌星是散打选手。

这是一个错误的第二格推理，它的两个前提都是肯定判断，所以它违反了第二格“两个前提一定有一个是否定的”这一特殊规则。

3. 第三格的特殊规则。同样，如果我们仔细分析一下第三格的 6 个式，可以得出第三格的特殊规则：**它的小前提必须是肯定判断，它的结论必须是特称判断**。

我国所有足球运动员身价都很高，
我国所有足球运动员都不擅长临门一脚，
____
所以，？

这个推理是第三格推理，由于它违反了“小前提必须肯定”这条特殊规则，所以，推不出正确结论。

4. 第四格没有很明显的特征，而且第四格的推理用起来不太自然,使用的机会极少,所以一般不要求掌握第四格的特殊规则。这里略去不提。

六、三段论各格的特殊规则与三段论的一般规则的区别

1. 三段论各格的特殊规则与三段论的一般规则的作用是很不相同的。符合三段论五条一般规则,是三段论推理形式上正确的充要条件。也就是说,如果一个三段论推理在形式上是正确的,它就必须符合这五条规则,同时一个符合这五条规则的三段论推理才是正确的。

2. 三段论的特殊规则是三段论推理在形式上正确与否的必要条件。这意味着:不符合这些规则,三段论的这个推理一定是错误的;而符合这些规则,三段论的这个推理则不一定是正确的。例如:

所有裁判是公正执法的,
这个人是裁判,
————————————
所以,这个人不能公正执法。

这是一个三段论推理,它的大前提符合"大前提都一定是全称的"这条规则;小前提符合"小前提都必须是肯定的"这条规则,但结论却是错误的。

3. 另外应该注意,三段论各格的特殊规则只对三段论的具体的格有效。例如,三段论的第一格的特殊规则只对三段论的第一格推理有效。

4. 三段论的每个格都有自己的特征,所以在使用上都有自己的特点。

三段论第一格的结论可以是A,E,I,O四种判断,所以,它的用途最为广泛。它的使用范围可以涉及各种场合,而且它用起来最符合语言习惯,在我们的思维过程和表述过程中使用的频率最

高。在我们常见的逻辑学教科书中，属于第一格三段论推理的例子要占到总数的一半以上。

三段论第二格的结论都是否定的，由于这个特点，它常常用于反驳肯定判断。

第三格三段论推理的结论都是特称判断，因此，它常常用于反驳全称判断。

七、三段论公理

三段论公理是三段论推理的基础。通常表述为：一类对象的全部是什么或不是什么，那么，这类对象的部分就是什么或不是什么。

如果我们用 M 表示这"一类对象"，用 S 表示"这类对象的部分"，那么，这个三段论公理可以表达为如下两个推理式：

$$①\ \frac{\begin{array}{c}M\ A\ P\\ S\ A\ M\end{array}}{S\ A\ P}\qquad ②\ \frac{\begin{array}{c}M\ E\ P\\ S\ A\ M\end{array}}{S\ E\ P}$$

第二个推理式又可以变形为下面这个推理式：

$$③\ \frac{\begin{array}{c}M\ A\ \overline{P}\\ S\ A\ M\end{array}}{S\ A\ P}$$

通过换质，第二个推理式也可变成 AAA 式，它与第一个推理式毫无区别，这说明三段论第一格 AAA 式其实就是三段论公理，也是最根本的推理式。

八、格的转换

AAA 式在第一格，而它又是最根本的推理式，其他推理式都是从它导出的，这说明，三段论的其他三个格都可以转化为第一格。

四个格的前提如下：

〈一〉	〈二〉	〈三〉	〈四〉
M — P	P — M	M — P	P — M
S — M	S — M	M — S	M — S

第一、二格相比，区别仅在大前提；大前提换位即可变为第一格。

第一、三格相比，区别仅在小前提；小前提换位即可变为第一格。

第一、四格相比，区别在大、小前提；大、小前提都换位即可变为第一格。

这里讲的转换仅是从原理上分析的，真正做起来要复杂得多。本书不再细述。

九、三段论的复杂形式

1.省略式。在表述三段论推理时，人们往往采用省略式，这样做可以避免文字上的重复和刻板。以下是常见的省略式：

① 逻辑学是一门基础科学，

所以，它是不应当被忽视的。

② 安理会常任理事国有投票权，

所以，中国有投票权。

③ 节目主持人是很难做得很好的，

而儿童节目主持人当然也是主持人，

以上三个推理就是所谓省略式，它们或者省略前提或者省略结论。

推理①省略的是大前提，补足之后则有：

基础科学是不应当被忽视的，
逻辑学是一门基础科学，
所以，它是不应当被忽视的。

推理②省略的是小前提，补足之后则有：

安理会常任理事国有投票权，
中国是安理会常任理事国，
所以，中国有投票权。

推理③省略的是结论，补足之后则有：

节目主持人是很难做得很好的，
而儿童节目主持人当然也是主持人，
所以，儿童节目主持人是很难做得很好的。

在上述三种省略式中，最容易处理的是省略结论的推理，只要按三段论规则补出结论即可。比较复杂的是补足省略的前提，在这种情况下，一般分两步来进行：

首先，要确认省略的是大前提还是小前提，这要看大、小项中哪一个项只出现过一次。若大项只出现过一次，则是大前提被省略了；若小项只出现过一次，则是小前提被省略了。

其次，在补前提时，应把一个省略式补成正确的推理。如把上述省略式补成下面这个推理的样子，便有问题了。例如：

有些基础科学是不应当被忽视的，
逻辑学是基础科学，
所以，它是不应当被忽视的。

补足的这个推理是个错误的推理，因为中项在两个前提中都不周延，这个推理原本是可以补足为一个正确的推理的。

另外，在补足一个省略式的时候，应该首先考虑按一格补。因为绝大多数省略式都是一格推理的省略式；二格、三格推理的省略式很难见到；四格推理的省略式几乎不可能出现，因为第四格太不自然了，它的省略式恐怕连逻辑学家都很难识别。

2. 复合三段论。例如：

一切犯罪行为都是危害社会的行为，

故意犯罪是犯罪行为，

所以，故意犯罪是危害社会的行为。

盗窃罪是故意犯罪，

所以，盗窃罪是危害社会的行为。

它的形式是：

$$\begin{array}{c} M_1 — P \\ \underline{M_2 — M_1} \\ M_2 — P \\ \underline{S — M_2} \\ S — P \end{array}$$

以上就是一个复合三段论，复合三段论其实就是若干个完整的三段论的叠加。复合三段论有两种形式，一种是前进式，另一种是后退式。

破坏电力设备罪是危害公共安全罪，

危害公共安全罪是故意犯罪，

所以，破坏电力设备罪是故意犯罪。

故意犯罪是犯罪行为，

所以，破坏电力设备罪是犯罪行为。

它的形式是：

$$\begin{array}{c} S — M_2 \\ \underline{M_2 — M_1} \\ S — M_1 \\ \underline{M_1 — P} \\ S — P \end{array}$$

这也是一个复合三段论，它叫作后退式，前面的那个复合三段论叫作前进式。前进式的第一个前提含有大项，后退式的第一个前提先出现小项。

3. 连锁式。例如：

一切犯罪行为都是危害社会的行为，

故意犯罪是犯罪行为，

盗窃罪是故意犯罪，

所以，盗窃罪是危害社会的行为。

它的形式是：

$$\frac{\begin{array}{c} M_1 — P \\ M_2 — M_1 \\ S — M_2 \end{array}}{S — P}$$

破坏电力设备罪是危害公共安全罪，

危害公共安全罪是故意犯罪，

故意犯罪是犯罪行为，

所以，破坏电力设备罪是犯罪行为。

它的形式是：

$$\frac{\begin{array}{c} S — M_2 \\ M_2 — M_1 \\ M_1 — P \end{array}}{S — P}$$

以上两个推理就是所谓的连锁式。

通过对比我们发现：

(1)连锁式其实就是中间结论有所省略的复合式。

(2)连锁式也分为前进式与后退式，其规定同复合式完全相同。

4. 带证式。例如：

封建迷信活动是有害的，因为它不利于精神文明；卜卦看相是封建迷信活动,所以,卜卦看相是有害的。

上述文字就是一个带证式,为了便于分析它的结构,可把它变为标准形式:

封建迷信活动是有害的,因为它不利于精神文明;

卜卦、看相是封建迷信活动,

所以,卜卦看相是有害的。

带证式是前提带有附带证明的三段论。从上式我们可以看出,它的主体部分是一个完整的三段论,它的大前提带有一个"尾巴"——一个附带证明,这个"尾巴"连同所附着的这个前提构成另一个三段论的省略式。可见带证式是前提带有附带证明的三段论。

带证式分为简带证式与复带证式两种,上例是简带证式,下例是复带证式。在复带证式中,大、小前提各带有一个附带证明;在简带证式中,两个前提只带有一个附带证明。

科学是研究真理的,因为科学正确地反映了客观规律;

逻辑学是科学,因为逻辑学反映了思维的基本规则,

所以,逻辑学是研究真理的。

第二节　关系推理

关系推理是以关系判断为前提和结论的推理。例如:

A 国的经济实力比 B 国强,

B 国的经济实力比 C 国强,

所以,A 国的经济实力比 C 国强。

这个推理就是一个关系推理,它的前提和结论都是关系判断。用公式可以表示为:

$$\begin{array}{c} a\,R\,b \\ b\,R\,c \\ \hline a\,R\,c \end{array}$$

本节涉及的关系推理有对称性关系推理、传递性关系推理和混合关系推理。

一、对称性关系推理

对称性关系推理是一种直接推理，因为它只含有一个前提。从对称性来看，其关系词分为三类，即对称的、反对称的、非对称的，其中前两类可以作为直接推理的依据。

1. 对称关系推理。例如：

毛泽东与刘少奇是同时代人，

所以，刘少奇与毛泽东是同时代人。

用公式可以表示为：

$$\frac{a\ R\ b}{b\ R\ a}$$

2. 反对称关系推理。例如：

中国的面积大于美国，

所以，美国的面积不大于中国。

用公式可表示为：

$$\frac{a\ R\ b}{b\ \overline{R}\ a}$$

其中，R 表示大于，$\overline{R}$ 表示不大于。

二、传递性关系推理

传递性关系推理是一种间接推理，因为它含有两个或两个以上的前提。从传递性来看，其关系词分为三类，即传递的、反传递的、非传递的；其中，前两类可以作为传递性关系推理的依据。

1. 传递关系推理。例如：

角 a 等值于角 b，

角 b 等值于角 c，

所以，角 a 等值于角 c。

用公式可以表示为：

$$\frac{\begin{array}{c}a\ R\ b\\ b\ R\ c\end{array}}{a\ R\ c}$$

2. 反传递关系推理。例如：

a 很想同 b 登记结婚，

b 很想同 c 登记结婚，

a 不想同 c 登记结婚。

用公式可以表示为：

$$\frac{\begin{array}{c}a\ R\ b\\ b\ R\ c\end{array}}{a\ \overline{R}\ c}$$

三、混合关系推理

1. 混合关系推理是一种间接推理。它的前提有两个，大前提是关系判断，小前提是性质判断，结论也是关系判断。例如：

① 新闻专业的学生都曾获取奖学金，

王忠是新闻专业的学生，

所以，王忠曾获取奖学金。

用公式可以表示为：

$$\frac{\begin{array}{c}a^{\circ}\ R\ b\\ c\ A\ a\end{array}}{c\ R\ b}$$

公式中的小前提是性质判断，其中 c 表示王忠，a°表示关系前项是周延的，这个符号的使用不具有普遍性，本书使用它仅仅是为了便于论述及阅读。

2. 混合关系推理的规则。混合关系推理的规则有以下六条。

第一条：**在一个混合关系三段论中，只能有三个不同的项。**

第二条：**中项在两个前提中至少要周延一次。**

第三条：**前提中不周延的项，在结论中也不得周延。**

第四条：**前提中的性质判断必须是肯定的。**

第五条：**前提中的关系判断是肯定的，当且仅当结论中的关系判断是肯定的。**

第六条：**如果关系不是对称的，则关系前项和关系后项的位置不得在结论中任意改变。**

上述六条规则，是保证一个混合关系推理形式正确的充分必要条件，因此，它是检验一个混合关系推理的形式是否正确的标准。

例如：

② 每一个代表都举手通过所有的提案，
《公司法》是提案之一，
所以，每一个代表都举手通过《公司法》。

用公式可以表示为：

$$\frac{\begin{array}{c} a^{\circ}\ R\ b^{\circ} \\ c\ \ A\ b \end{array}}{a\ \ R\ c}$$

再如：

③ 每一个代表都举手通过所有的提案，
每一个代表都是中老年人，
所以，有些中老年人举手通过所有的提案。

用公式可以表示为：

$$\frac{a^{\circ}\ R\ b^{\circ} \quad a\ A\ c}{c\ R\ b}$$

上述例子的关系判断前提中,关系前、后项都是周延的。

又如:

④ 有些人光顾过中国所有的名胜古迹,

悬空寺是中国的名胜古迹,

所以,有些人光顾过悬空寺。

3. 混合关系推理另有一套推理规则,这多少让人感到有些复杂和烦琐。其实关系判断在很多场合下可以作一些变通处理。

例如,例①可以变为:

新闻专业的学生都是奖学金的获得者,

王忠是新闻专业的学生,

所以,王忠是奖学金获得者。

这种改动,其实就是通过文字上的处理,把关系判断变为性质判断。

再如,例②可以变为:

所有的提案都是被每一个代表都举手通过了的,

《公司法》是提案之一,

所以,《公司法》是被每一个代表都举手通过了的。

例④则可以变为:

中国所有的名胜古迹都是有人光顾过的,

悬空寺是中国的名胜古迹,

所以,悬空寺是有人光顾过的。

由于可以进行这种变通,而进行这种变通可以把混合关系推理变为标准的三段论推理,所以,一般我们不需要再另掌握一套推理规则,而同样可以有效地处理混合关系推理的绝大部分推理。

对称性推理、传递性推理的理论意义不是十分大。

我们来分析一下对称性推理。我们在进行对称关系推理时，必须预先知道关系词 R 是对称的，这样才可以进行对称关系推理。但是回想一下，我们是怎样确定关系词 R 是对称的呢？那只有借助对称性推理方可实现。这等于说，我们在进行这种推理之前是无法确定关系词 R 是否对称的，因而也就无法进行对称关系推理；而一旦确定了关系词 R 是对称的，也就没必要再进行对称关系推理了，因为我们在确定关系词 R 是否对称的同时已经进行过对称关系推理了。

如果用不着你来判断关系词 R 是否对称，而由别人告诉你 R 是对称的，又让你进行对称关系推理，这时你更不会觉得这种推理有多少意义。

对称性推理的理论意义并不大，因此它不作为本章的重点。

在反对称性推理、传递性推理、反传递性推理中也存在类似情形，它们只具有最低限度的逻辑意义而又带有很强的经验色彩，因此，都不能作为本章的重点。

第七章 复合判断推理

本章主要讨论复合判断推理，复合判断推理是以复合判断为前提或结论的推理；其中重点是二难推理和永真式的判定方法。

第一节　联言推理

联言推理是以联言判断为前提或结论的推理。它分为两种：

一、分解式

中国在亚洲是经济大国、政治大国，

所以，中国在亚洲是个政治大国。

这个联言推理的前提是一个联言判断，它含有两个联言肢，结论肯定了其中一个联言肢，它可以用公式表示为：

$$\frac{P \land Q}{Q}$$

二、合成式

我们要抓好精神文明建设，

我们要抓好物质文明建设，

所以，我们既要抓好精神文明建设又要抓好物质文明建设。

这个联言推理有两个前提，它的结论是个联言判断，它以两个前提作为它的两个联言肢。用公式可以表示为：

$$\frac{\begin{matrix}P\\Q\end{matrix}}{P \land Q}$$

联言推理看起来十分简单，尤其是合成式，但是正是这个合成式告诉了我们一个纯逻辑的关系，即前提之间的关系是合取关系。

三、竖式与横式

以上的公式是竖式，除了竖式表达方式外还有横式表达方式。用横式表达分解式，则有：

$$P \wedge Q \rightarrow Q$$

其中，“→”表示前提与结论间的推出关系。有些教科书用其他符号表示“推出”，更多的教科书兼用表示蕴涵的“→”表示“推出”。把竖式变成横式时，需要进行下述两个步骤：

第一，把所有前提用合取词“∧”连接起来。

第二，把蕴涵词“→”放入前提和结论之间，以表明前提和结论之间的关系。

以上两种表达式各有优点，各有不同的用途。竖式比较直观，能较直观地反映推理的结构，横式则适于对推理进行深层次的分析。

第二节　选言推理

选言推理是以选言判断为前提的推理。以前的教科书把它叫作“选言三段论”。

选言推理根据选言判断的性质进行推导，由于选言判断分为相容关系和不相容关系两种，所以选言推理的推导方式也相应分为相容关系和不相容关系两种。

一、相容关系选言推理

相容关系选言推理是以相容选言判断为前提的推理。例如：

某地区的经济不发达，或者是由于没有健全的规章制度，或者是由于没有实行民主管理；

某地区的经济不发达，不是由于没有健全的规章制度，

所以，某地区的经济不发达，是由于没有实行民主管理。

用公式可以表示为：

$$\frac{\begin{array}{l}P \vee Q \\ \overline{P}\end{array}}{Q}$$

其中，P 表示“由于没有健全的规章制度”，$\overline{P}$ 表示“不是由于没有健全的规章制度”，Q 表示“由于没有实行民主管理”。这个推理式叫作“否定—肯定式”。由于结论的推出是通过否定一个肢肯定另外一个肢来实现的，这种推理的基础在于相容关系选言判断的两个肢不能都假。如果 P 是假的，那么 Q 肯定是真的；如果 Q 是假的，那么 P 肯定是真的。

二、不相容关系选言推理

不相容关系选言推理是以不相容关系选言判断为前提的推理。不相容关系选言判断最根本的特征是，只允许有一个肢判断是真的，其他的肢判断只能是假的。所以，不相容关系选言推理与相容关系选言推理有所不同。例如：

某人犯罪要么是故意伤害要么是过失伤害，
某人犯罪不是故意伤害，
———————————————
所以，某人犯罪是过失伤害。

用公式可以表示为：

$$\frac{\begin{array}{l}P \dot{\vee} Q \\ \overline{P}\end{array}}{Q}$$

某人犯罪要么是故意伤害要么是过失伤害，
某人犯罪是故意伤害，
———————————————
所以，某人犯罪不是过失伤害。

用公式可以表示为：

$$\frac{P \dot{\vee} Q \quad P}{\overline{Q}}$$

以上两个推理分别叫作“否定—肯定式”与“肯定—否定式”。不相容关系选言推理可以有两种推导方法，而相容关系选言推理只可以有一种推导方法。

有些选言前提含有比较多的选言肢，但基本推法不变。例如：

$$\frac{P \vee Q \vee R \quad P}{Q \vee R}$$

$$\frac{P \vee Q \vee R \quad \overline{P} \wedge \overline{R}}{Q}$$

以上推理式变成横式则有：

$$(P \vee Q) \wedge \overline{P} \rightarrow Q$$

$$(P \dot{\vee} Q) \wedge \overline{P} \rightarrow Q$$

$$(P \dot{\vee} Q) \wedge P \rightarrow \overline{Q}$$

$$(P \vee Q \vee R) \wedge \overline{P} \rightarrow Q \vee R$$

$$(P \vee Q \vee R) \wedge \overline{P} \wedge \overline{R} \rightarrow Q$$

以上公式我们使用了括号，以表明符号之间的层次关系，如果不使用括号，则最后一个公式可被理解为：

$$P \vee Q \vee \underline{R \wedge \overline{P} \wedge \overline{R}} \rightarrow Q$$

其中画下划线的部分应作优先处理，因为合取的连接能力要比析取强；另外，竖式中两个前提的关系在横式中应表达为合取。

第三节　假言推理

假言推理是以假言判断为前提的推理。以前的教科书把它叫作假言三段论。

假言推理根据假言判断的性质进行推导，由于假言判断分为充分条件、必要条件、充要条件假言判断三种，所以假言推理的推导方式也相应分为充分条件、必要条件、充要条件假言推理三种。

一、充分条件假言推理

一个人如果犯了叛国罪那么他就应该受到法律制裁，
张某犯了叛国罪，
———————————————
所以，张某就应该受到法律制裁。

用公式可以表示为：

$$\begin{array}{l} P \to Q \\ \underline{P} \\ \quad Q \end{array}$$

用横式可以表示为：

$$(P \to Q) \land P \to Q$$

一个人如果犯了叛国罪那么他就应该受到法律制裁，
张某不应该受到法律制裁，
———————————————
所以，张某没犯叛国罪。

用公式可以表示为：

$$\begin{array}{l} P \to Q \\ \underline{\quad \overline{Q}} \\ \overline{P} \end{array}$$

用横式可以表示为：

$$(P \to Q) \land \overline{Q} \to \overline{P}$$

以上第一个推理叫作“肯定前件式”，它是根据充分条件假言判断的第一条性质“肯定前件一定肯定后件”来进行推导的。第二个推理叫作“否定后件式”，它是根据充分条件假言判断的第四条性质“否定后件一定否定前件”来进行推导的。

二、必要条件假言推理

只有年满45岁的人才可以当选国家主席，

李某未年满45岁，

所以，李某不能当选国家主席。

用公式可以表示为：

$$\frac{P \leftarrow Q \quad \overline{P}}{\overline{Q}}$$

用横式可以表示为：

$$(P \leftarrow Q) \land \overline{P} \rightarrow \overline{Q}$$

只有年满45岁的人才可以当选国家主席，

刘少奇当选国家主席，

所以，刘少奇年满45岁。

用公式可以表示为：

$$\frac{P \leftarrow Q \quad Q}{P}$$

用横式可以表示为：

$$(P \leftarrow Q) \land Q \rightarrow P$$

以上第一个推理叫作“否定前件式”，它是根据必要条件假言判断的第二条性质“否定前件一定否定后件”来进行推导的。第二个推理叫作“肯定后件式”，它是根据必要条件假言判断的第三条性质“肯定后件一定肯定前件”来进行推导的。

三、充要条件假言推理

当且仅当，一个四边形四边相等并且邻角不相等，它才是菱形；
这个四边形四边相等并且邻角不相等，
所以，这个四边形是菱形。

用公式可以表示为：

$$\frac{\begin{array}{l}P \longleftrightarrow Q \\ P\end{array}}{Q}$$

用横式可以表示为：

$$(P \longleftrightarrow Q) \wedge P \rightarrow Q$$

以上推理叫作"肯定前件式"。它是根据充要条件假言判断的第一条性质"肯定前件一定肯定后件"来进行推导的。充要条件假言判断有四条性质，其中每一条都含有"一定"，因此，充要条件假言判断又有四个正确的推理式，除了"肯定前件式"，还有"否定前件式""肯定后件式""否定后件式"。它们可以用横式表示为：

$$(P \longleftrightarrow Q) \wedge \overline{P} \rightarrow \overline{Q}$$

$$(P \longleftrightarrow Q) \wedge Q \rightarrow P$$

$$(P \longleftrightarrow Q) \wedge \overline{Q} \rightarrow \overline{P}$$

以上四种充要假言推理完全是以条件关系的性质来进行推导的。由于充要条件关系的所有四条性质都带有"一定"，就意味着，以这个条件关系假言判断为前提的假言推理有四种推法。

四、纯假言推理

纯假言推理是以两个或两个以上的假言判断为前提，推出一个假言判断结论的推理。

1. 充分条件纯假言推理。例如：

如果摩擦物体就会使物体发热，

如果物体发热就会使物体的体积膨胀，

所以，如果摩擦物体，那么，就会使物体的体积膨胀。

用公式可表示为：

$$\frac{P \rightarrow Q \quad Q \rightarrow R}{P \rightarrow R}$$

这个推理以"肯定前件一定可以肯定后件"及"→"的传递性为推导的依据；这样，若肯定了 P，一定可以肯定 R。用横式可以表示为：

$$(P \rightarrow Q) \land (Q \rightarrow R) \rightarrow (P \rightarrow R)$$

以这个判断为前提进行推理，还可以得出其他一些结论：

如果摩擦物体就会使物体发热，

如果物体发热就会使物体的体积膨胀，

所以，如果物体的体积没有膨胀，那么，就没摩擦这个物体。

用公式可以表示为：

$$\frac{P \rightarrow Q \quad Q \rightarrow R}{\overline{R} \rightarrow \overline{P}}$$

第二个推理以"否定后件一定否定前件"及"→"的传递性为推理的依据；它也可理解为是第一个推理的变形，因为这两个推理的结论是等值的。

$$P \rightarrow R \longleftrightarrow \overline{R} \rightarrow \overline{P}$$

同样，对 $P \rightarrow R$ 变形还可以得出下式：

$$P \rightarrow R \longleftrightarrow R \leftarrow P$$

$$P \rightarrow R \longleftrightarrow \overline{P} \leftarrow \overline{R}$$

因此，下面这两个推理式也表达两个正确的推理：

如果摩擦物体就会使物体发热，

如果物体发热就会使物体的体积膨胀，

所以，只有这个物体的体积膨胀了，才可能摩擦了这个物体。

用公式可以表示为：

$$\frac{P \rightarrow Q \quad Q \rightarrow R}{R \leftarrow P}$$

如果摩擦物体就会使物体发热，

如果物体发热就会使物体的体积膨胀，

所以，只有不摩擦这个物体，才能不使这个物体的体积膨胀。

用公式可以表示为：

$$\frac{P \rightarrow Q \quad Q \rightarrow R}{\overline{P} \leftarrow \overline{R}}$$

2. 必要条件纯假言推理。例如：

只有踢赢韩国才能小组出线，

只有小组出线才有资格进入世界杯，

所以，只有踢赢韩国才有资格进入世界杯。

用公式可以表示为：

$$\frac{P \leftarrow Q \quad Q \leftarrow R}{P \leftarrow R}$$

用横式可以表示为：

$$(P \leftarrow Q) \land (Q \leftarrow R) \rightarrow (P \leftarrow R)$$

必要条件纯假言推理也有四种正确的推法，我们可以结合下面的公式，试着推出其他三个结论。

$$P \leftarrow R \longleftrightarrow \overline{R} \leftarrow \overline{P}$$

$$P \leftarrow R \longleftrightarrow R \rightarrow P$$

$$P \leftarrow R \longleftrightarrow \overline{P} \rightarrow \overline{R}$$

3. 混合条件纯假言推理。所谓混合条件纯假言推理指的是，前提不是由一种条件，而是由几种条件的假言判断组成的推理。例如：

当且仅当，月球运行在地球和太阳之间，并且三者成一条直线时，那么在地球上就可以看见日食；

明年月球有机会运行在地球和太阳之间，并且三者成一条直线，

所以，明年有机会在地球上看见日食。

用公式可以表达为：

$$\begin{array}{l} P \longleftrightarrow Q \\ R \rightarrow P \\ \hline R \rightarrow Q \end{array}$$

用横式可以表示为：

$$(P \longleftrightarrow Q) \land (R \rightarrow P) \rightarrow (R \rightarrow Q)$$

它还可以是一个由充要条件和必要条件假言判断作为前提的推理，也可以是由一个充分条件和必要条件假言判断作为前提的推理，这其中总共包含了几十种可能的推法，感兴趣的读者可以自己做一些尝试。

第四节　二难推理

假言选言推理是以假言判断和选言判断为前提的推理。如果假言选言推理的前提只含有两个假言判断，那么这个假言选言推理被称为二难推理；如果它的前提含有三个或四个假言判断，则为三难或四难推理。

二难推理之所以被冠之以“二难”，其原因在于进行这种推理的人往往欲置那些接受它的人于一种“二难的境地”。

有这样一个故事。很久以前，有一个伊斯兰国家占领了邻国，占领军的指挥官下了一道命令：这个国家所有的书籍，如果与可兰

经的教义相符，则是多余的书，多余的书应当烧掉；如果与可兰经的教义相违背，那它就是异端邪说，那么它也应当烧掉。这个命令其实就包含了如下一个二难推理：

① 如果与可兰经的教义相符合，那么，应当烧掉；
如果与可兰经的教义相违背，那么，也应当烧掉；
或者相符或者相悖，
总之，都得烧掉。

用公式可以表示为：

$$\frac{\begin{array}{c}P \rightarrow R \\ Q \rightarrow R \\ P \vee Q\end{array}}{R}$$

这个推理含有两个假言前提，一个选言前提。选言前提的两个肢分别是两个假言判断的前件，两个假言判断的后件是相同的。这个推理的推导依据仍然是“肯定前件一定肯定后件”；它以选言肢的形式肯定了假言判断的两个前件，然后肯定了它们共同的后件。

一、二难推理的形式

二难推理包含四种形式，以上是第一种。

② 如果某人是罪犯，那么他有作案动机；
如果某人是罪犯，那么他有作案时间；
他或者没有作案动机或者没有作案时间，
所以，某人不是罪犯。

用公式可以表示为：

$$\frac{\begin{array}{c}P \rightarrow Q \\ P \rightarrow R \\ \overline{Q} \vee \overline{R}\end{array}}{\overline{P}}$$

这个推理是以选言肢的形式分别否定了两个假言前提的后件,从而否定了它们共同的前件,其推导的依据是充分条件的第四条性质。

③ 花木兰如果从军则不能尽孝;

花木兰如果顾家则不能尽忠;

或者从军或者顾家,

所以,花木兰或者不能尽孝或者不能尽忠。

用公式可以表示为:

$$\begin{array}{c} P \rightarrow Q \\ R \rightarrow S \\ P \vee R \\ \hline Q \vee S \end{array}$$

这个推理是以选言肢的形式分别肯定了两个假言前提的前件,以选言肢的形式分别肯定了它们的两个后件,其推导的依据是充分条件的第一条性质。

④ 如果他触犯了刑法,那就要受到刑法的制裁;

如果他触犯了民法,那就要受到民法的制裁;

他或者没有受到刑法的制裁,或者没有受到民法的制裁,

他或者没有触犯刑法,或者没有触犯民法。

用公式可以表示为:

$$\begin{array}{c} P \rightarrow Q \\ R \rightarrow S \\ \overline{Q} \vee \overline{S} \\ \hline \overline{P} \vee \overline{R} \end{array}$$

这个推理是以选言肢的形式分别否定了两个假言前提的后件,以选言肢的形式分别否定了它们的两个前件,其推导的依据是充分条件的第四条性质。

第一、第二两个二难推理含有三个变项,含有三个变项的二难

推理叫作“简单式”。第三、第四两个二难推理含有四个变项，含有四个变项的二难推理叫作“复杂式”。

第一、第三两个二难推理其推导的根据是充分条件的第一条性质，这两个二难推理叫作“构成式”；第二、第四两个二难推理其推导的根据是充分条件的第四条性质，这两个二难推理叫作“破坏式”。

从两个划分角度综合考虑，第一个推理式叫作简单构成式；第二个推理式叫作简单破坏式；第三个推理式叫作复杂构成式；第四个推理式叫作复杂破坏式。

二、二难推理的破解方法

由于二难推理的结论常使辩论的对方有无所适从的感觉，因此，有必要采用一些破解方法以摆脱这种困境。

摆脱困境的方法有：

1. 指出作为前提之一的选言判断是虚假的。例如：

如果房价涨，那么老百姓暂时不会买房；

如果房价跌，那么老百姓暂时也不会买房；

房价或者涨或者跌，

老百姓暂时都不会买房。

要破解这个二难推理，可以指出它的选言前提是虚假的。因为还存在另一种可能性，那就是“房价稳定不变”。

2. 可以指出二难推理的假言前提是虚假的。“虚假”在这里主要是指它的一个或两个假言前提的前后、件之间没有充分条件关系。例如：

如果一个上市公司有配股资格，那么它可以在证券市场融资；

如果一个上市公司没有配股资格，那么它也可以在证券市场融资；

上市公司或者有配股资格或者没有配股资格，

上市公司总可以在证券市场融资。

破解这个二难推理，只需指出“上市公司是否具有某种资格”与“能否在证券市场融资”之间没有条件关系就足够了。很明显，如果“一个上市公司有配股资格”，是“它可以在证券市场融资”的充分条件；那么，“上市公司没有配股资格”，便不能也是“它可以在证券市场融资”的充分条件。

3. 采取一种针锋相对的策略，构造一个相反的二难推理。传说古希腊有个人叫欧提勒士，他向当时的一个辩者学习法律。关于学费，二人约定，待欧提勒士学成并且第一次打官司获胜之后支付。欧提勒士学成之后，久久不出庭为人辩护。辩者经过长久等待后，终于走上法庭，与学生对簿公堂，索要学费。在法庭上，辩者的陈述用了一个二难推理：

如果欧提勒士赢得这场官司，那么根据我们之间的约定，他应付清这笔学费；

如果欧提勒士输掉这场官司，那么根据法庭的判决，他还应付清这笔学费；

欧提勒士或者赢得这场官司，或者输掉这场官司，

欧提勒士总得付清这笔学费。

而欧提勒士则反其道而行之，他也提出一个二难推理作为自己的陈述：

如果我赢得这场官司，那么根据法庭的判决，我不应付这笔学费；

如果我输掉这场官司，那么根据我们之间的约定，我也不应付这笔学费；

我或者赢得这场官司，或者输掉这场官司，

我总可以不付这笔学费。

师生二人的两个二难推理是完全相反的，主要表现在它们的结论是相反的。

构造相反的二难推理时应注意：

(1)只有针对简单式，才谈得上怎样去构造一个相反的二难

推理,如果是复杂式则谈不上这个问题。

(2)构造一个相反的二难推理,从理论上来说并不难,主要是时机难以把握。成功地构造一个相反的二难推理,其机会如大海捞针,但构造一个“表面相反”的二难推理却易如反掌。

有一个幽默小故事,说的是有一幢高层建筑失火了,有两个人被困在最高层。其中一个人说:“这回完了,如果从楼梯往下跑,肯定葬身火海,如果从窗户往下跳肯定摔死无疑。”另一个人说:“别这样悲观,你想一想,跳下去就不会烧死,而跑下去却不会摔死……”

这则小幽默里包含了两个“表面相反”的二难推理,可以把其勾画如下:

① 如果从楼梯跑下去,那么肯定烧死;
如果从窗口跳下去,那么肯定摔死;
或者跑下去或者跳下去,
所以,或者烧死或者摔死。

② 如果从楼梯跑下去,那么肯定摔不死;
如果从窗口跳下去,那么肯定烧不死;
或者跑下去或者跳下去,
所以,或者摔不死或者烧不死。

用公式表达则有:

$$① \begin{array}{l} P \rightarrow Q \\ R \rightarrow S \\ \underline{P \vee R} \\ Q \vee S \end{array} \qquad ② \begin{array}{l} P \rightarrow \overline{S} \\ R \rightarrow \overline{Q} \\ \underline{P \vee R} \\ \overline{S} \vee \overline{Q} \end{array}$$

上述这两个二难推理的结论表面上让人觉得意思相反,但其实不然,与第一个结论相反的判断是 $\overline{Q} \wedge \overline{S}$,与第二个结论相反的判断是 $Q \wedge S$。这两个二难推理不是相反的,但让人感觉是相反的,所以我们说是“表面相反的”。通过比较我们会发现,表面相反的两个二难推理会造成某些幽默效果。造成这种幽默效果的方法的实质是：

第一，交换第一个二难推理两个假言前提的后件。

第二，否定这个二难推理两个假言前提的后件。

此外，我们还应该注意到，适用于进行上述操作的二难推理只是二难推理的复杂式。

二难推理是一种论证性、说服力极强的推理方法，也是人类进行思维的极其重要的手段，很多复杂问题用二难推理去解决常会收到事半功倍的效果。

第五节　其他复合判断推理

一、假言联言推理

假言联言推理是以假言判断和联言判断为前提的推理。例如：

如果一个国家是经济强国，那它一定有发达的生产力；

如果一个国家是经济强国，那它一定有健全的金融体系；

新中国成立前我国既没有发达的生产力，也没有健全的金融体系，

所以，新中国成立前我国不是经济强国。

这就是一个假言联言推理，它有两个假言前提，一个联言前提，它的两个联言肢分别否定了两个充分条件假言前提的后件，结论否定了它们共同的前件。

假言联言推理也有构成式、破坏式和简单式、复杂式之分，其界定方式与二难推理完全相同；唯一的区别仅仅在于二难推理是以选言肢的形式肯定前件或者否定后件，而假言联言推理是以联言肢的形式肯定前件或者否定后件。

以上这个假言联言推理是简单破坏式，用公式可以表示为：

$$\begin{array}{c} P \rightarrow Q \\ P \rightarrow R \\ \underline{\overline{Q} \wedge \overline{R}} \\ \overline{P} \end{array}$$

再如：

一个工厂如果工艺水平高，那么它的产品质量好；

一个工厂如果产品批量大，那么它的产品价格低廉；

某工厂工艺水平既高，产品批量又大，

所以，这个工厂的产品物美价廉。

以上这个假言联言推理是复杂构成式，用公式可以表示为：

$$\begin{array}{c} P \rightarrow Q \\ R \rightarrow S \\ \underline{P \wedge R} \\ Q \wedge S \end{array}$$

这个推理可以用横式表示为：

$$(P \rightarrow Q) \wedge (R \rightarrow S) \wedge P \wedge R \rightarrow Q \wedge S$$

与复杂构成式同名的二难推理，可以用横式表示为：

$$(P \rightarrow Q) \vee (R \rightarrow S) \wedge (P \vee R) \rightarrow Q \vee S$$

比较二者我们可以发现，其中，把二难推理公式中的两个“∨”变成“∧”就可以变为同名的假言联言推理。

假言联言推理还有两个式，这里就不一一介绍了。

二、反三段论推理

反三段论推理是以一个前件是一个联言判断的假言判断为前提的推理。例如：

如果演绎推理的前提是真实的且形式是正确的，那么结论一定真实；

所以，演绎推理的结论不真实而形式正确，那么前提一定不真实。

用公式可以表示为：

$$\frac{P \land Q \to R}{\overline{R} \land Q \to \overline{P}}$$

这个推理的前提是一个假言判断，其前件是一个联言判断。这个推理的意思是说，从两个前提条件可以推出一个结论，如果结论是假的而一个条件存在，那么，一定是另一个条件不存在。这个推理可以用横式表示为：

$$(P \land Q \to R) \to (\overline{R} \land Q \to \overline{P})$$

这个推理式的前提和结论之间是可以互推的：

$$(\overline{R} \land Q \to \overline{P}) \to (P \land Q \to R)$$

而这等于说：

$$(P \land Q \to R) \longleftrightarrow (\overline{R} \land Q \to \overline{P})$$

其实，反三段论推理与三段论推理并无直接关系。在普通逻辑学早期理论中，很多推理被称为三段论推理，如本章第二、第三节的推理分别被称为选言三段论和假言三段论。在那时的理论看来，凡从两个前提推出一个结论的推理都算是三段论推理；从前提P，Q推出结论R是三段论推理，若从结论推出前提则被称为反三段论推理。

三、前提输出式与前提输入式

一个国家如果是一个军事大国并且又是经济大国，那么，它一定是政治大国；

一个国家如果是一个军事大国，如果它又是经济大国，那么，它一定是政治大国。

用公式可以表示为：

$$(P \land Q \to R) \to [P \to (Q \to R)]$$

这个公式告诉我们，如果一个推理有两个前提，那么其中一个前提可进入结论，但要保持这个前提与结论间的蕴涵关系。这个公式就表达了前提输出。

上面这个定理的逆定理同样成立：

$$[P \to (Q \to R)] \to (P \land Q \to R)$$

这个公式就表达了前提输入。

一个国家如果是一个军事大国，如果它又是经济大国，那么，它一定是政治大国；

一个国家如果是一个军事大国并且又是经济大国，那么，它一定是政治大国。

正确的推理式在逻辑学中叫作定理。上述定理与逆定理都成立，这意味着：

$$[P \to (Q \to R)] \longleftrightarrow (P \land Q \to R)$$

这两个定理十分有用，在我们表达一个特定思想内容时，它增加了可供我们选择的表述形式。

① $\dfrac{P \to Q \quad R \to S \quad P \land R}{Q \land S}$　　② $\dfrac{P \to Q \quad R \to S}{P \land R \to Q \land S}$

上述两个推理式都是假言联言推理的复杂构成式，它们的表达方式的不同之处在于，通过前提输出、输入，二者可以相互转换。大多数教科书采用第一种表达方式，个别教科书采用第二种表达方式。

第六节　有效推理式的判定方法

人类的思维是无比丰富的，人类思维中所使用的推理形式也是多种多样的，逻辑学不可能、也没有必要把所有的推理形式都穷尽。但是，逻辑学可以提供一种一般性的判定方法，借此，人们可以判定其所使用的、某些未被逻辑学介绍过的推理是否正确。

一、推理式

正确的推理其公式在逻辑学中被称为定理，例如，我们所介绍过的推理式都是逻辑学中的定理。

推理式一般可以分为三类：

1. 可满足式。这类公式在真值表中不是每一行都真，也不是每一行都假，这类公式的真假取决于它所表达的内容是否与事实相符。例如：

如果犯罪，那么罪犯一定会留下蛛丝马迹。

用公式可以表示为：

$$P \rightarrow Q$$

2. 永假式。在真值表中这类公式在每一行的值都是假的。例如：

北京地区电磁辐射超标，但某些地区又没超标。

用公式可以表示为：

$$P \land \overline{P}$$

无论P表示什么判断，它都永远是假的。

3. 永真式。这类公式又叫作有效式或重言式。我们以前所提到的推理式都是有效式，或者说是形式上正确的推理式。例如：

$$(P \rightarrow Q) \land P \rightarrow Q$$

它是充分条件假言推理肯定前件式的表达式，是一个有效式。

二、推理式有效性的判定

我们可以用一些判定方法来判定推理式的有效性。

1. 真值表判定法。请看下面的真值表（表7-1）。

表 7－1

P	Q	$(P \to Q) \land P \to Q$
T	T	T　T T T T
T	F	F　F T T F
F	T	T　F F T T
F	F	T　F F T F
		1　3 2 5 4

表 7－1 下面的“1”表示判定的第一步，它上面的一组真假值是对公式 $P \to Q$ 的定义。充分条件假言判断在真值表中，在前件真、后件假的时候是假的，在其他三行的情况下都是真的。

表 7－1 下面的“2”表示判定的第二步，它上面的一组真假值是变项 P 的值。

表 7－1 下面的“3”表示判定的第三步，它针对着公式中的“∧”，它上面的一组真假值是对公式 $(P \to Q) \land P$ 的定义。这个公式表达联言判断，在真值表中，它在每个肢都是真的情况下才是真的，在其他三行的情况下都是假的。

表 7－1 下面的“4 ”表示判定的第四步，它上面的一组真假值是变项 Q 的值。

表 7－1 下面的“5”表示判定的第五步，它针对着公式中的“→”，它上面的一组真假值是对整个公式的定义。这个公式最终的连接词是“→”，因此它的真假值也就是一个蕴涵式的真假值。在真值表中，它在前件真后件假的时候是假的，在其他三行的情况下都是真的。而“5”所针对的值在每一行中都是真的，这说明了这个公式是个永真式，或者说它是一个正确的推理式。

再如：

$$(P \leftarrow Q) \land P \to Q$$

上式是必要条件假言推理，它通过肯定前件来肯定后件，所以它是一个错误的推理式,或者说它不是一个有效式。我们也可以用真值表(表7-2)来判定它。

表7-2

P	Q	$(P \leftarrow Q) \land P \rightarrow Q$
T	T	T　T T T T
T	F	T　T T F F
F	T	F　F F T T
F	F	T　F F T F
		1　3 2 5 4

表7-2下面的"1"表示判定的第一步,它上面的一组真假值是对公式P←Q的定义。必要条件假言判断在真值表中,在前件假后件真的时候是假的,在其他三行的情况下都是真的。

表7-2下面的"2"表示判定的第二步,它上面的一组真假值是变项P的值。

表7-2下面的"3"表示判定的第三步,它针对着公式中的"∧",它上面的一组真假值是对公式(P←Q)∧P的定义。这个公式实质上是个联言判断。在真值表中,它在每个肢都是真的情况下才是真的,在其他三行的情况下都是假的。

表7-2下面的"4"表示判定的第四步,它上面的一组真假值是变项Q的值。

表7-2下面的"5"表示判定的第五步,它针对着公式中的"→",它上面的一组真假值是对整个公式的定义。这个公式最终的连接词是"→",因此它的真假值也就是一个蕴涵式的真假值。在真值表中,它在前件真、后件假的时候是假的,其他三行的情况下都是真的。而"5"所针对的值,在每一行中并非都是真的,这说明了这个公式不是一个永真式,而是个可满足式。

上述这个推理式是错误的推理式。因为它的前提是个必要条件假言判断，必要条件假言判断具有两条性质，可以作为推理的依据：一个是否定前件一定可以否定后件；另一个是肯定后件一定可以肯定前件。而这个推理的错误却是通过肯定必要条件假言判断的前件来肯定它的后件。

真值表是一个十分有效的判断方法，但它有一定的局限性。对于比较简单的推理，它行之有效，但对一些复杂的推理则是不太实用的，比如说二难推理的复杂构成式：

$$(P \to Q) \land (R \to S) \land (P \lor R) \to Q \lor S$$

它含有四个变项，因此它的真值表就需要 16 行。如果再碰到更复杂的推理，那么它的真值表就需要 32 行或以上了。可见，这种方法对复杂推理是不太实用的。

2. 归缪赋值法。归缪赋值法也是一种十分有效的判定方法，尤其适用于一些比较复杂的推理。这个方法分为以下几个步骤：

（1）假定原公式为一永假式，那么否定这个公式便得到一个永真式。

假定公式 $(P \to Q) \land P \to Q$ 为一永假式，那么，否定它之后就得到一个永真式：$(P \to Q) \land P \land \overline{Q}$。由于原公式是一个蕴涵式，我们否定这个蕴涵式就应当否定它的必要条件 Q，而保留充分条件 $(P \to Q) \land P$，所以我们在否定上面这个公式时便得到 $(P \to Q) \land P \land \overline{Q}$。

（2）赋值。

```
( P → Q ) ∧ P ∧ Q̄
  |   |   |       |   |
  | T★ |       T   T      1
 T★   F★                  2
```

以上就是赋值过程，这个过程分两步，第一步后面标有 1，第二步后面标有 2。

在第一步中,由于被赋值的公式被假定为真,而它又是合取式,所以,它的每一个合取项都是真的。

赋值的第二步建立在第一步的基础上。由于第一步已确定P为真、Q为假(即 $\overline{Q}$ 真),所以,在 $P \rightarrow Q$ 中P为真而Q为假;由于在第一步中已确定 $P \rightarrow Q$ 为真,第二步又确定P真而Q假,于是矛盾出现了,因为 $P \rightarrow Q$ 作为一个真判断是不允许出现P真而Q假的情况的,我们以"★"标明矛盾之处。

(3)如果在赋值的过程中出现矛盾,那便说明该式为永假式而原式为永真式;如果在赋值的过程中不出现矛盾,那便说明该式不是永假式,而原式也不是永真式。

例如, 以下是二难推理的复杂构成式:

$$(P \rightarrow Q) \land (R \rightarrow S) \land (P \lor R) \rightarrow Q \lor S$$

该式的否定式为:

$(P \rightarrow Q)$	$\land (R \rightarrow S)$	$\land (P \lor R)$	$\land \overline{Q}$	$\land \overline{S}$
F T F	F T F	★F ★T ★F	T	T
3 1 2	3 1 2	4 1 4	1	1

原式被否定后,进行赋值。由于公式是合取式且含有五个合取项,于是:

第一步,确定这五个合取项为真。

第二步,把Q,S的值代入 $P \rightarrow Q$ 及 $R \rightarrow S$ 中。

第三步,由于 $P \rightarrow Q$ 为真而Q为假,所以,P必为假;因为,P真而Q假与 $P \rightarrow Q$ 为真是矛盾的。同理,可得出R必假。

第四步, $P \lor R$ 作为公式中的合取项之一,已先行确定为真,但它的两个肢都是假的;这样,矛盾便出现了,因为两肢均假,而 $P \lor R$ 是不可能为真的。矛盾处已用★号作了标识。这样,我们就可以肯定该式为永假式,而原式为永真式。

我们来判定下式,看其是否为永真式:

$$(P \lor Q) \land P \rightarrow \overline{Q}$$

该式的否定式为：

$$(P \vee Q) \wedge P \wedge Q$$

$$\begin{matrix} T\,T\,T & T & T \\ 2\,1\,2 & 1 & 1 \end{matrix}$$

赋值的结果该式中未出现矛盾，所以，我们就可以肯定：该式不是永假式，而原式也不是永真式。

我们再判定下述公式以确定它是否为永真式：

$$(P \rightarrow Q) \wedge (R \rightarrow S) \wedge (P \rightarrow R) \rightarrow Q \vee S$$

该式的否定式为：

$$(P \rightarrow Q) \wedge (R \rightarrow S) \wedge (P \rightarrow R) \wedge \overline{Q} \wedge \overline{S}$$

$$\begin{matrix} F\,T\,F & F\,T\,F & F\,T\,F & T & T \\ 3\,1\,2 & 3\,1\,2 & 4\,1\,4 & 1 & 1 \end{matrix}$$

赋值的结果该式中未出现矛盾，所以，我们就可以肯定该式不是永假式，而原式也不是永真式。

3. 分支法。分支法也是一种判定方法，它的基本步骤如下：

(1)要判定一个公式是否为永真式，首先假定其为假，然后求其负判断。

(2)开始分支，分支的具体方法如下：

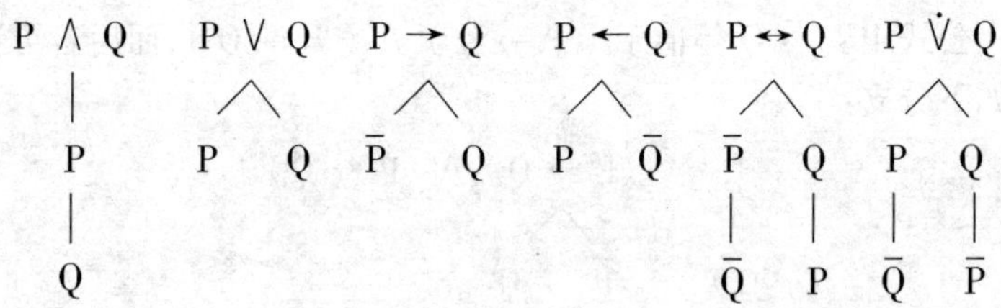

从以上的分支图形我们可以知道，联言判断或者说合取式的肢是：以直线向下排列；如果合取式含有三个合取项，那么，这三个合取项须依直线向下排列。

$P \wedge Q \wedge R$

|

P

|

Q

|

R

对析取式的分法则需要用分支的方法：它含有几个析取项就需要分几个支。如果析取式含有三个析取项，那么这三个析取项应分成三个支。例如：

蕴涵式 $P \rightarrow Q$，由于它等值于 $\overline{P} \vee Q$，所以可按析取式分支办法处理。

公式 $P \leftarrow Q$ 是一个反蕴涵式，它可等值地变形为 $\overline{P} \rightarrow \overline{Q}$，而它又等值于 $P \vee \overline{Q}$，所以，它最后也可以按析取式分支办法处理。

(3)需要把公式的每一部分都加入到分支中去。例如：

公式 $P \longleftrightarrow Q$ 等值于 $(P \rightarrow Q) \wedge (P \leftarrow Q)$，而后者可进行如下分支：

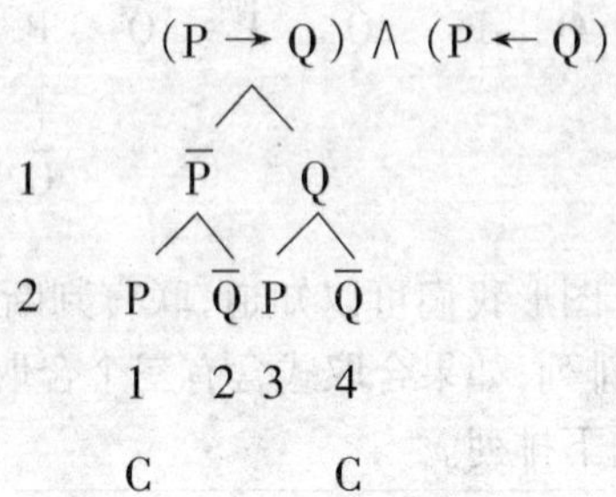

在第一层中对 $P \rightarrow Q$ 进行了分支处理;第二层是建立在第一层基础之上的,需要在第一层分出的每个支上逐一实施。第一层分出两个支,第二层在第一层分出的两个支的基础之上对每一个支再进行分支,最后分出四个支。

第一个支包含 $P,\overline{P}$;第二个支包含 $\overline{Q},\overline{P}$;第三个支包含 P,Q;第四个支包含 $\overline{Q},Q$。

第一个支下面标有一个“C”,这个“C”表明这个支是关闭的;它是 close 的第一个字母,一个支如果关闭,则说明这个支内包含矛盾。除去这两个关闭的支,这个分支树中只剩下:

$$(P \rightarrow Q) \wedge (P \leftarrow Q)$$

$$\begin{array}{cc} & \wedge \\ \overline{P} & Q \\ \overline{Q} & P \end{array}$$

这等于证明了:

$$P \leftrightarrow Q$$

$$\begin{array}{cc} & \wedge \\ \overline{P} & Q \\ \overline{Q} & P \end{array}$$

同样,有了对等值式的分支,我们就可以确定不相容关系选言判断的分支方法,因为二者是可以互为定义的。

(4)在分支过程结束之后,我们应该逐一检查每一个分支系列,看其是否关闭。如果每一个分支系列都是关闭的,那么这个公式就是永假式,而原式则为永真式;如果有些支关闭有些支没关闭,则说明该式是可满足式,而原式也为可满足式。我们上面对 $(P \rightarrow Q) \wedge (P \leftarrow Q)$ 这个公式的分支法判定就说明这个公式是一个可满足式,因为它的第一、四分支是关闭的,而第二、三分支则是开放的。一个分支是开放的,当且仅当,在这个分支中没有出现互相矛盾的项。

下面这个公式我们已经用归缪赋值法判定过了，现在我们用分支法来判定：

$$(P \to Q) \land (R \to S) \land (P \lor R) \to Q \lor S$$

第一步我们求它的否定，它的否定应当等值为：

$$(P \to Q) \land (R \to S) \land (P \lor R) \land \bar{O} \land \bar{S}$$

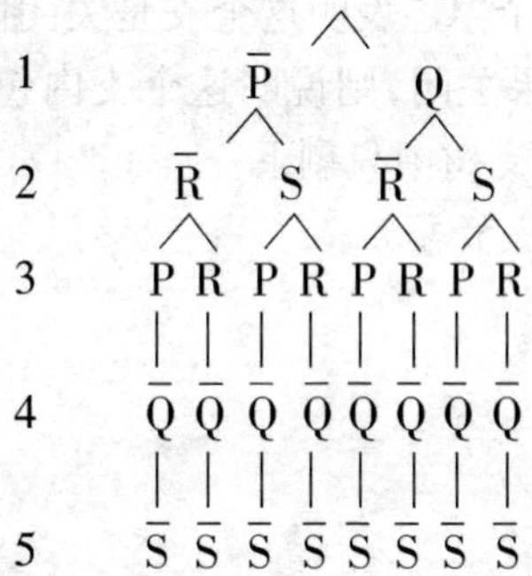

经过五个层次的分支操作，最终得到八个分支组，其中每一个分支组都是关闭的，所以该式是永假式而原式为永真式。

我们可能会注意到第一个分支组：

$$\bar{P} \quad \bar{R} \quad P \quad \bar{Q} \quad \bar{S}$$
$$1 \quad 2 \quad 3 \quad 4 \quad 5$$

第一个分支组共有五个层次，在第三层该分支组已经关闭了：因为第一层是 $\bar{P}$ 第三层是 P，二者互相矛盾。对一个已经关闭了的分支组是无须再作下一层次的操作的。

同样的情况还发生在好几个分支组上，例如第八个分支组：

$$Q \quad S \quad R \quad \bar{Q} \quad \bar{S}$$
$$1 \quad 2 \quad 3 \quad 4 \quad 5$$

这个分支组在第四层已经关闭了，在这一层就可终止对它的操作，这样，可以使判定过程大为简化。

上述判定过程可简化为：

$$(P \rightarrow Q) \wedge (R \rightarrow S) \wedge (P \vee R) \wedge \overline{O} \wedge \overline{S}$$

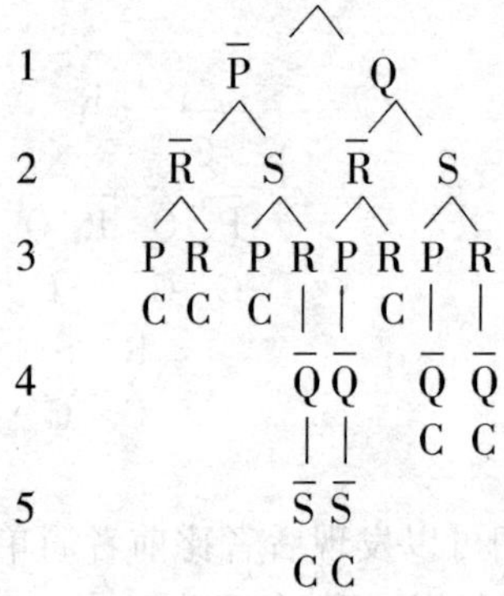

分支中，在第三层已经关闭了四个支，第四层关闭了两个支，只有两个支在第五层才被关闭。很显然，它比前一个判定要简单一些。

分支判定的着手点，从原则上来看是相同的。我们既可以以 $P \rightarrow Q$ 为出发点，也可以以 $R \rightarrow S$ 为出发点，还可以以 $P \vee R$ 为出发点。从这三个出发点开始，其难易、繁简程度是相同的；以 $\overline{Q}$ 和 $\overline{S}$为出发点，则比前三个出发点省点事。原因在于以复杂的合取项为出发点，第一层就需要横向分支，以简单的合取项为出发点则不必在第一层就横向分支。不同的着手点不会造成不同的判定结果，但是，恰当的着手点会简化判定过程。

下面我们作一比较：

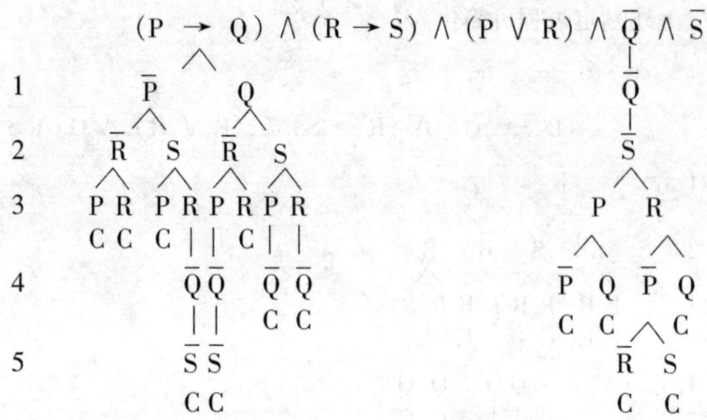

通过两个分支判定的比较，我们可以发现后者比前者简单不少，前者用了 20 个变项符号，而后者只用了 10 个变项符号。

4. 范式判定方法。先介绍一组公式，这些公式都是逻辑学中常用的而较为重要的推理式或推导式：

$$① \ P \rightarrow P$$

这是同一律的表达式，同一律是逻辑学四个基本规律之一。

表达式：

$$② \ P \vee \overline{P}$$

这是排中律的表达式，排中律也是逻辑学四个基本规律之一。

表达式：

$$③ \ \overline{P \wedge \overline{P}}$$

这是矛盾律的表达式，矛盾律也是逻辑学四个基本规律之一。

表达式：

$$④ \ (P \rightarrow Q) \wedge P \rightarrow Q$$

这个公式叫作分离律，它其实就是充分条件假言推理的肯定前件式的表达式，很多教科书还把它当作逻辑学基本规律之一的充足理由律的表达式。

⑤ $(P \rightarrow Q) \wedge \overline{Q} \rightarrow \overline{P}$

这是否定后件律，也是充分条件假言推理的否定后件式的表达式。

⑥ $(P \wedge Q) \longleftrightarrow (Q \wedge P)$

这个公式是合取交换律。它的意思是：在合取式中，合取项的位置或顺序不影响合取式的值。

⑦ $(P \vee Q) \longleftrightarrow (Q \vee P)$

这个公式是析取交换律。在析取式中，析取项的位置或析取项的顺序不影响析取式的值。

⑧ $[P \wedge (Q \wedge R)] \longleftrightarrow [(P \wedge Q) \wedge R]$

这个公式是合取结合律。它的意思是：在合取式中，合取项间的组合上的改换不影响合取式的值。

⑨ $[P \vee (Q \vee R)] \longleftrightarrow [(P \vee Q) \vee R]$

这个公式是析取结合律。它的意思是：在析取式中，析取项间的组合上的改换不影响析取式的值。

⑩ $[P \wedge (Q \vee R)] \longleftrightarrow (P \wedge Q) \vee (P \wedge R)$

这个公式是分配律。它的意思是：在 一个合取式中，如果一个合取项本身又是析取式，那么，另一合取项可对这个合取项中的析取项进行分配。

在数学中也有一个分配律：

$$2\times(3+4)=2\times3+2\times4$$

数学中只有一个分配律，而逻辑学中却有两个。分配律在以往的普通逻辑学中常被忽视，在实际生活中却随处可见，例如：你上商店去买 P 物品，但商店规定买 P 物品必须搭售 Q 物品或者 R 物品，这时你面临两种选择，或者买 P 和 Q，或者买 P 和 R。

类似的例子在普通逻辑学中也经常见到，它都被错误地处理为其他推理了，其实它们是地地道道的分配推理。

⑪ $[P \vee (Q \wedge R)] \longleftrightarrow (P \vee Q) \wedge (P \vee R)$

这个公式也是分配律。它的意思是:在一个析取式中,如果一个析取项本身又是合取式,那么,另一析取项可对这个析取项中的合取项进行分配。

⑫ $P \wedge (Q \vee \overline{Q}) \longleftrightarrow P$

这个公式可称为“永真式消去律”。等值号的前面是个合取式,其中,$Q \vee \overline{Q}$作为一个合取项,本身又是一个析取式,而且是一个永真式。这样,一个合取项不影响合取式的真假,所以,可以随意消去、添加。这个公式在某些教科书中表示为:

$$P \wedge \mathbf{T}$$

其中,粗体的“$\mathbf{T}$”是一个“元语言”符号,它不再是一个简单的变项,它用于表示一个永真式。这个表达式更直观一些。

⑬ $[P \vee (Q \wedge \overline{Q})] \longleftrightarrow P$

这个公式可称为“永假式消去律”。等值号的前方是个析取式,其中,$Q \wedge \overline{Q}$作为一个析取项,本身又是一个合取式,而且还是一个永假式。这样,一个析取项不影响析取式的真假值,所以,可以随意消去、添加。这个公式在某些教科书中表示为:

$$P \vee \mathbf{F}$$

其中,粗体的“$\mathbf{F}$”是一个元语言符号,它用于表示一个永假式。

⑭ $(P \longleftrightarrow Q) \longleftrightarrow [(P \to Q) \wedge (Q \to P)]$

⑮ $(P \longleftrightarrow Q) \longleftrightarrow [(P \wedge Q) \vee (\overline{P} \wedge \overline{Q})]$

这两个公式是给等值式下的两个定义。充要条件假言判断有很多定义方式,而且这些定义是可以互相转换的。上述两个公式只是其中的两种。

⑯ $(P \vee P) \longleftrightarrow P$

⑰ $(P \wedge P) \longleftrightarrow P$

这两个公式是简化律,有的教科书称为“重写律”。第一个公式可称为“析取简化”,第二个公式可称为“合取简化”。

以上介绍了一组公式,下面介绍范式。范式分为合取范式和析取范式。在定义合取范式和析取范式之前,我们需要了解以下两个定义。

简单析取式:简单析取式是析取式的一种,它的每一个析取式是一个命题变项或其否定。例如: $P \vee Q \vee R$ 及 $P \vee \overline{Q} \vee R$ 是简单析取式,而 $P \vee (\overline{Q} \wedge R)$ 则不是。因为这个析取式的第二个析取项不是一个命题变项或其否定,而是一个合取式。

简单合取式:简单合取式是合取式的一种,它的每一个合取式是一个命题变项或其否定。例如: $P \wedge Q \wedge R$ 及 $\overline{P} \wedge Q \wedge \overline{R}$ 是简单合取式,而 $P \wedge (Q \vee R)$ 则不是,因为这个合取式的第二个合取项不是一个命题变项或其否定,而是一个析取式。

有了简单析取式和简单合取式的定义以后,就可以进一步定义合取范式和析取范式了。

合取范式:合取范式的每一个合取项都是简单析取式。例如: $(P \vee Q \vee R) \wedge (\overline{P} \vee R)$ 及 $P \wedge (P \vee Q \vee R \vee S) \wedge R$ 是合取范式,而 $[P \vee (Q \wedge \overline{R})] \wedge (P \vee \overline{Q})$ 则不是合取范式。

析取范式: 析取范式的每一个析取项都是简单合取式。例如: $(P \vee \overline{Q}) \vee (\overline{P} \wedge R)$ 及 $P \vee (Q \wedge \overline{R})$ 是析取范式,而 $P \vee [Q \wedge (P \vee \overline{R})]$ 则不是,因为它的第二个析取项不是一个简单合取式。

有了这些初始规定,就可以运用范式判定法了。

以必要条件假言推理的肯定后件式为例:

$$(P \leftarrow Q) \wedge Q \rightarrow P$$

消去其中的"←"及"→",则有:

$$\overline{(P \leftarrow Q) \wedge Q} \vee P$$

又有:

$$(\overline{P} \wedge Q) \vee \overline{Q} \vee P$$

通过分配律可得到合取范式:

$$(\overline{P} \vee \overline{Q} \vee P) \wedge (Q \vee \overline{Q} \vee P)$$

通过析取交换律可得到合取范式：

$$(\overline{P} \vee P \vee \overline{Q}) \wedge (Q \vee \overline{Q} \vee P)$$

通过析取结合律可得到合取范式：

$$[(\overline{P} \vee P) \vee \overline{Q}] \wedge [(\overline{Q} \vee Q) \vee P]$$

现在我们得到最后这个合取范式，它含有两个合取项；其中，每个合取项都含有一个析取永真式。如果用元语言符号表示永真式，则有：

$$(\mathbf{T} \vee \overline{Q}) \wedge (\mathbf{T} \vee P)$$

进一步可得：

$$\mathbf{T} \wedge \mathbf{T}$$

最后可得到：

$$\mathbf{T}$$

这就是我们所要判定的那个推理式的值，它是一个永真式。

范式判定法比归谬赋值法和分支法复杂得多，但是，范式判定方法在数理逻辑中却是十分重要的。所以，了解一些范式判定方法，对那些想进一步学习数理逻辑的读者是十分必要的。

第七节 模态推理

模态推理是以模态判断为前提或结论的推理。它可分为直接模态推理和间接模态推理。

一、与性质判断相关的直接模态推理

直接模态推理包括以模态方阵为基础的推理和以以下三个公式为基础的推理：

① $\Box P \rightarrow P$

② $P \rightarrow \Diamond P$

③ $\Box P \rightarrow \Diamond P$

公式①的意思是,必然模态判断可以直接推出其非模态部分。例如:

走私活动必然可以制止,

所以,走私活动可以制止。

这个推理的前提和结论间的差别,只是后者少一个必然模态词而已。

公式②的意思是,非模态判断可以直接附加一个可能模态词而推出一个新判断。例如:

保时捷是名牌车之一,

所以,保时捷可能是名牌车之一。

这个推理的前提和结论间的差别,只是后者多了一个可能模态词。

公式③其实是模态方阵中的差等关系。

以模态方阵为基础的直接模态推理以及求与负模态判断等值的判断的直接模态推理,已见于模态判断一节,此处略去。

二、模态三段论

所谓模态三段论就是前提或结论带有模态词的三段论推理。例如:

所有可见光必然是电磁波,

紫光必然是可见光,

所以,紫光必然是电磁波。

用公式可以表示为:

□M A P

□S A M

□S A P

凡有生命的地方必然有水,

土卫二可能有生命,

所以,土卫二可能有水。

用公式可以表示为：

$$\frac{\begin{array}{c}\Box MAP \\ \Diamond SAM\end{array}}{\Diamond SAP}$$

明年所有使用化油器的汽车必然禁售，
这种车型的车是使用化油器的汽车，
——————————————
所以，明年这种车型的车 必然禁售。

用公式可表示为：

$$\frac{\begin{array}{c}\Box MAP \\ SAM\end{array}}{\Box SAP}$$

从上述推理式可看出，模态三段论推理所关注的重点不在三段论或三段论规则，它的格与式也并不因为前提或结论中出现“□”或“ ◇”而有所改变；模态三段论推理所关心的仅仅是前提或结论中模态词的使用规则，或者说是模态词出现及消失的规则。

如果我们把模态三段论推理的非模态部分暂时放在一边，那么，上述推理可简化为：

$$\frac{\begin{array}{c}\Box P \\ \Box Q\end{array}}{\Box R} \qquad \frac{\begin{array}{c}\Box P \\ \Diamond Q\end{array}}{\Diamond R} \qquad \frac{\begin{array}{c}\Box P \\ Q\end{array}}{\Box R}$$

其中，P 表示大前提，Q 表示小前提，R 表示结论。如果不考虑推理式是否正确，那么，经过排列组合，模态三段论推理的形态总计有 27 种。

1	2	3	4	5	6	7	8	9
□P	□P	□P	□P	□P	□P	□P	□P	□P
□Q	□Q	□Q	Q	Q	Q	◇Q	◇Q	◇Q
□R	R	◇R	□R	R	◇R	□R	R	◇R
						★	★	

10	11	12	13	14	15	16	17	18
P	P	P	P	P	P	P	P	P
□Q	□Q	□Q	Q	Q	Q	◇Q	◇Q	◇Q
□R	R	◇R	□R	R	◇R	□R	R	◇P
			★			★	★	

19	20	21	22	23	24	25	26	27
◇P	◇P	◇P	◇P	◇P	◇P	◇P	◇P	◇P
□Q	□Q	□Q	Q	Q	Q	◇Q	◇Q	◇Q
□R	R	◇R	□R	R	◇R	□R	R	◇R
★	★		★	★		★	★	

以上列出了模态三段论推理的所有可能的 27 种形式。其中有 11 种是错误的，错误的推理式下方标以“★”号。例如：

具有第 7 种形式的推理是错误的，因为，它的两个前提中含有“◇”模态词，而结论却含有“□”模态词。公式□P → ◇P 告诉我们只能从必然前提推出可能结论，而不能反其道而行之。

第 8 种推理形式也是错误的，因为，它的两个前提含有“◇”而结论却含有一个非模态判断。它违反了公式 P → ◇P 所揭示的模态推理规则：只能从非模态前提推出可能结论，而逆向反推则是错误的。

第 13 种推理形式是错误的，因为，它的两个前提是非模态判断，而结论却是必然模态判断。公式 □P → P 告诉我们：能从必然前提推出非模态判断作为结论，但不能反其道而行之。

其他推理形式之所以错误的原因不外以上 3 种。

正确的模态推理形式有 16 种,人们不可能牢记它们,本书作者现在也只是一步步把它们推导出来,而不能一一默写出来。幸好,我们能从其中归纳出两条规则,并借助这两条规则使读者摆脱死记硬背之苦。

规则一:**如果所有前提中都不包含必然模态词,那么,结论中不得含有必然模态词。**

规则二:**如果任一前提中包含有可能模态词,那么,结论中必须含有可能模态词。**

三、与复合判断相关的模态推理

1. 前提或结论含一个模态词的模态化复合判断推理。例如:

中国足球队不做大手术而想进入世界杯这是不可能的。

这是一个把模态问题与复合判断关联在一起的负模态复合判断;若要正面地理解和表达这句话的含义,唯一的办法只能是求出与其等值的判断。

第一步,以 P 表示"中国足球队做大手术",以 Q 表示"想进入世界杯",则判断的非模态部分为:

$$非P \wedge Q$$

第二步,把模态词考虑进去,则有:

$$\Diamond(非P \wedge Q)$$

第三步,把负模态考虑进去,则有:

$$\overline{\Diamond(非P \wedge Q)}$$

由于"不可能"等值于"必然非",所以有:

$$\Box\overline{(非P \wedge Q)}$$

求非模态部分的负判断,则有:

$$\Box(P \vee 非Q)$$

这个判断的非模态部分是一个相容关系选言判断,它的两个选言肢的肯定或否定的状态不一致,直觉上很难接受,因此把它变形为一个假言判断：

$$\Box(\text{非} P \rightarrow \text{非} Q)$$

根据P和Q的初始含义，上述判断的意思是：

如果中国足球队不做大手术，那么，就别想进入世界杯；这是必然的。

这类模态推理的种类很难统计，但其推理的依据无非来自两个方面：其一是来自复合判断推理；其二是来自模态方阵或负模态判断理论。只有结合这两方面的规则，这类问题才能够迎刃而解。

2. 结论或前提含有两个模态词的模态化复合判断推理。这里我们介绍下述四种推理：

$$① \Box(P \wedge Q) \longleftrightarrow \Box P \wedge \Box Q$$

例如：

2008年夏季奥运会把中国散打和中国武术一同列入正式比赛项目，这是必然的。

从它可以推出：

2008年夏季奥运会必然把中国散打也必然把中国武术列入正式比赛项目。

同样：

日本国必然成为政治大国，必然成为安理会常任理事国。

从它可以推出：

日本国必然既成为政治大国，又成为安理会常任理事国。

公式①是等值式，所以逆向推理同样成立。

$$② \Diamond(P \wedge Q) \rightarrow \Diamond P \wedge \Diamond Q$$

例如：

此案可能由张某和李某所为。

从它可以推出：

此案可能由张某所为，也可能由李某所为。

公式②是蕴涵式，所以逆向推理是不成立的。例如：我们可以从“二人可能共同作案”推出其中“每一个人都可能作案”；但不能从“每一个人都有作案的可能”，推出“他们有共同作案的可能”。

$$③\ \Diamond(P \lor Q) \longleftrightarrow \Diamond P \lor \Diamond Q$$

公式③是等值式，所以逆向推理同样成立。例如：

这衣料可能是棉纺或麻纺的。

从它可以推出：

这衣料可能是棉纺或可能是麻纺的。

同样：

这台计算机的主频可能是200或可能是233的。

从它可以推出：

这台计算机的主频可能是200或是233的。

$$④\ \Box P \lor \Box Q \rightarrow \Box(P \lor Q)$$

例如：

本片男主角必然由成××出演，或必然由李××出演。

从它可以推出：

本片男主角必然由成××或由李××出演。

公式④是蕴涵式，所以，逆向推理是不成立的。我们不能从主角必然出自二者而推出“成××任主角是必然的或李××任主角是必然的”，因为有可能二人势均力敌，只是由于某个偶然因素，其中一人才捷足先登。

以上四个公式所阐述的，其实是 □ 与 ◇ 对 ∨ 与 ∧ 的分配问题。

公式①告诉我们，□ 对 ∧ 可施行等值性分配；也就是说，是可逆推的。

公式②告诉我们，◇ 对 ∨ 可施行蕴涵性分配；也就是说，是不可逆推的。

公式③告诉我们，◇ 对 ∧ 可施行等值性分配；也就是说，是可逆推的。

公式④告诉我们，$\Box$ 对 $\vee$ 可施行蕴涵性分配；也就是说，只能是逆推的。

在以上四个公式中，公式①与公式②是根本性的，而公式③与公式④其实不过是公式①与公式②的等值变形而已。

例如，公式②通过假言易位后得到的公式与公式②实质上是相同的。将公式② $\Diamond(P \wedge Q) \rightarrow \Diamond P \wedge \Diamond Q$ 假言易位，则有：

$$\overline{\Diamond P \wedge \Diamond Q} \rightarrow \overline{\Diamond(P \wedge Q)}$$

而它等值于下式：

$$\Box\overline{P} \vee \Box\overline{Q} \rightarrow \Box(\overline{P} \vee \overline{Q})$$

公式②与公式④$\Box P \vee \Box Q \rightarrow \Box(P \vee Q)$在实质上是一回事。

以上我们对直接模态推理、间接模态推理及模态复合判断推理作了一些介绍。模态推理是人类思考和沟通时经常用到的一种推理；纯粹的模态推理实际只有模态方阵这一块，其他则是由模态与多种形式的推理复合而成的。研究模态推理的理论叫作模态逻辑，它可作为符号逻辑的一个分支；虽然只是一个小小的分支，但其容量不可小视，关于模态逻辑著述非常之多，由于篇幅所限，本书只介绍到这里。

第八章 归纳推理和归纳方法

本章主要介绍归纳推理和因果关系归纳方法，其中，因果关系归纳方法是本章的重点。在学习因果关系归纳方法时，读者可以把重点放在因果关系归纳方法与其他各种方法的联系与区别上。

第一节　概　述

毛泽东同志在《矛盾论》中有一段话说得非常透彻。他说：就人类认识运动的秩序来说，总是由认识个别的和特殊的事物，逐步地扩大到认识一般的事物。人们总是首先认识了许多不同事物的特殊本质，然后才有可能更进一步地进行概括工作，认识事物的共同的本质。当着人们已经认识了这种共同的本质以后，就以这种共同的认识为指导，继续地向着尚未研究过的或者尚未深入地研究过的各种具体的事物进行研究，找出其特殊的本质，这样才可以补充、丰富和发展这种共同的本质的认识，而使这种共同的本质的认识不致变成枯槁的和僵死的东西。这是两个认识的过程：一个是由特殊到一般，一个是由一般到特殊。人类的认识总是这样循环往复地进行的，而每一次的循环（只要是严格地按照科学的方法）都可能使人类的认识提高一步，使人类的认识不断地深化。

归纳推理是以含有个别性认识的判断为前提，推出含有一般性认识的判断为结论的推理。简单地说就是从个别推出一般的推理。个别与一般是相对而言的，只有在具体的关系中，才可以确定孰为个别、孰为一般。在归纳推理中，前提相对于结论为个别，而结论相对于前提则为一般。

根据归纳推理的前提是否考察了一类对象中的每一个别对象，可以把归纳推理分为完全归纳推理和不完全归纳推理；根据不完全归纳推理的前提与结论之间是否存在必然联系，又可以将其分为简单枚举归纳推理和科学归纳推理。图示如下（见图 8－1）。

- 归纳推理
  - 完全归纳推理
  - 不完全归纳推理
    - 简单枚举归纳推理
    - 科学归纳推理

图 8－1　归纳推理分类示意图

完全归纳推理的前提与结论之间有必然联系，也就是说，如果前提真，结论必然真。完全归纳推理的这个特点与演绎推理相同，因而有人主张把完全归纳推理当作演绎推理对待。由于对演绎推理的定义有所不同导致了对完全归纳推理的不同处理。如果把演绎推理定义为“前提与结论之间有必然联系的推理”，那么，完全归纳推理只能作为演绎推理；如果把演绎推理定义为“前提与结论之间的关系是从一般到个别的推理”，那么，完全归纳推理只能作为归纳推理。不同的定义导致对完全归纳推理的不同处理。实际上，不同的处理分别都有自己理论上的困难：第一种定义公开地把一种归纳推理当作演绎推理；第二种定义则无法解释为何很多具体的演绎推理，其前提与结论间并不存在“从一般到个别”这一特点。例如：

如果纳斯达克指数上涨，那么，道·琼斯指数也会上涨；

因此，如果道·琼斯指数不会上涨，那么，纳斯达克指数也不会上涨。

用公式可以表示为：

$$\frac{P \rightarrow Q}{\overline{Q} \rightarrow \overline{P}}$$

在上述这个推理中，人们不可能用“一般”、“个别”往纳斯达克指数或道·琼斯指数身上套；可是，不往上套又不行，因为它毕竟是演绎推理，而演绎推理的前提、结论之间又必须具有“从一般到个别”这一特征。

这个问题是个传统问题，至今仍未得到圆满解决。

不完全归纳推理的前提与结论之间的关系是或然的，也就是说前提真，而结论仅仅是可能真。其原因在于不完全归纳推理仅仅根据某些个别情况推出一般情况,它的结论超出了前提所考察的范围,因而能为人的认识提供真正意义上的新知;但也正因为它能提供新知,所以,它的结论的可靠性与完全归纳推理的结论的可靠性相比较要低。但“风险与效益共存”,人类宁愿为“新知”之效益,而冒结论可能出错这一“风险”。

在现实生活中,人类并不因为不完全归纳推理的前提与结论之间的关系是或然的而对它另眼相待。尽管它的结论的可靠性与完全归纳推理的结论的可靠性相比较似乎低了一个层次,但它在人类思维过程中所起的作用却远非完全归纳推理所能比。人类知识大厦的大部分、甚至绝大部分是以不完全归纳推理这一手段构筑起来的。其原因是可供完全归纳推理发挥作用的场合太少,而人类大量使用不完全归纳推理,也纯属不得已而为之。远的不说,就说普通逻辑学本身,到目前为止,在我们所讨论过的各种各样的规则中,很难找出一条规则是通过完全归纳推理得出的;可以说,普通逻辑学本身就是建立在不完全归纳推理这一基础之上的。

不完全归纳推理可分为简单枚举归纳推理与科学归纳推理。二者之间的区别表现在两方面:从前提看,简单枚举归纳推理的要求相对简单,只以一组个别事例作为前提,而科学归纳推理的要求则相对严格一些,它不只是要求提供一组个别事例作为前提,还要求确认前提中个别事例的发生或存在是有其必然性的;从结论来说,简单枚举归纳推理的结论的可靠性相对来说要低一些,而科学归纳推理的结论的可靠性却要高得多,其原因在于其前提中每一个例子内部的必然性导致结论也具有必然性的特征。

第二节　完全归纳推理

完全归纳推理是根据一类对象中每一个对象的情况,推出该类对象本身的情况的一种推理。这种推理的实质是从“每一个”

推出“全部”。例如：

铜是优良导电体，
银是优良导电体，
金是优良导电体，
以上元素是第一族副族的全部元素，
———————————————
所以，凡第一族副族的全部元素都是优良导电体。

上述完全归纳推理可以表达为下述推理式：

$S_1 \cdots P$，
$S_2 \cdots P$，
$S_3 \cdots P$，
$\vdots$
$S_1 \cdots S_n$ 是 S 类的全部对象，
———————————————
凡 $S \cdots P$。

完全归纳推理从原理上来说非常简单，简单的连推理规则也没有，但人们并不因此而不犯错误。由于完全归纳推理必须逐一地考察一类对象的每一个个别对象，所以在考察之前，必须弄清楚所需考察的对象的确切数量和范围；否则，完全归纳推理有可能降格为简单枚举推理，而结论也不再具有必然性。

例如，如果我们弄不清楚元素周期表中第一族的元素有哪些，并且弄不清楚元素周期表中第一族的副族元素有哪些，那么，上述完全归纳推理就不成其为完全归纳推理，而结论也不再必然为一真判断了。

由于完全归纳推理的实质是从“每一个”推出“全部”，而“每一个”与“全部”之间的差距并不大，所以，完全归纳推理能否作为一种推理便受到一些人的怀疑了。因为他们认为完全归纳推理的结论实际上不过是前提的一种简单的总结，结论所能提供给人们的东西并未超出前提所能提供的，也就是说“不能提供新知”。这种怀疑毫无意义，我们应该广义地理解“新知”和推理，否则很多推理，包括所有的演绎推理是否能成为推理都有疑问了。

第三节　简单枚举归纳推理

简单枚举归纳推理是根据一类对象中部分对象的情况，推出该类对象本身的情况的一种推理。这种推理的实质是从“某些”推出“全部”。例如：

“特洛伊木马”病毒可以通过杀毒软件清除，
“步行者”病毒可以通过杀毒软件清除，
“C I H”病毒可以通过杀毒软件清除，
“爱虫”病毒可以通过杀毒软件清除，
“红色代码”病毒可以通过杀毒软件清除，
———————————————
所以，所有病毒都可以通过杀毒软件清除。

用推理式可以表示为：

$S_1 \cdots P$，
$S_2 \cdots P$，
$S_3 \cdots P$，
⋮
$S_1 \cdots S_n$ 是 S 类部分对象，
且未遇到与 $S \cdots P$ 相反的情况，
———————————————
凡 $S \cdots P$。

简单枚举归纳推理的结论超出了它的前提所能给予的，它能提供真正意义上的新知，但它也为此付出着代价——它的结论是或然的，或者说它的结论仅仅是可能为真的。

进行简单枚举归纳推理时应当注意，在对个别对象作考察时，是不允许出现相反的情况的。以上述推理为例，我们在考察计算机病毒时,不允许碰到"它是一种计算机病毒而同时它又不能通过杀毒软件清除"的情况出现,如若碰到,那便是遇到了"反例"。"反例"的出现意味着简单枚举归纳推理的失败。

常有些人在使用简单枚举归纳推理时,或有意回避或曲解或粉饰已经出现的"反例",其目的无非是想得到一个违背事实但却符合一己私利的结论。

更多的情况是"反例"出现的太晚了,以致在它出现之前,结论已经作出。

被"反例"所推翻的简单枚举归纳推理是一个错误的推理,普通逻辑学把这种错误叫作"以偏概全"。例如,以前人们都认为哺乳动物是胎生的,但后来在澳洲发现了鸭嘴兽,它是哺乳动物,但却不是胎生的。我们常说"天下乌鸦一般黑",但如果以后能发现白乌鸦,那么,得出上述结论的简单枚举归纳推理便也犯了"以偏概全"的错误。

由于简单枚举归纳推理的结论是或然性的,所以它的结论便存在一个可靠性高低的问题。简单枚举归纳推理的结论的可靠性取决于前提所考察的对象的数量。如果一类对象的外延极其宽泛而我们所考察的对象又太少,那么它的结论便很不可靠;反之,尽可能增加考察的对象则可提高结论的可靠性。例如:

上市公司银广厦做假账,
上市公司琼民源做假账,
———————————
上市公司全部都做假账。

这个推理的结论是极其靠不住的,甚至是荒谬的。这种归纳推理所犯的错误叫作"轻率概括"。

对任何一个简单枚举归纳推理而言,它永远面临着被可能存在的"反例"所驳倒这一可能性。

值得一提的是尽管简单枚举法的结论准确性比完全归纳法低,但它的使用频率却比后者高得多,在很多场合下,我们只能选择前者。例如,每型号的新汽车上市前都应作碰撞试验,这时厂家只能采用枚举方法。下面一个幽默故事很能说明这个问题。

妈妈:“火柴买回来了吗?”儿子:“买回来了。”妈妈:“火柴好用吗?”儿子:“好用,我每根火柴都试过,都划得着。”

第四节 科学归纳推理

科学归纳推理是根据一类对象中部分对象的情况及部分对象内部的因果关系,推出该类对象本身的情况的一种推理。这种推理的实质虽然也是从“某些”推出“全部”,但它的可靠性却极高。

例如:

种黄豆可以提高土壤肥沃程度,
种绿豆可以提高土壤肥沃程度,
种黑豆可以提高土壤肥沃程度,
种豌豆可以提高土壤肥沃程度,
种小豆可以提高土壤肥沃程度,
豆类植物根部的根瘤菌与土壤肥力增高之间有因果关系,
所以,凡种豆类作物都可以提高土壤肥沃程度。

用推理式可以表述为:

$S_1 \cdots P$,
$S_2 \cdots P$,
$S_3 \cdots P$,
⋮
$S_1 \cdots S_n$ 是 S 类部分对象,

未遇到与S…P相反的情况，

且S与P之间有因果关系，

极有可能，凡S…P。

从推理形式和前提方面对比，科学归纳推理与简单枚举归纳推理的推理式的差别仅仅在于“S与P之间有因果联系”这一点，除此之外，二者完全相同。

有一点是从推理形式和前提的对比上看不出来的，这就是：科学归纳推理对前提中所考察的对象的数量方面的要求比要简单枚举归纳推理要宽松些。

正如恩格斯在论述“热能可以转化为机械能”这一科学原理的重要性时所说的，“十万部蒸汽机并不比一部蒸汽机能更多地证明这一点”。他的意思是说科学归纳推理与简单枚举归纳推理相比有着无可比拟的优越性。对简单枚举归纳推理而言，前提无论有多少，其所引起结论的可靠性的改变仅仅是量上的改变；而其前提中若加进科学原理、科学法则及事物内部因果关系，使简单枚举归纳推理上升为科学归纳推理，那么，其结论的可靠性将会有质的提高。

简单枚举归纳推理与科学归纳推理这两种推理的结论的可靠性虽相去甚远，但我们仍不能说科学归纳推理所得出的结论为必然的，因为科学理论本身的可靠性对其也是一个制约因素。如果科学理论本身的可靠性不成问题，那科学归纳推理的结论就是必然的，可是实际情况并非如此。任何一种科学理论都是通过逻辑推理得出的。能使人得出必然结论的归纳推理只有完全归纳法，然而科学理论本身作为结论是不能通过完全归纳法得出的。因为如果科学理论能通过完全归纳法得出，那么，这种理论充其量只能算是对已知现象的一种简单概括，而不具有任何科学价值。

科学归纳推理的结论的性质既不能简单地说是必然的，也不能简单地说是或然的；我们只能说它的结论可靠性极高，近似于必然，用哲学上的说法，是一种“相对真理”。

第五节　概率推理

不论是完全归纳推理还是不完全归纳推理，也不论是简单枚举归纳推理还是科学归纳推理，在考察个别情况时，都是不允许出现“反例”、也就是“相反的情况”的。一旦出现“相反的情况”，上述推理便无法进行下去了，这时人们便求助于概率推理。

概率推理是建立在概率基础上的，根据对一类事件中的部分事件出现的概率，进而推出该类所有事件出现的概率的推理。

要掌握概率推理，首先要了解什么是概率。所谓概率，指的是对某个事件出现的可能性、几率或可能性的大小所进行的计算。

在日常生活中，人们往往会遇到这种复杂的情景：在对S类的部分对象的考察中，可以看到有的S是P，有的S不是P；换句话说，S是P或不是P不是必然的，而是偶然的或随机的。这样，我们考察某类事物的结果，既不能得出S全部是P，也不能断定S全部不是P，而只能得出S有多大可能性（即概率）是P。

某一预期事件发生的概率等于该类事物考察的总次数除该预期事件发生的次数，用公式表示为：

$$出现的概率=\frac{该预期事件发生的次数}{该类事物考察的总次数}$$

或表示为：

$$A的概率=V/N$$

如果我们把在特定场合得出的这一结论，推广到一般情况，那我们便是在进行概率推理。例如：

某市莲湖区卫生防疫站日前对166家相关场所的理发推子、浴巾、拖鞋、浴衣、口杯等公用物品进行了的细菌总数、大肠菌群、金黄色葡萄球菌等4个项目的抽测，不合格率令人担忧。其不合格率分别为：理发推子93%、浴衣浴裤65%、床单50%、浴巾

48%、理发剪42%、拖鞋17%、口杯13%。

而这意味着,如果你光顾上述166家相关场所,那在你接受理发服务时,有93%的可能接触到细菌总数、大肠菌群、金黄色葡萄球菌等4个项目不合格的理发推子。

第六节 探求现象间因果关系的方法

科学归纳推理赖以得出结论的前提中有一条是:S与P之间有因果联系。本节的目的就是提供一些确定因果联系的简单方法。

世界上的万事万物无不处于普遍的联系之中,而因果关系是事物间这种相互关联的重要形式之一。

一、因果关系的特征

因果关系具有以下特征:

1. 原因与结果是不可分的。有因必有果,不存在无果之因;同样,有果必有因,不存在无因之果。

2. 在无限广袤的因果关系网中,有无数环节,每一环节都由具体的因果关系构成。原因与结果是相对而言的,某环节中的一件事可能是另一件事的原因,而另一件事则可能为该件事的结果;在这个环节中本来作为原因的事物可能成为另一环节中其他事物的结果,而这一结果同样可能又成为另一环节中其他事物的原因。

3. 因果关系极其复杂而形态也是多种多样的。有所谓"一因一果"、"一因多果"、"多因一果"、"多因多果";还有直接原因、间接原因,直接结果、间接结果。

4. 在时间上,原因永远在先,结果永远在后。

5. 原因与结果同理由与推断不是一回事。作为推断的理由,在很多情况下往往是结果而非原因。例如:温度表读数的变化,只是气温改变的结果而非原因,但在推理时人们却常常从温度表的读数推断气温的高低。

二、探求现象间因果关系的方法

1. 契合法。契合法又叫作求同法，它是这样来探求现象间的因果关系的：在被研究现象出现的若干场合中，如果仅有唯一一个情况在这些场合中是共同具有的，而其他情况都不相同，那么，这个唯一的共同情况就同被研究现象有因果关系。

请看下面的例子：

据某电视台报道，东南地区某单位职工发生了大面积的中毒事件，中毒症状是头疼，心跳过速，全身肌肉抽搐、疼痛。中毒者年龄、性别、职业都不相同，但有一点是相同的，他们都吃了单位提供的午餐。经过卫生检疫部门和食品监督部门的调查，发现这些人食用的午餐当中有兴奋剂，而其来源是含有“瘦肉精”的肉。

在这个例子中，有关部门确认职工中毒的原因是吃了含有“瘦肉精”的肉，他们所用的方法就是契合法。

契合法逻辑形式如下：

场合	相关情况	被研究现象
(1)	A,B,C	a
(2)	A,D,E	a
⋮	⋮	⋮

所以，A 与 a 之间有因果关系。

如果我们能进一步确定这个共同因素 A 的出现在时间上先于被研究现象 a，或者说能确定这个共同情况是“先行情况”，那么，我们便能进一步确认它是被研究现象的原因。如果简单地描述契合法的特点，那么可以说它是一种“异中求同”的方法。

契合法的作用主要是从错综复杂的不同场合中，排除明显不相关的因素，找出共同的相关因素，并确定其与被考察的现象之间有因果关系。契合法的结论是或然性的,其原因主要是不相关因素的干扰。所以,不相干因素的排除决定了契合法的结论的可靠性。

在上面的例子中,中毒的人可能食用了许多相同的食物。他们有可能都食用了某种青菜 ,而这种菜含有高残留的农药;有可能都食用了大米,而这种米是有毒的,因为它含有矿物油;还有可能都食用了腐竹,而这种腐竹也是有毒的,厂家为了使其外观更好看而掺加了“吊白块”。但是,如果食用了这些有毒的食品所产生的症状与上述症状不符,那么,这些因素就只能作为不相关的因素而予以排除。

要排除这些不相关的因素,靠契合法是办不到的,必须借助其他探求因果关系的方法。

2. 差异法。差异法又叫求异法,它是这样探究现象间的因果关系的:如果在不同的场合,只有一个情况是不同的,其他的情况完全相同,那么这个唯一不同的情况就同被研究现象有因果关系。例如:

某单位几个同事相约到一家餐馆去聚餐。用餐之后,有些人发生了中毒现象,这些人感到恶心头晕,与一般饮酒过量的感觉不完全相同。大家所吃的食物都相同,区别仅仅在于几个酒量小的人只喝啤酒而没有喝白酒,正是这几个没喝白酒的人没有中毒症状。经卫生检测部门检测结果,该餐馆所售的白酒中有过量甲醇。食用过量的甲醇轻者可使人有轻微中毒的迹象,重者可使人失明,甚至使人死亡。

差异法逻辑形式如下:

场合	相关情况	被研究现象
(1)	A,B,C	a
(2)	$\overline{A}$,B,C	$\overline{a}$

所以,A与a之间有因果关系。

其中：$\overline{A}$表示因素 A 不出现，$\bar{a}$ 表示被研究现象 a 不出现。

同样，如果我们能进一步确定这个不同因素 A 的出现在时间上先于被研究现象 a，那么我们便能进一步确认它是被研究现象的原因。

差异法所具有的特点，就在于它是一种“同中求异”的方法。

尽管差异法的结论也是或然性的，但它的可靠性比契合法结论的可靠性高一些；因为差异法中综合了相关因素正反两个方面的情况，而契合法只从正面考察相关因素。

3. 契合差异并用法。契合差异并用法又叫求同求异并用法，它通过两个事例组的比较来进行因果关系的判定。一组是由被研究现象出现的若干场合组成的，称为“正事例组”；另一组是由被研究现象不出现的若干场合组成的，称为“负事例组”。如果在正事例组的各个场合里只有一个唯一的共同情况，而且这个情况在负事例组的每个场合里都不存在，那么这个情况就同被研究现象有因果关系。

在前面讲述科学归纳推理时，我们所举例子的前提中有“豆类植物根部的根瘤菌与土壤肥力增高之间有因果关系”这一条，这二者之间的因果关系的确认，就可以通过契合差异并用法来实现。例如，人们注意到种豌豆、黄豆、绿豆、小豆等豆类植物都可以提高土壤肥沃程度，而种植这些豆类植物的土地及其耕作条件均不相同，只有一点情况相同，那就是所有豆类植物根部都长有根瘤菌。在种植瓜果蔬菜等根部不长根瘤菌的植物时，虽种植条件与豆类大致相当，但不会使土壤肥力增高。

上述例子中所使用的契合差异并用法逻辑形式如下：

场合	相关情况	被研究现象
(1)	A,B,C,F	a
(2)	A,D,E,G	a
(3)	A,F,G,C	a

⋮	⋮	⋮
(1′)	$\overline{A}$,B,C,F	$\bar{a}$
(2′)	$\overline{A}$,D,E,G	$\bar{a}$
(3′)	$\overline{A}$,F,G,D	$\bar{a}$
⋮	⋮	⋮

所以,A与a之间有因果关系。

其中,(1)、(2)、(3)……为正事例组,(1′)、(2′)、(3′)……为负事例组。如果我们能进一步确定这个不同因素的出现在时间上先于被研究现象,那么我们便能进一步确认它是被研究现象的原因。

一般认为,契合差异并用法由两次契合法和一次差异法复合而成。

第一次契合法:

场合	相关情况	被研究现象
(1)	A,B,C,F	a
(2)	A,D,E,G	a
(3)	A,F,G,C	a
⋮	⋮	⋮

所以,A与a之间有因果关系。

第二次契合法:

场合	相关情况	被研究现象
(1′)	$\overline{A}$,B,C,F	$\bar{a}$
(2′)	$\overline{A}$,D,E,G	$\bar{a}$
(3′)	$\overline{A}$,F,G,D	$\bar{a}$
⋮	⋮	⋮

所以,$\overline{A}$与$\bar{a}$之间有因果关系。

第二次契合法的解释有些问题,结合第一次契合法看它才有意义,否则它是荒谬的。因为在逻辑上,我们不可能仅仅以某一因素与某一现象同时未出现这一事实本身为依据来确认二者之间有因果关系。

第三步为差异法：

场合	相关情况	被研究现象
(1)	A	a
(2)	$\overline{A}$	$\bar{a}$

所以，A与a之间有因果关系。

在这个差异法中，其他因素被排除在考查范围之外。

4. 共变法。共变法也是探求现象间的因果关系的一种方法，其方法的实质是：如果在被研究现象发生变化的几个场合中，其他情况都不变化，只有一个因素发生变化，并且在这一因素发生一定程度的变化时，被研究现象也随之发生相应的变化，且两者的变化在一定的范围内有相同的趋势，那么就可以得出结论，这个相应情况或因素所发生的变化与被研究现象所发生的变化之间有因果关系。例如：

液体水的密度在其他条件不变的情况下，随温度的降低而提高，直到温度降到4 ℃，密度到达最大值；随温度的提高而降低，直到温度升到100 ℃，密度到达最小值。

由此可以断定水的密度与温度之间存在因果关系。

再例如：

钢的硬度在其他条件不变的情况下，随含碳量的提高而提高，直到钢变成生铁；随含碳量的降低而降低，直到钢变成熟铁。

由此可以断定钢的硬度与含碳量之间存在着因果关系。

共变法的逻辑形式如下：

场合	相关情况	被研究现象
(1)	A_1, B, C	a_1
(2)	A_2, B, C	a_2
(3)	A_3, B, C	a_3

所以，A与a之间有因果关系。

其中:A 为一有序变化的因素,a 为一有序变化的被研究现象。如果我们能进一步确定这种因素的变化在时间上先于被研究现象的变化,那么,我们便能进一步确认它的变化是被研究现象发生相应变化的原因。

同前几种方法一样,共变法的结论也是或然性的。例如:"这些年来,腐败年年打,腐败年年有;打击力度逐年加大,而腐败日益猖獗。"如果我们通过共变法得出结论:"对腐败的打击与腐败的滋生之间有因果关系",那么这个结论很明显是十分荒谬的。

共变法与契合法、差异法、契合差异并用法的主要区别在于:后三种方法从因素的质的方面去探讨因果关系,因为有某一因素与无某一因素,其间的区别是质上的;共变法则相反,它只从因素的量的方面去探讨因果关系,在共变法的使用过程中,某一被考察的因素始终存在,所考察的仅仅是其量的变化及这种变化的有序性。共变法区别于其他方法的最显著的特征在于,它以量变作为探求因果关系的手段。

5. 剩余法。剩余法是第五种探究现象间因果关系的方法。这一方法告诉我们:如果某一复合因素是另一复合现象的原因,同时,已知某些因素为某些现象中的原因,那么,剩余的因素与剩余的现象间存在着因果关系。例如:

在海王星尚未被发现的时候,天文学家发现,天王星的实际位置与计算出来的、它应该在的位置相比有一点偏差,这种偏差可能是当时已知行星或一个未知星体吸引的结果。但计算的结果,排除了这个偏差是由已知行星的引力所致。通过进一步精密的计算,终于确定那颗神秘的未知星体在理论上所应处的位置。后来果然在计算出来的位置附近找到了被命名为海王星的那颗行星,海王星是使天王星轨道发生偏差的原因。

剩余法的逻辑形式如下：

相关情况　　被研究现象

A,B,C,D 与 a,b,c,d 之间有因果关系，

A 与 a 之间有因果关系，

B 与 b 之间有因果关系，

C 与 c 之间有因果关系，

所以，D 与 d 之间有因果关系。

如果我们能进一步确定这个因素 D 的出现在时间上先于被研究现象 d，那么我们便能进一步确认它是被研究现象的原因。

在使用剩余法时应该确认相关情况 A,B,C,D 与被研究现象 a,b,c,d 之间的因果关系具有一因一果的形态，否则这种方法的可靠性便会大大降低。如果 A,B,C,D 与 a,b,c,d 之间存在一因多果的可能，那么，因素 A,B,C 都有可能与被研究现象 d 构成因果关系，而 D 与 d 却恰巧不构成因果关系。同样，如果 A,B,C,D 与 a,b,c,d 之间存在多因一果的可能性，那么，因素 A,B,C 除了与 a,b,c 构成因果关系之外，其间的某种组合，比如 A,B，还有可能与被研究现象 d 构成因果关系，而 D 与 d 之间却恰巧没有因果关系。

剩余法所具有的特点是：通过已知的因果关系求未知的因果关系。

同以上几种方法相比，剩余法比较复杂，生活中虽有应用但并不常见，主要应用于科学研究中 。

在实际工作中，人们往往同时采用多种探究现象间的因果关系的方法和推理去研究同一个现象，例如：

中小学生经常使用涂改液。经专家检验，涂改液中含二氯甲烷、三氯乙烷和二甲苯，这些物质对人体极为不利，会引发头痛、嗜睡、恶心、头晕，大量吸入使人抽搐、呼吸困难、动作迟缓，抢救不及时会危及生命。有人曾以蘸有二氯甲烷、三氯乙烷和二甲苯的棉

花放在两组小白鼠笼边。使用量大的一组,只有5分钟,小白鼠就抽搐而死;使用量小的一组每天试验5~8分钟,5天内小白鼠惊慌不安,进食减少,动作迟缓且体重下降;而没放以上化学物质的对照组的小白鼠体重逐日增加。

在上述例子中,研究人员首先运用了共变法:

场合	相关情况	被研究现象
(1)	量小	症状稍轻
(2)	量大	症状严重

所以,A与a之间有因果关系。

在上述例子中,研究人员还运用了差异法:

场合	相关情况	被研究现象
(1)	接触相关化学品	有不良反应
(2)	不接触相关化学品	无不良反应

所以,A与a之间有因果关系。

因果关系判定的这几种方法被称为“穆勒五法”,但这其实并不符合穆勒(·S. MILL)本人的原意,而是后人的意思。他本人并不认为契合差异并用法是一种独立的方法,在他看来,契合差异并用法其实不过是差异法在复杂情况下的运用或者说是它的进一步深化,可能是后来的逻辑学者觉得有必要使其独立出来,这才有穆勒五法之说。

三、概率方法

需要指出的是事物之间的因果关系是非常复杂的,上述探求因果关系的方法不足以解决所有的因果关系问题,特别是复杂的因果关系。

例如,吸烟与肺癌之间的关系便是一例,大概没有人能否认其间存在因果关系,没有人敢断定某人得肺癌便一定是由于吸烟,但也没有人敢断定某人吸烟便一定得肺癌。怎么办?还得求助于概率法。所以,常见有“吸烟者得肺癌的比例要比不吸烟者高两倍”,“既喝酒又吸烟者得肺癌的比例要比只吸烟者高70%”之说。“70%”不过是“既喝酒又吸烟者得肺癌”与“只吸烟者得肺癌”两个概率的差,而“两倍”则是“吸烟者得肺癌的概率”与“不吸烟者得肺癌的概率”的比值。

概率方法是一种用途很广泛的逻辑方法,它不仅可以补充归纳推理的不足,也可以在探求复杂因果关系方面起相当的作用。例如:

国家质检总局对87种木制家具进行了抽检,合格率仅有64%。另一项检测统计说明,家具造成的室内空气污染,已经成为目前家庭和写字楼中继建筑污染、装饰污染之后的第三大污染源。

在这个例子中,国家质检总局通过概率方法确认家具是造成污染的第三大污染源。

概率方法及与其相关的统计方法是独立的、相当成熟的学科,由于篇幅所限,本书不再详细论述,感兴趣的读者可以参阅概率理论或统计学。

第九章 类比与假说

第一节　类比推理

类比推理是一种从个别推出个别的推理,它通过两个对象之间在某些属性上相同或相异,推出这两个对象在其他属性上也相同或相异。例如:

在生物分类上,人们曾经把海豚当作鱼;因为与鱼相比,它们同样生活在水中,同样有纺锤形的体形,同样有鳍。

随着生物学的进一步发展,人们发现海豚有些更重要的属性与鱼不同:鱼是冷血动物而海豚不是,鱼是卵生动物而海豚不是,鱼是用鳃呼吸的动物而海豚不是,这样人们就认识到海豚不是鱼类动物。

生物学进一步发展后,经过分析、对比,发现海豚有很多属性与哺乳动物相同:它们都有多个心房和心室,同为热血动物,同为胎生动物,同样用肺呼吸,所以确定海豚是哺乳动物。

以上这个例子用了三次类比推理。其中,第一次和第三次所用的是第一种类比推理,第二次是第二种类比推理。第一种类比推理所具有的形式如下:

相比较的对象	相比较的属性
A	a b c d
B	a b c

所以,B 对象也有属性 d。

第二种类比推理所具有的形式如下:

相比较的对象	相比较的属性
A	a b c d
B	$\bar{a}$ $\bar{b}$ $\bar{c}$

所以,B 对象也没有属性 d。

类比推理有两种:上述第一个推理形式是通过两个对象之间在某些属性上相同,推出这两个对象在其他属性上也相同,有些教材把它称为“正类比”；上述第二个推理形式是通过两个对象之间在某些属性上相异，推出这两个对象在其他属性上也相异，有些教材把它称为“反类比”或“对比推理”。

类比推理的结论是或然性的。为了提高类比推理的可靠性，一般要注意以下几点：

1. 两个具体对象，如果是同类或者是在属种关系上相邻近的类，那么其结论的可靠性就大。比如，为了检验某种药物的疗效，可以先在小动物身上做实验。由于小动物和人有不少相同的属性，所以，如果在小动物身上有一定疗效，那么在人身上也可能有一定的疗效。如果有两家药厂分别生产出了用于治疗同一种疾病的两种药，而这两种药还未曾做过临床试验，需要寻求受试者。如果你有这种疾病，又愿意为这两种药品做临床试验，那么你就有选择的余地了。如果你知道一种药以前只在老鼠身上做过试验，而另一种药却在猴子身上做过试验，那你一定会拒绝为只在老鼠身上做过试验的药品做临床试验，而愿意为在猴子身上做过试验的药品做临床试验。你之所以作出这个选择，是因为你作出了两个类比推理。在第一个类比推理中，你把自己与老鼠作了比较；在第二个类比推理中，相比较的两个对象则是你和猴子。你愿意成为第二种药的受试者，是因为你知道第二个类比推理的可靠性比第一个要高一些。因为第二个类比推理相比较的两个对象同属于灵长类，而人与老鼠虽都属于哺乳类，但哺乳类毕竟比灵长类“远”了几个层次。如果相比较的对象在属种关系上相距太远或根本没有共同的属，那么这个类比推理就是一种错误的类比推理，它所犯的错误叫作“机械类比”。例如：

传说大科学家牛顿也曾在类比推理上犯过错误，他把宇宙和钟表作过类比。他认为宇宙中的星体与钟表运行都是十分有规律的，而钟表是由人来制造的，所以宇宙也必有一个制造者，而那个制造者只能是全能的上帝。他还认为，钟表在制造完成后并不能自己马上就运行，只有在人给它上发条后才能运转；由此他推出，上帝把整个宇宙制造完成后，所有的星体都静止在自己的位置上并不转动，要使其有规律地运转起来必须有人给它们一个初始的动力，而这个力只能来自上帝，这个力就是著名的“第一推动力”。

牛顿的这两个结论就是通过错误的类比推理——“机械类比”得出的。

2. 在类比推理中，相比较的属性如果是对象的本质属性，那么这个类比推理的结论的可靠性就较高；如果相比较的属性是对象的非本质属性甚至是偶有属性，那么这个类比推理的结论的可靠性就较低。

昭君出塞的故事大家都知道，说的是汉朝有一个民女叫王昭君，她长得非常美丽。有一次赶上皇帝要选嫔妃，王昭君有幸入围。现在有些年轻人交朋友，可以通过介绍人交换各自的照片，如果双方均满意，那就可以建立初步的恋爱关系了。这当然是以貌取人，那时候的皇帝选嫔妃则更是以貌取人。不过当时没有摄影技术，于是便让宫廷画师一一为入围者画像。皇帝看过画像，如果认可，则那人便可入选。

因当时的画师手握大权，他手中的笔可以决定一个人的命运，所以，他在为人画像时，便向入围者索要“人事”，也就是我们今天所说的贿赂。

画师给王昭君画像时十分认真，画得非常像。但迟迟不见“人事”，画师也不便开口。或许因为王昭君家太穷，或许是因为王昭君“人事不通”，眼看画马上就要完成，画师又拖了几天，始终不见“人事”，于是画师便恶狠狠地在画像上的王昭君左眼下方点了一个墨点。这样，王昭君便平白无故“长”了一个“痣”。在古代的相面术中，每一个位置的痣都是有名字的，王昭君“长”的这个“痣”叫作“伤夫落泪痣”。

皇帝看到画像中的王昭君十分美貌，只是这个“痣”主凶，虽十分惋惜,但也只得让王昭君充作下人。后来,一个偶然的机会,皇上发现王昭君脸上并没有那颗“痣”,于是,王昭君便再次改变了自己的命运。

皇帝之所以看到画像而拒绝让王昭君入选,其原因在于他进行了一个类比推理,他把自己同那些妻子脸上也有这种“痣”,而后来早亡的人作了类比,从而得出结论,如果让王昭君入选,自己也可能会早亡。

在这个故事里皇帝所作的类比推理是很荒谬的,因为在这个推理中所比较的属性不是本质属性,甚至也不是固有属性。是否长痣以及长在什么位置,对人类而言纯属一种偶有属性,通过这样的推理所得的结论是谈不上什么可靠性的。值得注意的是,很多迷信理论和说法往往是通过这种类比推理得出的;这种类比推理是一种错误的类比推理,它所犯的错误叫作“荒谬类比”,因为在其中相比较的属性不是本质属性而是偶有属性。

3. 相比较的属性越多,则结论的可靠性越高。因为事物内部的属性之间也不是互相孤立的,它们之间会有某种程度的关联。例如:鱼往往有鳞 ,鳞外表因有一层黏液而十分光滑;体形呈纺锤形。这些特征之间都是互相关联的,其作用是为了减小其在水中游动时所产生的阻力。属性之间的相关联性会因相关属性的增加而增强,会因相关属性的减少而减弱。所以,通过增加相比较的属性,便可更充分地利用属性之间的相关联性,来提高类比推理结论的可靠性。

类比与比喻虽然都是两个具体对象相比较,但却是两种完全不同的方法。类比推理是根据同类事物的两个具体的对象在一系列属性上相同或相异,由此推出它们在其他属性上也相同或相异的结论,这属于逻辑学研究的范围,它的目的在于推出结论。而比喻是描写事物或说明道理时,借用有相似点的其他的事物或道理,以提高表达效果的方法,属于修辞学研究的范围, 它的目的在于说明一个道理或形象地说明某对象与另一对象相似。目的上的区别是类比与比喻的主要区别。例如：

这人生得精瘦，两臂两腿长满黄毛，活生生一只猴子。

这人生得精瘦，两臂两腿长满黄毛，活生生一只猴子；所以，这人一定有尾巴。

前一例为比喻，其目的仅仅在于说明此人与猴子相似；而后一例则为类比推理，其目的是推出一个结论，即这人在另一属性上与猴子相同。

在近现代有两种科学方法与类比推理相关，一种是模拟方法，另一种是仿生学。

模拟方法是一种以模拟物为手段的研究方法。它通过模拟原型的外界条件或虚拟原型可能置身于其中的自然条件，构造实物模型或数字模型，并通过对模型的研究，间接地研究原型的结构、效应或其与外部环境的相互关系等问题。其一般程序是：

第一，根据原型构造模型或者虚拟一个模型。

第二，研究模型具有的属性，并把模型具有的属性推广到原型上去。

例如，建筑师设计出了某座建筑物的蓝图以后，为了验证设计得是否合理以及其他相关的各种承受能力，往往要依据原来设计制造出的某个缩小的比例模型，从事各种承受力（如防震、防火等等）的试验；然后，根据模拟试验暴露出来的问题，进一步去完善原来的设计。

再如，计算机研究人员可以通过计算机虚拟核爆炸，以研究它的破坏范围、破坏效果、破坏方式以及对这种破坏的防范。在今天，实物模拟的作用越来越小，而计算机数字模型的作用越来越大。在很多行业，例如汽车行业，它的设计工作完全在计算机中进行，人们再也用不着用泥或木材构造一辆汽车的外形，然后再确定每个点或每条曲线的取舍；现在车身每一个点和每一条曲线的改变,都可以通过键盘和鼠标来实现。其他很多工作,如研制新型飞机、火箭、通信卫星、防震的设施等,都已从实物模拟逐步走向计算机虚拟。

仿生学是一种以模拟物为原型的研究方法。它通过对原型某些特征的模拟,制造出可为人类利用的产品。

例如,船可能算是最早的一种仿生产品了,船体与船桨就是鱼及鱼鳍的模拟物,飞机也是一种仿生产品;再如,能在极地冰雪中高速行驶的极地车就是模拟了企鹅行走方式的产品,而某些导弹的寻的方式则是模仿了响尾蛇通过对猎物发出的红外线的探测而发现猎物的机理。

第二节 假 说

假说是人们根据已有的知识,对被研究的原因、未明的现象所作出的理论上的解释。从思维活动方面看,假说是一种创造性的思维活动,它是人类获取新知的一种重要手段,是一个相当复杂的认识过程。例如:

德国天文学家培塞尔在1844年发现天狼星的位置忽左忽右地摆动,他根据万有引力定律,认为天狼星有一个未知的光度较弱但质量很大的伴星,这颗伴星的引力使天狼星发生周期性的左右摆动现象。他这个假说,于1862年用大型望远镜发现了天狼星的伴星时被完全证实了。

在社会科学中,假说起着广泛的作用。例如,马克思和恩格斯创立的唯物史观也经历了假说的阶段。列宁认为:社会学中这种唯物主义思想本身已经是天才思想。当然,这在那时暂且还只是一个假设,但是,是一个第一次使人们有可能科学地对待历史问题和社会问题的假设。

一、建立假说的过程

作为科学的假说，一般都要经过以下阶段：收集资料、提出假说、提出假说验证方法、验证假说、假说评价。

1. 收集资料。收集资料的手段既包括感性手段，如感觉、知觉、直觉等，也包括理性手段，如分析、综合等。

2. 提出假说。提出假说要以观察、实践所得的事实为根据，要以有关的业已证明为真的科学原理为根据，综合各种根据，通过推理形成假说。

3. 提出假说验证方法，即在假定假说成立的基础上，合逻辑地引出一相应可以证实假说的方法。

4. 验证假说，即假说验证方法的实施。

假说可以通过自然存在的事实证实，也可以被科学试验或社会实践所证实。哥白尼的太阳系学说有三百年之久一直是一种假说，这种假说尽管有百分之九十九、百分之九十九点九、百分之九十九点九九的可靠性，但毕竟是一种假说；而当勒维烈从这个太阳系学说所提供的数据，不仅推算出一定还存在一个尚未知道的行星，而且还推算出这个行星在太空中的位置的时候，当后来加勒确实发现了这个行星的时候，哥白尼的学说就被证实了。

如果一个假说目前不能被证实，也就意味着这一假说目前只是假说。如康德和拉普拉斯的关于太阳系起源的星云说，从1755年康德提出这个假说到目前，仍然是未被完全证实的假说。

5. 假说评价。对于不成立的假说，应找出其失败的原因，以便为新假说的提出提供支持。对于成立的假说，应找出其更广阔的应用领域，尽可能使其在理论上得到进一步提升，以使其向真理更靠近一步。

在所有的人当中经常接触假说方法的莫过于医生了。医生给病人看病的过程其实也就是建立假说的过程。

例如,一个人因咳嗽很久而去看病,医生要看病历、询问病状、作一番初步检查。在这一切做完之后,医生要提出假说——作出诊断。比如,他说考虑病人可能患了肺结核。

医生为了验证他的初步诊断,需要提出验证方法,比如说,让这个人作X光胸部透视。作完X光胸部透视之后有两种结果,一种是胸部有阴影,另一种是胸部没有阴影。如果胸部有阴影,这说明医生的诊断被初步证实;如果胸部没有阴影,这说明医生的诊断是错误的,或者说他的假说不成立——被否证了。这时医生需要提出新的诊断,作出新的假说。

值得注意的是,假说的证实、验证或否证所使用的推理是不同的。

① 如果病人有肺结核,X光胸透病人胸部有阴影;
X光胸透病人胸部有阴影,
———————————————
所以,病人可能有肺结核。

② 如果病人有肺结核,X光胸透病人胸部有阴影;
X光胸透病人胸部没有阴影,
———————————————
所以,病人一定没有肺结核。

推理①是用于证实医生诊断的推理。这是我们尚未学过的一种推理——“回溯推理”,也叫作“溯因推理”,其结论是或然的。

推理②是用于否证医生诊断的推理。这是我们已经学过的一种推理 ——充分条件假言推理的否定后件式,其结论是必然的。

从所使用的推理可以知道,假说从本质上说,往往是或然性的,这是由证实它的手段所决定的。对假说的证实往往也只是增加了它的“可信度”。

对假说的否证则相反,它是必然的,因为在其间使用的推理是一个有效式。

二、回溯推理

所谓回溯推理就是以已知事实为出发点，运用一般规律进行反向分析，推测这些事实产生的原因或将导致的结果的一种推理，有些学科，特别是地质学把这类推理称为："反演"。

以上回溯推理的形式可以用公式表示为：

$$\frac{\begin{array}{r}P \rightarrow Q\\ Q\end{array}}{\text{可能 } P}$$

这个推理形式实际上是充分条件假言推理的肯定后件式，它在演绎推理中不是一个有效式，但这不等于说这种推理就没有意义。事实上，在相当数量的场合中，起作用的往往不是有效式，而是回溯推理。例如：

只有下种，才有收获；
张某没下种，
———————
所以，张某没有收获。

这个推理是一个有效的推理式，但张某却不会依此行事。这个推理对张某来说毫无意义，他不会为了证明自己将"没有收获"而"不去下种"。相反，以下推理对他来说才是有意义的：

只有下种，才有收获；
张某下种，
———————
所以，张某可能有收获。

这个回溯推理在演绎推理中也不是一个有效推理式，它是必要条件假言推理的肯定前件式，在演绎推理中也是不被认可的。

通过回溯推理不能推出必然结论，只能推出或然结论，这是它的第一个特点。

作为一类推理，正像肯定前件式作为一有效推理式，其推导依据源自充分条件假言判断的性质一样，回溯推理的推导依据也来自假言判断的性质，这是它的第二个特点。

充分条件假言判断所具有的性质是：

①肯定前件一定肯定后件。

②否定前件不一定否定后件。

③肯定后件不一定肯定前件。

④否定后件一定否定前件。

必要条件假言判断所具有的性质是：

①肯定前件不一定肯定后件。

②否定前件一定否定后件。

③肯定后件一定肯定前件。

④否定后件不一定否定前件。

其中带有“一定”二字的性质可以作为有效式的推理依据，这四个推理式依次为：

充分条件假言推理的肯定前件式、否定后件式；

必要条件假言推理的否定前件式、肯定后件式。

其中带有“不一定”三个字的性质可以作为回溯推理的依据，这四个推理式依次为：

充分条件假言推理的否定前件式、肯定后件式；

必要条件假言推理的肯定前件式、否定后件式。

用公式可以表达为：

$$\frac{P \rightarrow Q \quad \overline{P}}{\text{可能 } \overline{Q}} \ (1) \qquad \frac{P \rightarrow Q \quad Q}{\text{可能 } P} \ (2) \qquad \frac{P \leftarrow Q \quad P}{\text{可能 } Q} \ (3) \qquad \frac{P \leftarrow Q \quad \overline{Q}}{\text{可能 } \overline{P}} \ (4)$$

值得注意的是，回溯推理的提出及论述的出现很晚，而且历来不被重视，几乎没有人在推理理论中正面地处理过它，充其量在论述假说理论而又感到实在躲避不开时，才小心翼翼地把它摆出来。产生这种情况的原因很复杂，因为推理分三类，它与归纳推理、类比推理差别太大,因此不能归属于它们,而只能归属于演绎推理;可它与复合判断推理中关于有效式的规定又明显不符,又不能算作演绎推理。这样,回溯推理的推理地位便发生“危机”了,这使它处于一种十分尴尬的境地。这种情况与回溯推理在人类思维中所起的实际作用很不相称。这说明普通逻辑学现有的推理理论因存在着理论上的缺欠而面临着必要的改革。

第十章 论证

第一节　概　述

论证就是用根据已知为真的判断去确定其他判断的真实性或虚假性的思维过程。

论证与推理是密不可分的，二者既有联系又有区别。

论证与推理的联系主要表现在：推理是论证的基础，没有推理便谈不上论证；论证是一个推理或几个推理的综合运用。

论证与推理的区别主要表现在两方面：一是论证与推理的思维方向不同。论证的出发点是论题，而论题实际是论证这一思维过程的结果；推理的出发点则是前提，而前提是推理这一过程的开始。二是论证与推理的目的不同。论证的目的是表明自己的观点并获取他人的认同，而推理的目的则在于得出新知。

论证可分为证明和反驳两种。

第二节　证　明

证明就是用已知为真的判断去确定其他判断的真实性的论证过程。

一、证明的构成

证明由三个要素构成，即论题、论据和论证方式。

论题就是真实性需要加以确定的判断。

论据就是已知为真的判断，人们通过它去确定论题的真实性。

论证方式就是指论据和论题之间的联系方式。例如：

毛泽东同志曾多次接见一位美国进步女记者。有一次毛泽东同志对她说：我说一切所有号称强大的反动派统统不过是纸老虎。原因是他们脱离了人民。你看，希特勒是不是纸老虎？希特勒不是被打倒了吗？我也谈到沙皇是纸老虎，中国皇帝是纸老虎，你看，都倒了。

在这段论述中，包含了一个归纳证明。其使用的推理为简单枚举归纳推理；其论题是“反动派统统不过是纸老虎”；其论据是“希特勒是纸老虎”“沙皇是纸老虎”“中国皇帝是纸老虎”三个事例；其论证方式是归纳证明。

二、证明的种类

1. 根据证明所使用的推理，证明可以分为演绎证明、归纳证明、类比证明。

(1)演绎证明。所谓演绎证明就是根据一般原理来论证个别事例的真实性的证明。例如：

权力不宜过分集中。权力过分集中，妨碍社会主义民主制度和党的民主集中制的实行，妨碍社会主义建设的发展，妨碍集体智慧的发挥，容易造成个人专断，破坏集体领导，也是在新的条件下产生官僚主义的一个重要原因。

很明显，这段文字中引用的推理是演绎推理，其形式如下：

如果权力过分集中，那会妨碍社会主义民主制度……

不能妨碍社会主义民主制度……

所以，权力不能过分集中。

(2) 归纳证明。所谓归纳证明就是引用反映特殊事实的判断来证明一般性原理的证明。例如：

大凡成才的贤人哲士，哪个不是经历了艰辛呢？屈原流放赋《离骚》；左丘失明传《春秋》；司马迁受刑写《史记》；曹雪芹举家食粥，创作出不朽的《红楼梦》……古今中外，发愤而作者又何止百个？千个？

上述这段文字通过一些史实，归纳证明了“大凡成才的贤人哲士，都经历了艰辛”这一论题。

(3)类比证明。所谓类比证明就是通过两类事物的对比而证明论题真实性的证明。这种证明的主体结构是类比推理,局部结构可能是任何一种推理。

毛泽东同志在《一个极其重要的政策》这篇文章中曾有一段精彩文字,就是运用类比推理去证明在当时条件下,为了战胜日本帝国主义,我们党领导的八路军、新四军所应采取的战略战术:

若说:何以对付敌人的庞大机构呢?那就有孙行者对付铁扇公主为例。铁扇公主虽然是一个厉害的妖精,孙行者却化为一个小虫钻进铁扇公主的心脏里去把她战败了。柳宗元曾经描写过的“黔驴之技”,也是一个很好的教训。一个庞然大物的驴子跑进贵州去了,贵州的小老虎见了很有些害怕。但到后来,大驴子还是被小老虎吃掉了。我们八路军新四军是孙行者和小老虎,是很有办法对付这个日本妖精或日本驴子的。目前我们须得变一变,把我们的身体变得小些,但是变得更加扎实些,我们就会变成无敌的了。

上述证明结构相对而言比较简单,它只包含两个平行的类比推理:一个类比推理把八路军、新四军同孙行者作类比,得出“八路军、新四军若变得短小精悍便能战胜日本帝国主义”这一结论;另一个类比推理把八路军、新四军同贵州的小老虎作类比,得出“八路军、新四军若变得更强壮、更有战斗力,便能战胜日本帝国主义”这一结论。

2. 证明还可以分为直接证明和间接证明两种类型。

(1) 直接证明。直接证明就是由论据出发,按照推理规则直接对论题的真实性作出论述的一种证明。例如:

北京心脑血管疾病研究所历时15年、对北京市70万人口的追踪检测研究发现,60岁以下的心脑血管患病人群增长迅速。45~49岁年龄组的男性急性冠心病患者增加了32%;脑梗、脑出血的发病率在35岁年龄组中分别增加了36%和220%。这一发现和北京阜外心血管病医院历时1年多、对全国2 000多万人的监测结果相似。

上述文字就包含了一个直接证明，论题是“60岁以下的心脑血管患病人群增长迅速”，其论据是两组统计数据，这两组统计数据直接证明了论题。

(2)间接证明。间接证明就是通过证明与论题相反的论题（与论题相矛盾的判断）或与论题相关的其他判断的虚假性，间接确定论题的真实性的一种证明。间接证明又可以分为选言证法和反证法两种。

第一，选言证法。选言证法是通过证明与论题相关的其他判断的虚假性，间接确定论题的真实性的一种证明。

运用选言证法的步骤是：将论题作为相关的几种可能假定之一，即作为选言推理前提的一个选言肢，然后找出根据，否定除论题以外的其他选言肢，从而间接证明论题的真实性。它所运用的推理无一例外都是选言推理的“否定—肯定”式，这是识别选言证法的唯一依据。

例如，毛泽东在《人的正确思想是从哪里来的？》一文中写道：

人的正确思想是从哪里来的？是从天上掉下来的？不是。是自己头脑里固有的吗？不是。人的正确思想，只能从社会实践中来，只能从社会的阶级斗争、生产斗争和科学实验这三项实践中来。

在上述文字中，毛泽东首先提出三种可能，通过直接否定前两种可能，间接肯定了第三种可能性——人的正确思想来自三大实践。

第二，反证法。反证法是通过证明与论题相反的论题（与论题相矛盾的判断）的虚假性，间接确定论题的真实性的一种证明。其中所运用的推理，表现为充分条件假言推理“否定后件”式。

运用反证法的步骤是：首先，假定与所要证明的某个论题相矛盾的论题,即"反题"为真,而后引出一系列的结论,但是这些结论却与事理相违背,从而证明反题是虚假的;其次,由于这个虚假的反题是需要证明的论题的矛盾论题,因而根据双重否定,推出原论题必真。

例如在《发展要有新思路》一文中:

推进科技进步,关键要创新。科技创新是提高科技实力的中心环节。没有创新,就没有我们在世界科技领域中的位置。科技创新问题,说到底还是人才的问题。发达国家正在全球范围内争夺人才。培养不好人才,使用不好人才,留不住人才,吸引不了人才,我们的事业就很难向前发展。

寥寥数语,其中却包含两个反证法。若把其间省略的文字补全,其结构如下:

下面是第一个反证法。

论题:我们必须有创新。

反题:我们没有创新。

引申:如果没有创新,就没有我们在世界科技领域中的位置。

否定引申:我们必须在世界科技领域中占有相当的位置。

否定反题:我们不能没有创新。

证明论题:我们必须有创新。

下面是第二个反证法。

论题:我们必须培养好人才,使用好人才,留住人才,吸引人才。

反题:培养不好人才,使用不好人才,留不住人才,吸引不了人才。

引申:如果我们培养不好人才,使用不好人才,留不住人才,吸引不了人才,那么,我们的事业就很难向前发展。

否定引申:我们的事业必须不断向前发展。

否定反题:培养不好人才,使用不好人才,留不住人才;吸引不了人才，这是不行的。

证明论题：我们必须培养好人才，使用好人才，留住人才，吸引人才。

反证法的逻辑过程从结构方面来分析，大致如下。

论题：　A　（即正题）

提出反题：　$\overline{A}$　（$\overline{A}$ 与 A 为矛盾关系）

作出引申：　$\overline{A} \rightarrow B$　（即为反题找一后件）

否定引申：　$\overline{B}$　（根据事实或科学原理）

否定反题：　$\overline{A}$ 是假的　（根据充分条件假言推理“否定后件式”）

证明正题：　A 是真的　（根据双重否定）

提出反题，这是反证法最主要的特征。

三、证明的综合运用

一个复杂证明的内部必然包含多个子证明。如果一个证明因包含多个子证明，从而形成一个复杂的证明的综合体，那么，子证明中的关系或是并行不悖或是层层迭套的。如果情况属于后者，那么，一定有一个把其他子证明组合起来的主框架，这个主框架可称之为“主证明结构”。主证明结构常常是演绎证明、归纳证明、类比证明。

例如：

马克思主义是一种科学真理，它是不怕批评的。如果马克思主义害怕批评，如果可以批评倒，那么马克思主义就没有用了。

以上两句话包含了两个证明，第一个证明是直接证明，第二个证明是间接证明。

上述文字的第一句，实际上就是一个省略式，补足之后如下：

科学真理是不怕批评的，

马克思主义是一种科学真理，

———————————

马克思主义是不怕批评的。

它的论题是：马克思主义是不怕批评的。它的论据有两个，即三段论的两个前提。

上述文字的第二句是一个间接证明的反证法：

如果马克思主义害怕批评，那么马克思主义就没有用了；

马克思主义是一种科学真理，是有用的，

所以，马克思主义是不怕批评的。

在上述文字中，两个证明间的关系是并行不悖的。一段文字往往包含多个证明。在很多情况下，其中的关系要复杂得多，下述短文便是一例。

专家学者反复强调科学合理的膳食结构对儿童的健康成长的重要性，他们认为滥补有害于儿童的健康，这种做法对儿童来说无异于拔苗助长。

人体对微量元素的需求包含两方面的内容：首先，微量元素的供给应当充足；其次，微量元素的供给应当平衡。二者缺一不可。

专家学者认为，人体对微量元素的需求量甚微，健康的人从日常饮食中就可获取足够量的微量元素，不再需要从其他的途径予以补充。例如，钙的摄入就是如此。我们都知道，在常见的食品中，虾皮是含钙量最高的食品，只要食用少许就可满足人体对钙的需求。另外，牛奶也是补钙的良方，100 ml 的牛奶，其含钙量已经超出了国家有关方面所推荐的强化标准的 50%。过量地补充某些微量元素可能会对人体造成直接的伤害，过量地补铁、补锌、补碘、补钙都是如此，其危害多次见诸媒体。尽管如此，目前家庭中出现的给孩子滥补钙及其他营养品的势头却并未被根本扭转。

另外，人体对营养的需求是均衡的，对微量元素的需求也是这样。专家学者曾多次警告我们，若过量地补充某一元素就可能妨碍人体对另一种微量元素的吸收，从而导致营养不良。例如，孩子如果体内缺锌就会影响其身体和智力的发育；而过量的补充锌元素，则会抑制人体对铁元素的吸收，久而久之会造成儿童缺铁性贫血。摄入过量的钙元素危害更大,不仅会明显地抑制人体对铁的吸收,而且高钙还会减少人体对磷的吸收——磷也是骨骼的重要成分;此外,过量摄取钙,还会增加肾结石形成的危险。

过量摄取微量元素会造成危害,过量摄取营养滋补品的危害也不可忽视。某些滋补品含有人参、蜂王浆等成分,儿童经常食用,能引起儿童性异常发育,骨骺提早闭合,造成身体矮小。

上述短文就是一个证明,它的论题是"滥补有害于儿童的健康"。这个证明分三步进行。

第一步,首先论证了"正常的饮食即可保证微量元素的摄取,而微量元素的过量摄取是有害的"。

第二步,论证了"微量元素的不均衡摄取是有害的"。

第三步,论证了"某些滋补品对儿童也是十分有害的"。

通过这三步的证明,最后证明了论题。三步证明中的每一步,都是一个相对独立的子证明,它们都有自己的肢论题,围绕这三个肢论题进行论证的是其各自的论据;这三个肢论题对"滥补有害于儿童的健康"这一总论题而言,则是总论题的论据。因此,在这个证明中,证明分为两个层次。第二个层次最后证明了论题;第一个层次所证明的,在第二个层次中只作为论据。这个证明所采用的证明方式为直接证明。

上述短文中关于"补品"的证明的主体结构是一个归纳证明,其与子证明的关系是层层迭套的。

再如:古希腊唯物主义哲学家伊壁鸠鲁以同宗教迷信作斗争闻名于世。他写道:

我们不得不承认上帝愿意扑灭世界上的邪恶,但他做不到;或者他能够做到,但是他不愿做;或者他既不愿做,又做不到;最后,或者他愿意做,也能够做到。

如果上帝愿意做,但是他确实做不到,这就说明上帝不是全能的。

如果上帝能够做到，但是他不愿做，这就说明上帝不是全善的。

如果上帝既不愿做，又不能够做到，这就说明上帝既不是全能的，又不是全善的。

如果上帝既愿做，又能够做到，那么，在我们的这个世界上为什么还有邪恶的存在？

上述这个证明就是一个演绎证明，它把上帝是否"愿意"与是否"能够"的四种组合一一列举出来，即 P_1，P_2，P_3，P_4。接着，构造了一个四难推理如下：

P_1 → 上帝不是全能的。

P_2 → 上帝不是全善的。

P_3 → 上帝既不是全能的，又不是全善的。

P_4 → 世上就没有邪恶了。

$P_1 \vee P_2 \vee P_3 \vee P_4$，

———————————————

上帝不是全能的或者不是全善的，或世上无邪恶。

在这个结论的基础上又进行了一个"否定一肯定"式推理：

上帝不是全能的 ∨ 上帝不是全善的 ∨ 世上无邪恶；

并非世上无邪恶，

———————————————

上帝不是全能的 ∨ 上帝不是全善的。

得出这个结论，就算否定了上帝本身；因为，上帝之所以成为上帝，全在于上帝的"全能、全善的本性"。这个关于"上帝并不存在"的证明的主证明结构就是一个演绎证明，其与子证明的关系也是层层迭套的。

事实上，在一个包含多种推理形式的复杂证明中往往以演绎证明或归纳证明作为主体结构，以类比证明作为主体结构的情况是很少见的。

无论证明的主体结构是演绎证明、归纳证明还是类比证明，其局部结构都可能是任何一种证明。

第三节　反　驳

反驳就是用已知为真的判断去确定其他判断的虚假性的论证方式。它是论证的第二种形式。

一、反驳的构成

反驳由三个要素构成，即反驳的论题、反驳的论据和反驳的方式。

反驳的论题就是其虚假性需要加以确定的判断。

反驳的论据就是已知为真的判断，人们通过它去确定要反驳的论题的虚假性。

反驳的方式就是指论据和反驳论题之间的联系方式。

例如：

20世纪30年代，梁实秋等人提出“大多数就没有文学，文学就不是大多数的”观点；而鲁迅则坚持文学应为广大劳动群众服务的主张。他对梁实秋等人的观点反驳道：

“倘若说，作品愈高，知音愈少，那么，推论起来，谁也不懂的东西，就是世界上的绝作了。”

要反驳的论题：“文学就不是大多数(人)的”。

反驳的论据：鲁迅先生的两句话。

反驳的方式：归谬法。

二、反驳的种类

反驳可以分为直接反驳和间接反驳；根据反驳的主要结构所采用的推理方法，反驳还可以分为演绎反驳、归纳反驳和类比反驳。

1. 直接反驳。所谓直接反驳，就是引用事实、判断或理论观点作为反驳的论据，直接确定要反驳的论题的虚假性的论证方式。

例如：蔡伦发明了造纸术，这是全世界都认可的，但下述的直接反驳却驳倒了这个说法。

1957 年,在西安市东郊的灞桥古墓中出土了“灞桥纸”;其后,1973 年在甘肃居延汉代金关遗址发现了“居延纸”;1978 年,在陕西扶风中颜村汉代窖藏中,出土了西汉时期的“扶风纸”;1979 年敦煌出土了“马圈湾纸”;再后是 1986 年,在甘肃天水市附近的放马滩古墓中,出土了西汉初年文、景二帝时期的放马滩“纸地图”;1990 年,在敦煌甜水井西汉邮驿遗址中发掘出了多张麻纸,其中 3 张纸上还写有文字。

所以,有人认为早在西汉初期,我国已发明了造纸术,而且当时造出的纸已经可以用于书写文字,这比蔡伦早了两三百年。并由此推断:蔡伦只是造纸术的改造者,而不是发明者。

再如:

人们总认为:“单项转氨酶升高一定是肝炎”,可张医生告诉我们,单项转氨酶升高并非一定是肝炎。因为,人体内除肝脏外,还有多个器官和组织中存在谷丙转氨酶,凡是存在这种酶的组织器官发生病变,都可使血清转氨酶升高。所以,转氨酶升高不一定是肝脏病变,更不一定是病毒性肝炎,胆道疾病、肺结核、脂肪肝等疾病也可以引起转氨酶升高。

这个反驳也是一个直接反驳,张医生通过其他很多脏器也都存在谷丙转氨酶,而这些脏器的病变也都可以使“血清转氨酶升高”这一事实,反驳了“单项转氨酶升高一定是肝炎”这个错误观点。

直接反驳可以是使用演绎推理的直接反驳,也可以是使用归纳、类比推理的直接反驳。

下文是鲁迅对梁实秋的错误观点所作的反驳:

梁先生首先以为无产者文学理论的错误,是把阶级的束缚加在文学上面,因为一个资本家和一个劳动者,有不同的地方,但还有相同的地方,他们的人性并没有两样,例如都有喜怒哀乐,都有恋爱,“文学就是表现人这最基本人性的艺术”。这些话是矛盾而空虚的。……文学不借人,也无以表示“性”,一用人,而且还在阶级社会里,即断不能免掉所属的阶级性,无须加以束缚,实乃出于必然。自然,“喜怒哀乐,人之情也”,然而穷人决无开交易所折本的懊恼,煤油大王哪会知道北京拣煤渣老婆子身受的酸辛,饥区的灾民,大约总不会去种兰花,像阔人的老太爷一样,贾府上的焦大,也不爱林妹妹的。

反驳中列举了关于“穷人”“煤油大王”“北京捡煤渣老婆子”“灾民”“老太爷”“焦大”“林妹妹”的事例,说明在文学作品中,对人的描写,一定带有阶级的烙印,这不是作家有意把阶级的束缚加在文学上面,而是“实乃出于必然”。在这个直接反驳中使用了归纳反驳方法。

2. 间接反驳。所谓间接反驳,就是不直接指出对方论题的错误,而是运用逻辑基本规律——矛盾律,间接推出被反驳论题的虚假性的论证方式。

间接反驳有两种方法:

(1)独立证明。这种反驳的方法是先证明与对方的论题相矛盾或反对的论题为真,而后根据矛盾律——两个互相矛盾或反对的判断不能同时为真,必有一假——从业已证明的论题之真,间接证明被反驳论题的虚假性。例如:

学生都十分关心自己的考试成绩,升学考试尤其如此。中考虽不比高考那样“性命攸关”,但对考试成绩感到遗憾或困惑的学生仍愿以每科成绩交费三元的代价核实自己的成绩。但是核实过程太不透明,有些学生反映说:“我们查分还要把自己的分数报上,他们又不让我们看怎么查,谁知道查过没有。”对这种不透明的核查过程,有关人员表示事出无奈,认为,“把试卷直接交给考生或家长查是不可能的。”中国人民大学法学院的一位同志指出,中招办的这种不透明的查分程序妨碍了考生的知情权,行政行为必须公开。他认为,我国的教育领域的法制化工作必须加强,只有不断提高行政机关行政行为的透明度和公开性，考生的“知情权”才能得到保障。

在上面这段文字中，作者从法律的角度用独立证明方法，证明了考试成绩管理必须公开、透明，间接反驳了“透明”的核查是“不可能的”，而“不透明”的核查则是“事出无奈”的错误观点。其中所使用的推理为一标准的AAA式：

行政行为必须公开、透明，

考试成绩管理是行政行为，

考试成绩管理必须公开、透明。

独立证明这种反驳方法既可同时是演绎反驳，又可同时是归纳反驳，还可同时是类比反驳。上述反驳就同时既是独立证明又是演绎反驳。

（2）归谬法。这种方法就是先假定被反驳的论题是真的，然后据此推导出荒谬的结论来，运用充分条件假言推理的“否定后件”式，证明被反驳论题不能成立。例如：

觊觎A国领土南海诸岛的大有人在。50多年前有一个B国人，偷偷地爬上了A国南海诸岛中的一个小岛来游玩，后来他在这个岛上种了些菜和椰子树并贴出告示，宣称这些岛屿归B国人所有。过了一段时间，居然由有关人士站出来声称这些岛屿是属于B国的，其所持的唯一理由就是，这些岛屿离B国最近。A国报纸评论员写文章批驳了他们这种错误的观点，指出：

“的确，A国的南海诸岛距离B国最近。但是，难道这就可以成为B国占据这些岛屿的理由吗？如果这个‘理由’可以成立，那么我们同样可以说，B国群岛距离A国最近，A国岂不是可以任意占据B国群岛了吗……”

归谬法的逻辑过程从结构方面来分析，大致如下。

要反驳的论题：　　　A

假定要反驳的论题真：　A

作出引申：	$A \rightarrow B$（为要反驳的论题找一后件）
否定引申：	$\overline{B}$（根据事实、常理或科学原理）
否定反驳的论题：	A 是假的
反驳了论题：	A

在上述 A 国报纸评论员写的这个反驳文章中，就使用了归谬法去反驳对方的论题。其中要反驳的论题为：如果一个国家离某些岛屿最近，那么这些岛屿归这个国家所有。

反驳的第一步，假定要反驳的论题可以成立。

反驳的第二步，在假定的基础之上作出引申：A 国距离 B 国群岛最近，所以，A 国是可以任意占据 B 国群岛的。

反驳的第三步，引申出的结论的荒谬性不言而喻。

反驳的第四步，否定要反驳的论题：如果一个国家离某些岛屿最近，那么这些岛屿归这个国家所有。

反驳的第五步，反驳论题：如果一个国家离某些岛屿最近，那么这些岛屿归这个国家所有。

归谬法的最根本的特征在于，它权且承认或者说退一步假定所要反驳的论题为真，进而论证其为假。其他任何反驳方法或证明方法都不具备这个特征。

某些人常把反证法与归谬法混为一谈，其原因往往是这两种方法都采用充分条件假言推理的“否定后件式”。正确地区分二者并不是难事，它们之间的区别主要有以下两点：

首先，使用场合不同，反证法用于证明，而归谬法用于反驳。

其次，反证法是“反其道而行之”，反“论题”之道而行之，论证反题之“不可行”；归谬法则是顺其自然，顺“要反驳的论题”之自然，论证“要反驳的论题”之“不自然”。

三、反驳的着手点

反驳可以从对方证明三个要素中的任一环节着手，可以反驳对方的论题，可以反驳对方的论据，也可以反驳对方的论证方式。但是，不同的反驳着手点会导致不同的反驳效果。

1. 反驳对方的论据。例如：

在中苏交恶时期，苏联曾攻击我国，说“中国具有民族扩张主义”，其论据便是：“中国的长城是中华民族抵御外辱用的，而今天中国国界却在长城以外”。当时我国反驳道：如果以历史的某道城墙为今天的国界，那苏联的领土应仅仅限于克里姆林宫的围墙之内。

上述这个反驳通过类比推理构造出一个后件不可接受的假言判断，运用归谬法，间接地反驳了对方，但着手点却是对方的论据。反驳对方的论据，只能说明对方的论题是建立在一个虚假的论据之上的，但并不足以驳倒对方的论题。

下面的例子很极端，但可能更直观：

木头能思维，

张三是块木头，

所以，张三能思维。

如果我们要反驳论题“张三能思维”，仅仅靠证明“木头能思维”是一虚假论据是不够的。反驳了这个论据只能说明其论题的推出没有合理的、站得住脚的论据，但绝不说明论题“张三能思维”是虚假的，是已经被驳倒了的。

2. 反驳对方的论证方式。反驳对方的论证方式，同样也只能说明其论题的推出没有经过合理的、合逻辑的论证，但绝不说明论题是虚假的，是已经被驳倒了的。例如：

有人能思维，

张三是人，

所以，张三能思维。

如果一个论证中含有上述推理，那这个论证便犯了“推不出”的错误，因为这个论证所依据的这个三段论，其中项一次都没有周延。如果我们成功地反驳了对方的论证方式，指出其论题是“推不出”的，也绝不等于证明了其论题的虚假性，也不等于说论题已经被驳倒了。

3. 反驳对方的论题。反驳对方的论题是唯一可以驳倒对方的着手点。所以，如果要想驳倒苏联对我国的攻击，唯一的着手点只能是它的论题，只能揪住它的论题不放，而对其论据和论证方式的反驳虽然也是有益的，但其作用却只是辅助性的。

不同的着手点导致不同的反驳效果，如果我们需要某一特定的反驳效果，那我们只能针对具体要求来选择反驳的着手点。

第四节　论证的规则

一个正确论证之所以是正确的，是在于它符合论证的规则。论证由三个要素构成，对每一个要素而言，都有相应的规则去约束它。

一、关于论题的规则

1. 论题必须清楚、明确。也就是说，作为反映论题思想的判断，应当是明确的、不会引起歧义的，否则就要犯“论题模糊”或“论旨不明”的逻辑错误。例如：

托洛茨基在对自己的政治立场作申辩时，回答说：“我加入布尔什维克这件事本身……已经证明，我已经把过去所有那些使我和布尔什维克分开的东西放在党的门口了。”

在托洛茨基的回答中，人们看不出他是否放弃或改变了自己原有的孟什维克的立场，也看不出他是否接受了布尔什维克的立场和观点。因为“放在党的门口”这一说法，既可以被理解为“接受了布尔什维克的立场和观点”；又可以被理解为把“自己原有的孟什维克立场”寄放在某处；还可以被理解为，他本人就是一个机会主义者,进了人世说人话,进了鬼界说鬼话。

他的论证所犯的错误便可以说是“论题模糊”或“论旨不明”。

2. 论题应当始终保持同一。也就是说,有了明确的论题还不够,必须把这个论题贯彻始终。否则,就会犯“转移论题”或“偷换论题”的逻辑错误。在一般情况下,不自觉地违反了这条规则可以说是犯了“转移论题”的逻辑错误;如果是故意违反这条规则,则可以说是犯了“偷换论题”的逻辑错误。

例如,在壮族歌剧《刘三姐》中有这样一段唱白:

刘三姐唱:“高高山上低低坡,三姐爱唱不平歌。再向秀才问一句,为何富少穷人多?”

陶秀才唱:“穷人多者不少也。”

李秀才唱:“富人少者是不多。”

罗秀才唱:“不少非多,多非少。”

从对歌中可知,刘三姐要求三位秀才说明“为何富少穷人多”,而三位秀才理屈词穷之际,竟然采用了“偷换论题”的手法,论证“多与少之间的关系”,以躲避论题。

“转移论题”或“偷换论题”的逻辑错误有很多种具体表现形式,像三位秀才那样采用完全偷换或转移论题的情况虽不在少数,但更多的情况却是“证明过多”或“证明过少”。

例如:如果你的论题为“逻辑学在科学技术现代化中应起的作用”,而你实际只论证了“普通逻辑学在科学技术现代化中应起的作用”,那你实际上就“证明过少”了,因为你至少没有涉及数理逻辑;反之,如果你实际论证的是“社会科学在科学技术现代化中应起的作用”,那你实际上就“证明过多”了。

二、关于论据的规则

1. 用于证明论题的论据应当真实、可靠,无可怀疑,否则就犯了“虚假论据”的错误或“预期理由”的错误。犯了“虚假论据”的错误的论据一定是假的，而犯了“预期理由”错误的论据则是真假不定的。

例如：

现在很少有人再提“阶级性”一词了，但在二三十年前它却是一个十分时髦的词汇。当时，科学都是有阶级性的，社会科学有，自然科学也有。那时，“四人帮”及其一伙的主要论据是：任何科学都是由具体的人来进行研究的，而人却是有阶级性的，因此，人的阶级属性不可避免地反映到他所研究的科学上；另外，科学掌握在不同阶级手中，其结果也是大不相同的，掌握在无产阶级手中就为无产阶级服务，而掌握在资产阶级手中就为资产阶级服务。因此，包括自然科学在内的科学都是有阶级性的。

上述论证所犯的错误就是“虚假论据”的错误，“四人帮”及其一伙的两条论据都是站不住脚的。因为，即便人是有阶级性的，那充其量只能影响他的观点和理论，而绝不会影响科学本身。至于“科学掌握在不同阶级手中便为不同阶级服务”这点则更不能成为“科学都是有阶级性的”这一论题的论据；恰恰相反，它应该是“科学都是没有阶级性的”这一论题的论据。

再如：

有一家人，老两口基本没有文化，儿子不太成器，参加高考多年，一直未被录取。最近看见儿子老把自己关在屋子里，老爷子非常高兴，对老伴说：“儿子这些日子和以前大不一样，他一定在努力用功，看来，今年考上大学没有问题。”

在这里，老爷子的说法是有问题的，他所犯的错误便是“预期理由”的错误。他把自己一直预期的东西，当作已经实现的东西。当然，“儿子老把自己关在屋子里”，这似乎是他产生错误预期——“儿子一定在努力用功”的“根据”，但是，从前者是推不出后者的。后者属于真假未定，以真假未定的东西作为论据去论证“今年考上大学没有问题”，就犯了“预期理由”的错误。

2. 论据的真实性不能用论题来加以证明。这是因为论题的真实性本身就是需要论据来加以证明的，而如果论据本身的真实性反过来又需要借助于论题方可以证明，那就本末倒置了，这样的论证所犯的逻辑错误叫作“循环论证”。例如：

在“十年动乱”中，对所谓“历史反革命”有明确规定：凡历史上曾在国民党部队中任连长以上职务的人，在伪地方政权任乡长以上的人，在伪公安机关任督察以上的人及参加中统、军统特务组织的人等都算“历史反革命”。

有一次，“造反派”对一历史上曾任伪乡长的人“隔离审查”。

“造反派”问：你是否思想反动？

被“隔离审查”者答：是很反动。

“造反派”问：你为什么思想反动？

被“隔离审查”者答：因为我当过伪乡长。

“造反派”问：那你为什么当伪乡长？

被“隔离审查”者答：因为我思想反动。

在上述对话中被“隔离审查”者所犯的错误就是“循环论证”。被“隔离审查”者很可能是故意犯这种错误，其目的无非是想表示他对“十年动乱”中的“清理阶级队伍”这一运动的不满和抵触。

三、关于论证方式的规则

以论据证明论题时要符合逻辑规律或有关推理规则，否则就要犯“推不出”的逻辑错误。例如：

在一次结婚庆典上，证婚人说：“这对年轻人婚前相爱多年，因此，婚后一定会白头偕老。”

证婚人的话可能是在这种特定场合里的客套话，不足为奇，但是它确实犯了逻辑错误。只凭“婚前相爱”是推不出“婚后一定会白头偕老”的，因为这二者之间并不存在条件关系。证婚人所犯的逻辑错误便是“推不出”。

在以上三个方面的规则中，只有关于论证方式的规则是涉及推理的。一个错误的论证常常同时犯多个错误，人们在分析一个论证的错误时往往是找到一个错误，便以为全部分析工作已经结束，而忽略了对其他错误的分析；“推不出”就是在分析中经常被忽略的一个错误，应引起特别注意。

第十一章 普通逻辑的基本规律

第一节　概　述

普通逻辑的基本规律有四条:同一律、矛盾律、排中律和充足理由律。

同一律、矛盾律、排中律形成很早,它们是由亚里士多德及其弟子提出并完善的;充足理由律则是在前三条规律提出 1 000 多年后由莱布尼兹提出的,但这条规律一直是逻辑学争论的焦点之一。

逻辑规律是人们在长期的认识活动中形成的。它既不是人头脑中固有的,也不是天上掉下来的,它是客观世界本身对思维提出的最基本的要求,它的产生有其必然的客观基础。

普通逻辑基本规律的客观基础,一是客观事物在它发展变化过程中的相对稳定性,或者叫作质的规定性。事物是不断发展变化的。但是,对任何一个事物而言,无论它处于运动变化过程的哪一个阶段,在一定的时间内,这个事物是否具有这种质的规定性,是有其确定性的,它不可能既具有这种性质,又不具有这种性质。这就是同一律、矛盾律和排中律的客观基础。二是客观事物之间相互制约、相互关联的普遍性,它是充足理由律的客观基础。

普通逻辑的基本规律概括了正确思维的最基本的要求,是运用概念、判断、推理这三种思维形式与各种逻辑方法所必须遵守的、共同的、最起码的思维准则,同时也是衡量思维过程是否合乎逻辑的标准。

第二节　同一律

同一律是要求思维具有确定性的一条规律。它的内容是:在同一思维过程中,每个思想与其自身必须保持同一。

一、同一律的运用

1. 同一律在概念上的运用。具体地说，在概念的运用上，同一律要求人们在同一思维过程中，运用的概念所反映的事物是确定的，也就是说，其内涵和外延必须确定，必须保持同一。

例如，“行政处分”这个概念有其特定的内涵和外延，它是指国家行政机关就具体事件依法所作的单方面的、对该事件发生法律效果的行为。罚款是其中的一种手段，但如果是毫无法律依据的、滥用职权的乱收费、乱罚款，那是不允许的。从行政法规上讲，应视为渎职；从逻辑规律上讲，是“偷换概念”，因为“罚款”与“乱罚款”是完全不同的概念。

再如，“行政裁量”是指国家行政机关在其职权范围内，基于法理或事理对某些事件所作的酌量处理。但如果把“行政裁量”当成罚款或等同于罚款，或者更甚一步把“行政裁量”当成是可以讨价还价的依据，那么这种“裁量”其实只不过是以权谋私。这样的处理与国家行政机关法规中的“行政裁量”完全不是一回事。从逻辑规律看，这也是“偷换概念”。

2. 同一律在判断上的运用。判断的运用也必须符合同一律的要求。在进行判断时，其断定的内容必须明确，必须保持同一；在论证过程中，论题必须首尾一致，换言之，就是必须保持同一。否则就违反了同一律。

例如：十年动乱一开始时是“横扫一切牛鬼蛇神”，后来，则是要“打倒走资本主义道路的当权派”。此口子一开，可非同小可，全国范围内的“当权派”纷纷被批斗，幸免者寥寥可数，就是对驻外使馆的领导也不例外。这样的现象之所以发生，其原因可能很多，但从逻辑上分析，就是把“打倒走资本主义道路的当权派”有意、无意地“转移”或“偷换”成“打倒当权派”了。

二、同一律的表达公式

同一律的表达公式是：

$$A \longleftrightarrow A$$

其中，A 表示任何一个概念、判断。

$A \longleftrightarrow A$ 是一个永真式，它所表示的意思是：在同一个思维过程中，每个思想自身必须保持同一。

同一律的公式与形而上学的公式 $a=a$ 不是一回事。在形而上学的公式中，a 指的是客观事物，而公式 $a=a$ 指的是事物的静止、不变等意思。在同一律的公式中，A 指的是概念、判断等，它完全没有否认事物的发展、变化的意思；相反，逻辑学认为概念、判断等是变化的，它既随人的认识的不断深化而改变，又随客观事物的发展变化而变化。

三、违反同一律的逻辑错误

违反同一律的要求，会犯以下两种逻辑错误：

第一，混淆概念和偷换概念。

混淆概念是无意识地违反同一律所犯的逻辑错误，它违反了同一律对“概念确定性”的要求。

偷换概念是故意违反同一律的“概念要有确定性”这一要求所犯的逻辑错误，通常只是指诡辩者惯用的一种手法。

第二，转移论题和偷换论题。

转移论题，写作里叫作离题、跑题或走题。所谓“下笔千言，离题万里”指的就是这回事。这是指在无意识的状态下违反了同一律对“论题前后应当保持同一”的要求而犯的逻辑错误。

偷换论题是指通过偷梁换柱的手法，故意把论证的论题改换成另外一个论题。它是有意识地违反同一律的“论题前后应当保持同一”这一要求时所犯的逻辑错误。

第三节　矛盾律

矛盾律的基本内容是：在思维的过程中，在同一时间，从同一方面，对同一个思维对象不能作出两个相矛盾的认识，或者说，我们不能同时肯定两个互相矛盾的论述。

例如，对四川綦江的彩虹桥，在同一时间，我们不能既说其已经垮塌，同时又说其尚未垮塌，因为这两种说法是互相矛盾的。

一、矛盾律的公式表达

矛盾律的基本内容可用文字描述为：

不能既肯定 A 又肯定非 A。

用公式可表示为：

$$\overline{A \wedge \overline{A}}$$

这个公式为永真式。其中，$A \wedge \overline{A}$表示逻辑矛盾，该式为永假式。如果在一个论述中出现了 $A \wedge \overline{A}$，那它一定违反了矛盾律。

例如，《韩非子·难势》篇中有这样一个典故：

楚人有鬻盾与矛者，誉之曰："吾盾之坚，物莫能陷也。"又誉其矛曰："吾矛之利，于物无不陷也。"或曰："以子之矛，陷子之盾，何如？"其人弗能应也。

我们从楚人的叫卖声中可引出两个相反的思想：

所有的东西可以被他的矛刺穿——A。

有些东西（他的盾）不可以被他的矛刺穿——$\overline{A}$。

由于既肯定了 A 又肯定了 $\overline{A}$，所以，楚人违反了矛盾律。

再如，1945 年，毛泽东在《第十八集团军总司令给蒋介石的两个电报》一文中，揭露了蒋介石的逻辑矛盾：

我们从重庆广播电台收到中央社两个消息，一个是你给我们的命令，一个是你给各战区将士的命令。……我们认为这两个命令是互相矛盾的。照前一个命令，“驻防待命”，不进攻了，不打仗了。现在日本侵略者尚未实行投降，而且每时每刻都在杀中国人，都在同中国军队作战，都在同苏联、美国、英国的军队作战，苏美英的军队也在每时每刻同日本侵略者作战，为什么你叫我们不要打了呢？照后一个命令，我们认为是很好的。“加紧作战、积极推进、勿稍松懈”，这才像个样子。只可惜你只把这个命令发给你的嫡系军队，不是发给我们，而发给我们的另是一套。

在日本帝国主义即将彻底完蛋的时候，蒋介石有两个命令：一个是“驻防待命”，不进攻了，不打仗了；另一个是“加紧作战、积极推进、勿稍松懈”。其目的如司马昭之心，路人皆知。但这两个命令是互相矛盾的。毛泽东从揭露蒋介石违反矛盾律的逻辑错误开始，引导全国人民进一步认清蒋介石的抢占地盘、抢摘抗日果实的真实目的。

二、矛盾律的要求

矛盾律要求我们防止对互相矛盾的两个判断同时加以肯定。因为凡具有矛盾关系的两个判断之间都存在这种互不相容的关系。矛盾律的作用就是找出思维中自相矛盾的地方，保持思维的不矛盾性。这种要求可简单地描述为防止“两可”之说，“两”的含义是“两个相矛盾的判断”，“可”的含义是“肯定”。

三、违反矛盾律的错误

违反矛盾律的错误就在于在同一个思维过程中，对一个思维对象在既肯定“它是什么”的同时又否定“它是什么”，从而作出了相矛盾的两个判断。这种错误叫作“两可”，犯有这种错误的论述叫作“两可之说”。

四、矛盾律的作用

矛盾律只能确定矛盾双方必有一假。有些理论认为矛盾律还要求我们在矛盾的两个判断中指出其中一个判断是假的，这种要求有些牵强；因为在很多场合，由于认识能力和知识背景所限，人们对很多“相反对或矛盾的两判断”感到无能为力，不可能指出哪一个判断是假的。例如，这里有三组互相矛盾的判断：

梵·高的耳朵是自己割去的。

梵·高的耳朵不是自己割去的。

人类基因总数是在两万五至三万五之间。

人类基因总数不是在两万五至三万五之间。

卡斯特罗一定有接班人。

卡斯特罗不一定有接班人。

在上述三组互相矛盾的判断之中，有谁能指出哪一个判断是假的？显然，这是一个事实判定问题而非逻辑上的形式判断问题，这就需要人们具备相应的背景知识和认知能力，而仅仅具备逻辑的推演能力，则是力不从心的。如果矛盾律非要人指出哪一个判断是假的，其结果无异于让人去抛硬币以决定取舍。这样的要求等于让人去犯错误。因此，矛盾律的作用仅仅是防止“两可”，而决不要求我们确认其中哪一方“不可”。

作为矛盾律作用的延伸，它可以间接地处理反对关系问题。例如：

每个人都是善良的又不是善良的。

它肯定了互相反对的两个判断：

A —— 每个人都是善良的。

E —— 每个人都不是善良的。

但由于 $A \to I, E \to O$，所以，同时肯定了 A 和 E 就等于同时肯定了 A 和 O，或同时肯定了 E 和 I，从而导致了“虽然人都是善良的，但有些人例外”和“尽管人都不是善良的，但有些人例外”这样的逻辑错误。因此，我们就可以说，同时肯定 A 和 E 也违反了矛盾律，犯了“两可”的错误。

五、悖论

悖论是一种很特殊的逻辑矛盾。例如“理发师悖论”，这是一个经典的悖论。

传说有个理发师，他定了一条规矩，他“只给不自己刮胡子的人刮胡子”。可巧的是，理发师本人也是个大胡子，也需要刮胡子。于是问题出来了，他自己的胡子怎么办？

如果理发师给自己刮，那么他就属于“自己刮胡子的人”，这样，他就不能给自己刮，否则，就破坏了自己定的规矩。

如果理发师不给自己刮，那么他就属于“不自己刮胡子的人”，这样，他就必须给自己刮，否则，也破坏了自己定的规矩。

这样，从理发师的“规矩”及他的“胡子”便可同时引出两个判断，以 A 表示自己刮，$\overline{A}$表示不自己刮，则有：

$$①\ (A \to \overline{A}) \land (\overline{A} \to A)$$

$$②\ (\overline{A} \lor \overline{A}) \land (A \lor A)$$

$$③\ \overline{A} \land A$$

而公式③本身就是逻辑矛盾，这意味着悖论也是一种逻辑矛盾，但它比较特殊，需经过多重推导方可见庐山真面目。

悖论在西方哲学研究中是个很热门的研究课题。悖论产生的原因是由于“涉及自身”。如果理发师把规矩改为“只给除自己以外的、其他不自己刮胡子的人刮胡子”，那么悖论便消失了。因为他的规矩已不涉及自己的胡子了。如果理发师既要保留原来的规矩，又要悖论不出现，那是不可能的。除非他不长胡子，如果他不长胡子,悖论也不会出现,因为,他的规矩已涉及不到自己的“胡子”了。

由此可见,悖论产生的原因是由于“涉及自身”,而避免悖论产生的方法则是避免“涉及自身”。

第四节 排中律

排中律的基本内容是:在思维的过程中,在同一时间,从同一方面,对同一个思维对象要么肯定它是什么,要么肯定它不是什么;不能既否定它是什么,又否定它不是什么。或者说,在同一个时间,从同一个方面,对同一个思维对象作出两个相矛盾的认识,不可都加以否定,否则就违反了排中律。

比如,对某个国家而言,我们不能既否认“这个国家是资本主义国家”,又否认“这个国家不是资本主义国家”。“这个国家是资本主义国家”与“这个国家不是资本主义国家”是矛盾关系的两个判断,二者必居其一,故不能一概加以否定。

具有矛盾关系的两个判断,必定一真一假,而没有第三种可能。排中律要求我们对矛盾关系的两个判断不能同时都加以否定。

一、排中律的公式表达

排中律的基本内容可用文字描述为:

要么肯定 A 要么肯定非 A。

用公式可以表示为:

A 要么非 A

二、排中律的作用

排中律的作用是防止“两不可”,“两”的意思是“两个相矛盾的判断”（它与矛盾律中“两”的含义没有区别），而“不可”的意思是“否定”。排中律只能确定矛盾双方必有一真。

有些理论认为，排中律还要求我们在相矛盾的两个判断中指出其中一个判断是真的，这种要求也是强人所难的，这就如同要求矛盾律解决相互矛盾的两判断之间何者为假一样没有意义。因此，排中律的作用仅仅是防止“两不可”，而绝不要求我们确认哪一方“可”。

正如某些理论认定矛盾律直接处理反对关系问题，还有另一些理论认定排中律直接处理下反对关系问题。其实正像矛盾律对反对关系问题的处理是间接的、延伸性的一样，排中律对下反对关系问题的处理也是间接的、延伸性的。例如：

所有人都同情小张，所有人都不同情小张。

这个说法永远是假的，它间接地违反了矛盾律，因为虽然它同时直接否定的两个判断具有反对关系，但事实上却间接否定了两个互相矛盾的判断 。将上述说法表述出来，则有：

并非“A 并且 E”

但由于 $A \rightarrow I$ ，$E \rightarrow O$ ，所以，上述说法可被延伸为：

并非“ I 并且 E”

或

并非“A 并且 O”

被延伸的这两个说法永远是假的。上述说法可被延伸为：

非 I 并且非 O

如果说“A 并且 E”违反了矛盾律，那么“非 I 并且非 O”就违反了排中律。很明显，排中律可以间接地处理下反对关系问题，这个说法同样也是成立的。

三、违反排中律的错误

违反排中律的错误就是“两不可”，而这正是排中律所要防止的，普通逻辑学提出排中律的目的就在于使这种情况得以避免。

例如，对某位干部而言，如果我们既否认“他是廉洁的”，又否认“他不是廉洁的”，那么，我们就因违反排中律而犯有“两不可”的错误。

四、复杂问句与排中律

根据排中律的要求，当我们面临着两个相矛盾的判断时，或当问题被以非此即彼的方式提出时，对矛盾双方虽不必表示明确的取舍，但绝不允许同时加以否定，因为矛盾的两方必定“一真一假”。既有“一真”，便不可加以否定，否则便“弄真成假”了；同样，既有“一假”，也不可加以否定，否则便“弄假成真”了。若同时加以否定，便违反了排中律的要求，犯了“两不可”的错误。

在某些问题中上述要求可不予考虑。例如：“你戒烟没有？”对这个问题，有人回答“没戒”，有人回答“戒了”，有人回答“既不能说戒了，又不能说没戒”。作第三种回答的人肯定没有吸烟的经历，才开了这么一个玩笑。说其开玩笑，因为从形式上看，他违反了排中律，同时否定了两个互相矛盾的判断。这类问句叫作复杂问句，复杂问句是有预设的问句。上面的问句就预设了回答此问题的人要“有吸烟的习惯”。一个复杂问句只有在预设成立的情况下，才是有意义的，如果预设不成立，那么，复杂问句就是一个无意义的问句。如果一个复杂问句的预设对你来说并不成立，对这类问句的回答就可以采用上述第三种回答形式——“既不能说戒了，又不能说没戒”；也可直接否定这句话的预设，回答说：“我不吸烟。”

五、排中律与矛盾律的区别

排中律与矛盾律的区别主要表现在两个方面：一是要求不同；二是违反之后所犯的错误不同。

排中律与矛盾律在运用上时常发生混淆不清的情况，就连某些教科书也不例外。碰到具体问题学生常常弄不清应用哪个规律来进行分析。例如：

这个意见十分全面，但还有些问题。

不能说这个意见十分全面，但也不能说还有些问题。

第一句话违反了矛盾律，因为它肯定了两个互相矛盾的判断，犯了“两可”的错误。

第二句话违反了排中律，因为它否定了两个互相矛盾的判断，犯了“两不可”的错误，从“不能说”三个字可以看出两个互相矛盾的判断分别被否定了。

再如：

所有人都既是自私的又不是自私的。

不能说所有人都既是自私的又不是自私的。

第一句话违反了矛盾律——间接地违反，因为它肯定了两个互相反对的判断 A 和 E。但由于 $A \rightarrow I, E \rightarrow O$，所以，肯定了 A 和 E 就等于肯定了 A 和 O 以及 E 和 I，这样它就犯了“两可”的错误。

第二句话没有违反排中律，因为虽然它否定了两个判断，但这两个判断不是互相矛盾的而是互相反对的，所以不能说它犯了“两不可”的错误。从“不能说”三个字可以看出它对两个判断分别采取了否定态度，但所否定的是两个互相反对的判断。排中律只对互相矛盾的判断起作用，不对互相反对的判断起作用。

同一律、矛盾律与排中律，三者联系紧密，相辅相成，浑然一体。同一律提出总的要求；矛盾律告诉我们不能同时肯定两个互相矛盾的判断；排中律则告诉我们不能同时否定两个互相矛盾的判断。正因如此，莱布尼兹才认为人类的认识是建立在“两大原则”基础之上的。他提出的第一个原则是“矛盾原则”，第二个原则是“充足理由原则”。本书认为，他的第一个原则实际是同一律、矛盾律与排中律三者的总括，而他只不过是认为矛盾律更重要，便认可其为第一个原则的代表罢了。值得注意的是，莱布尼兹的第二个原则至今仍只有充足理由律一条规律，不免使人觉得遗憾。

第五节 充足理由律

充足理由律是普通逻辑学的第四个基本规律。

一、充足理由律的基本内容

充足理由律的基本内容是：在思维过程中，一个判断被断定为真，总是有充足理由的。

二、充足理由律的表达

充足理由律的公式用文字可表达为：

A 真，因为 B 真，并且从 B 能推出 A

充足理由律用符号可表达为：

$$B \land (B \to A) \to A$$

这个公式中的 A 代表在思维过程中被断定为真的那个判断，B 表示推出 A 的理由，$B \to A$ 表示理由 B 与推断 A 之间具有可推性的关系。

例如：惰性元素的原子很难同其他元素的原子结合为分子。其根据有二：其一，惰性元素的原子其最外层的电子是饱和的；其二，因为惰性元素其原子最外层的电子是饱和的，所以，这种原子很难同其他元素的原子结合为分子。这样，“惰性元素的原子很难同其他元素的原子结合为分子”就是一个有充足理由的判断。

三、充足理由律的要求

充足理由律的要求分成两个方面：一个是内容方面的；另一个是形式方面的。内容方面的要求反映在论证上，是要求“论据真实可靠”，否则，便犯了“虚假论据”和“预期理由”的错误。形式方面的要求反映在论证上，则是要求“能从论据推出论题”，否则，便犯了“推不出”的错误。

违反“论据真实可靠”这一要求就会犯“虚假论据”和“预期理由”的错误；而“虚假论据”和“预期理由”的错误是很多错误的总称，有很多教材把这些错误统称为非形式谬误而不作进一步探讨。如果把这类错误细化，那么，这类错误常见的形态有“诉诸武力”“诉诸权威”“诉诸多数”“诉诸怜悯”“诉诸无知”“诉诸教条”“人身攻击”“拒绝争辩”等。

“诉诸武力”(Fallacy of Force)就是以武力或实力甚至以体罚作为论证的“论据”。现在世界上强权政治就是典型的例证。

校园内的体罚也是这类错误的表现之一。说服教育工作是学校的天职，如果通过制定一些体罚性或惩罚性条款甚至脆以罚款来取代或减轻自己的本职义务，那只能说明学校管理者的无能。

“诉诸武力”在家庭教育上也是司空见惯的。“你必须做什么，否则你就会有什么什么遭遇”的教育方式，实际也意味着同样的逻辑错误。

“诉诸权威”是另一种常见的逻辑错误。现实生活中“以人言为据”或“以人为据”的思维方法就是这种逻辑错误的具体体现，它经常出现于理论研究和国家政治生活中。

例如，我国的“红学”研究就是一个突出的例证。仅仅根据个别领导人对《红楼梦》的一点看法，就会有那么多的人从事对它的研究并进而成为研究《红楼梦》的专家——“红学家”。

如果说“诉诸权威”在理论研究中造成的结果尚且如此，那么,它在国家政治生活中造成的负面结果就更是无法比拟了。“文化大革命”后期,毛泽东提出了“深挖洞,广积粮”的最高指示。于是,数不胜数的机关、团体、企业、学校都构筑了防空洞;为了凑足构筑防空洞的材料,甚至于连家属区的老太太也参加到脱坯烧砖的行列里;当时,为了挖洞,不知耗费了多少人力、物力,不知道有多少资源被永久性地掩埋在地下。

时至今日,类似的问题依然层出不穷。例如,被群众称为“政绩工程”“首长工程”“形象工程”的项目仍然是我行我素,它们无一不是这一逻辑错误的直接产物。

“诉诸多数”(Fallacy of Majority)这种逻辑错误常与“诉诸权威”互为伴生物。因为明显错误的东西之所以能得到多数的支持,也还是权威或权力作用的结果。

“诉诸怜悯”(Appeal to Pity)的逻辑错误是这样一种错误,它通过种种手段来获取他人的怜悯和同情心,并以此来影响他人的判断。比如,2004 年台湾“总统选举”投票前的 3·19 枪击案就极大地影响了选举结果;再比如,由于弊案缠身,陈水扁便在他老婆受审前打出所谓的“悲情牌”,一会儿说他老婆血压怎么样了,一会儿说他老婆脉搏怎么样了,以此影响台湾同胞对他是否涉案的判断。

“诉诸无知”(Argument from Ignorance)的逻辑错误是这样一种错误,它把无知当作论据。犯罪嫌疑人被司法机关抓获时,常争辩说他怎么不知法、不懂法时所采用的手法就是“诉诸无知”。然而,法律是无情的,有一句名言恰如其分地说明了这一点:“无知并不是证据”。

“诉诸教条”(Dogma)的逻辑错误是这样一种错误,它把“教条”当作论据。被称为“教条”的东西往往是这样一种东西,它或者是似是而非、模棱两可,无论谁也说不清它的确切含义;或者是其本身没有什么问题,但是在不恰当的时机或场合被引用的理论;

或者是明显错误的,但却是出自权威或领导之口的理论。比如说,“文化大革命”后期的“两个凡是”就是最好的例证。

“人身攻击”(You - Also Fallacy)的逻辑错误是这样一种错误,它把对方的不足或缺点当作论据,以证明自己的错误也是有根据的。

“拒绝争辩”(Refusal to Discuss)的逻辑错误是这样一种错误,它在不可避免要发生争论或应该参与争辩的场合默不作声。这种错误的实质是在是非面前,既不承认自己的观点是错误的,也不承认对方的观点是正确的。

四、不应过分地夸大充足理由律的作用

充足理由律是一个有重要作用的规律。但是,对它的作用也不应过分地夸大。例如,在一个论证中,理由究竟是真是假,仅仅依靠充足理由律是无法判断的,这样的问题归根到底只能由实践来解决。

另外,要确定一个论断为真,究竟需要从哪些方面提出理由,选择哪些事实,应该用什么科学定律、原理作为论据等等,都与各门具体科学知识有关,充足理由律本身也是不能解决的。充足理由律本身只可能提出最根本最基础性的要求,它不可能越俎代庖地去起只有实践和具体科学才有可能起到的作用。

第十二章 逻辑与幽默学

第一节　概　述

或笑人,或笑于人,笑人者亦复笑于人,笑于人者亦复笑人,人之相笑宁有已时?……古今世界一大笑府,我与若皆在其中供人话柄。不话不成人,不笑不成话,不笑不话不成世界。

——[明]冯梦龙

幽默是一种文化现象,其中"文化"二字的含金量与近些年来"发掘出"的"茶文化""酒文化"乃至"饮食文化",甚至还有所谓的"厕所文化"和"马桶文化"的含金量是无法相比的。后者能否称得上文化都成问题,它们充其量只能算得上是人类社会物质文明发展中的一个足迹而已,与文化是没有什么直接关系的。而幽默则相反,它与物质文明没有直接关系,它作为一种文化现象是当之无愧的。

幽默是一种历史悠久的文化现象,它的出现至少可以追溯到2 000 年前。它的产生和发展与人类社会的物质文明水平有关;在生活水平不断提高的中国,幽默与幽默研究越来越受到社会广泛的重视。

现在流行一种观点,认为幽默/幽默能力是虚无缥缈,不可言传、只可意会的东西,而幽默能力是只能通过积累和熏陶而不能通过学习获得的。积累和熏陶当然是需要的,它是获取幽默能力的途径;因此,它一定也是具体的,因为它的手段和方法都是很具体的。虚无缥缈的积累和熏陶是不存在的。

相关知识的积累和熏陶,其中更应该包括幽默学理论本身的学习和实践,因为理论指导下的积累和熏陶才是自觉的积累和熏陶。

兰多尔说:"在所有的失败中,想说俏皮话而没有说成是最大的失败，说得拖泥带水则是更惨的失败。”“没有说成”是指因思想的再加工、再创造遇到幽默技巧方面的障碍而半途而废；“拖泥带水”则是因为语言运用得不甚自如，使很幽默的构思表达得惹人同情。后者比前者之所以是“更惨的失败”，是因为它离成功更近。

没有人不想使自己具有一些幽默感，在“宁可没有钱，也不能没有幽默感”的今天，人们时常暗自萌生幽默的欲望。但是幽默意愿萌生之后，每每能够如愿的人却少之又少，更多的人则常是默默品尝兰多尔所说的失败。

构造一个幽默需要一定的手段，这个手段或是逻辑的或是语言学方面的或是哲学和其他方面的，而逻辑恰恰是最重要的手段。任何构造手段都不具备的幽默是构造不出来，也是不存在的。

幽默可采用的手段很多，手段的多样性是幽默形态多样性的根本原因。

逻辑是构造幽默的最重要的依据、手段。逻辑理论几乎所有的基本内容都可以成为幽默的构造手段。下面我们将一一介绍这些手段。

第二节　幽默的逻辑手段

你可以假装严肃，却无法假装诙谐。

——萨夏·吉特里

你可以轻易地保持一种严肃的表情，做到这一点，你只要控制自己的表情肌就足够了；但你要使人感到你是一个诙谐或幽默的人，就不是那么容易的事了，做到这一点你需要具有相当的修养和具体的手段。下面我们介绍一些与逻辑学有关的手段。

一、与概念限制和概括有关的幽默手段

妈妈:“有教养的孩子是不会把大拇指放到嘴里去的!”

女儿:“那我应该把哪一个手指放到嘴里才好?”

这个幽默的构造原理就是基于概念限制和概括之上的。

如果妈妈把问话改成:“有教养的孩子是不会把手指放到嘴里去的!”那么这则幽默就不存在了。

如果妈妈把问话改成:“有教养的孩子是不会把指头放到嘴里去的!”那女儿就不仅不会把手指而且也不会把脚趾放到嘴里了。

从外延上看,概括是使概念外延变宽的过程;从内涵上看,概括是减少概念内涵属性的过程。这一过程的结果是提高了概念的涵盖性,使它可以适用于更多的对象。

珍妮的丈夫是生物学教授。每次搬家到另一个城市工作,除了收拾一些必要的家什外,珍妮还得特别照管好丈夫那一盒盒的宝贝教具——植物标本、动物化石及骨骼等。

有一次,一位搬家的工人将装有动物化石的盒子高高举过头顶。

珍妮惊讶地叫道:“轻点!那是我丈夫的骨头。”

“我丈夫的骨头”,多么骇人听闻!

对珍妮丈夫的那些东西,我们有两种表述方法:既可以说“它是骨头”又可以说“它是教具”。综合考虑共有四种可能的提法。我们比较一下这四种提法:

“我丈夫的骨头”

“我丈夫的教具骨头”

“我丈夫的教具”

“我丈夫的骨头教具”

第一个提法是对第二个提法的概括，第三个提法是第四个提法的概括。这则幽默采用的是第一种提法。后两种提法都不会发生问题，第二种提法有些麻烦。表面看，把第二个提法概括为第一个提法，形式上没有什么问题，但从结果看则行不通。

很明显，此幽默的唯一幽默点在于它不恰当地使用了概括的方法，在于它不恰当地被限制或被概括的主体。

新婚之夜，新娘发现老鼠正在偷吃新郎家里的大米，便对新郎说：

“你看老鼠在吃你们家的大米了！”

第二天早晨起来，她又看见同样的情形，急急忙忙对老公说：

“你看老鼠在吃咱们家的大米了！”

这则幽默的幽默点在于，新娘对同一事件作出两种不同的表述，其间的区别仅仅是限制成分的变化。但是，从逻辑看，这两次限制的结果是相同的，它们指的都是同一个家；不同的是恰恰是新娘内心世界发生的微妙变化，而这微妙变化由两个限制成分的对比巧妙地暗示出来。

各位！今天，纪念我太太第十个30岁生日，请大家吃好喝好。

很简单的一句话却能产生相当的幽默效果。有人认为它是一个自嘲，有人认为它是一个讽刺；或许它二者兼备。正由于它能给人这样的悬念，它才能使人回味。这则幽默的构造方法涉及逻辑学的概念限制。

通过违反概念限制方法的规则也能制造幽默。“第十个”好似限制成分，在这里不仅起不到限制作用，甚至从根本上否定了被限制成分本身的真实性。因为任何一个人的“30岁生日”都是唯一的,以“第十个”来限制,其实否定了被限制主体的真实性。逻辑学中概念限制只使概念的外延变窄,而不能否定概念本身。

二、与判断有关的幽默手段

马克·吐温对美国的某些国会议员充满蔑视,有一次,他脱口而出这样一句话:“美国的某些国会议员是婊子养的。”结果造成很大的麻烦,感觉受到侮辱的国会议员愤愤不平,要求他进一步指出谁是婊子养的。于是马克·吐温承认自己的说法措辞不太准确,他的本意是想说“美国的某些国会议员不是婊子养的”。这样一来,马克·吐温面临的麻烦顿时化为乌有了。

从逻辑学来说,“美国的某些国会议员是婊子养的”与“美国的某些国会议员不是婊子养的”很容易被证明是真的,但很难被证明是假的。

第一个判断,“美国的某些国会议员是婊子养的”容易引起麻烦,因为每一个国会议员都会感到这个判断可能涉及自己而要求马克·吐温作出证明。为了证明它是真的,马克·吐温必须指认哪一个国会议员是婊子养的;而若要指认,很可能会吃官司。

第二个判断,“美国的某些国会议员不是婊子养的”则不会引起麻烦,因为马克·吐温只要指出任何一个国会议员不是婊子养的,就足以证明这个判断是真的。况且,没有一个国会议员会因为自己可能不是婊子养的而要求马克·吐温作出证明。

从逻辑学来说,“美国的某些国会议员是婊子养的”与“美国的某些国会议员不是婊子养的”这两个判断间的关系是下反对关系。下反对关系有这样的特征:二者不可能同时是假的,但是可能同时是真的。

虽然换了一种说法,但“美国的某些国会议员是婊子养的”的可能性依然存在,但却不会再有人追究。

三、与负判断有关的幽默手段

妻子："我觉得我现在不像35岁的人，你看我像吗？"

丈夫："嗯，你现在倒不像35岁，可你几年以前像。"

这应该是一个多目的幽默，在讽刺妻子的同时，表达了丈夫对回答此类问题的反感。在幽默中，丈夫先顺从地肯定了妻子的沾沾自喜；突然一转，把刚刚肯定的东西又完全否定了，使妻子的沾沾自喜瞬间彻底破灭。

这则幽默的构造特点在于它所采用的否定方式。否定的方式是多种多样的，既可以是直接的，又可以是间接的。

如果要采用直接的否定方式，那丈夫的回答可能是："谁说你现在不像35岁？"或"你现在不只像35岁。"

如果要采用间接的否定方式，那可以通过附加一个条件或引申一个后件的方式，本幽默所采用的方法就是这样的。它先肯定对方，然后通过引申构造一个条件句，再通过对这个条件句的否定，间接达到否定对方的目的。具体过程如下：

第一步：肯定"妻子现在不像35岁的人"。

第二步：在这个前件的基础上引申出一个后件，于是有："如果现在不像35岁，那以前就更不像35岁的人。"

第三步：否定这个条件句，于是有："现在不像35岁，但以前像35岁的人。"

这个结论的表达方式是一个转折句；前一分句的意思与妻子的预期完全相同，但是后一分句的意思与妻子的预期正好相反。一个转折句意味着对一个条件句的否定。

有一个说法是"打一巴掌，揉三下"，而这则幽默的做法可谓是"揉一下，打三巴掌"；它能得到这样的效果，完全是它的逻辑过程造成的。

尽管虚拟条件句不具备充分条件假言判断的特征因而不能成为某些推理的依据，但是它在某些场合所具有的优势却是不容忽视的。例如：

20世纪30年代，丘吉尔访问美国期间，在某一个公开场合，一位美国女议员对他说：

“如果我是您的妻子，我会在您的咖啡里下毒药的。”

丘吉尔答道：“如果我是您的丈夫，我会喝下您的那杯咖啡。”

美国女议员用虚拟条件句诅咒丘吉尔。但是，这种诅咒是不用负责的，因为这种诅咒是有条件的，而这个条件还是一个虚拟条件，是实现不了的。丘吉尔不甘示弱，针锋相对地表示“会喝下那杯咖啡”；他也用一个虚拟条件句，因为他不可能成为那位美国女议员的丈夫，喝那“有毒的咖啡”便是无稽之谈。

虚拟条件句最常见的用途是表达某些不便于直说的意愿、某种委婉的规劝、某些不用负责任的诅咒和某种不用履行的承诺等等。

中西方文化有很多区别，有一个区别很少有人提及，那就是对“如果”的运用。我们看西方国家的电影和看西方国家的作家的作品时，稍加注意就会发现，他们运用“如果”一词的频率要比我们高得多。这是令人遗憾的！它虽然只是一个小小的连词，但其作用却是不容忽视的。它在一定程度上意味着我们思考的深度和广度，意味着我们思考的灵活程度，意味着我们对一种幽默手段的重视程度。

在我们关注“如果”的同时，应该特别重视同样以“如果”开始的虚拟条件句，它更能活跃我们的思想，更能丰富我们的表达方式。

四、与演绎推理有关的幽默手段

小镇来了一位游医,他声称自己的医术非常高超,无病不治,而且他也确实治好了一些疑难杂症。小镇上有个人对此不以为然,想刁难这个游医,使他出出洋相,以证明他没有什么了不起。

“先生,我最近以来什么味道都品尝不出来,可能是失去了味觉,您看怎么办!”

医生笑了笑说:“您需要吃这个罐子里的药。”

说着医生打开一个罐子,取出一点给他吃。他吃了一点,立刻吐了出来:“这是什么药,太苦了。”

医生说:“看来我治好了您的味觉。”

这人马上知道自己上了当,灰溜溜地付钱回家了。在家生了几天闷气,终于决定再去找医生较量一下。

“先生,我最近几天忽然失去记忆了,您看该吃点什么药?”医生:“您可以试试这种药。”

说着他又把上次的那个罐子拿出来。

“先生,我上次吃的就是这种药,这次怎么还吃它?”

医生:“这药看来确实是灵丹妙药,您看,您还没吃,就恢复记忆了。”

在这则幽默中,医生为了揭穿“病人”给他设的套,依据以下两个推理:

如果他吃出苦味,那他就是假装失去味觉。

他吃药之后喊苦,

所以,他就是假装失去味觉。

第二个推理与此完全相同。

这个幽默故事所包含的推理叫作“肯定前件式”。它是根据充分条件的第一条性质“肯定前件一定可以肯定后件”来进行推导的。

叶衡的宰相职务被撤掉后，回到家乡。不久，他就病倒了。他对看望他的人说：

“我快死了，将来我要去的地方不知好不好？”

一个来人说：“很好。”

叶衡十分惊奇地问：“你怎么知道的？”

来人说：“你看，那地方如果不好，那死去的人早就都跑回来了。事实上没有一个死人跑回阳间，可见那去处是不错的。”

此幽默通过一个荒谬的前提合逻辑地推出了一个荒谬的结论，这个结论正是叶衡所需要的。推理本来的目的是推出新知，而推出荒谬的推理与推理本来的目的是相背离的。

这个幽默故事所包含的推理叫作“否定后件式”。它是根据充分条件的第二条性质“否定后件一定可以否定前件”来进行推导的。

“请问，比艾尔先生”，一个医生问他的同行，“为什么你在给病人看病时，总要特别详细地问他喝什么酒，根据酒的牌子就能确定病人的健康状况吗？”

“不，当然不能。但是根据酒的牌子可以判断病人的经济状况，然后以此来确定门诊的费用。”

比艾尔先生的判断是这样的：

1. 如果一个病人能喝得起好酒，那他的经济状况一定很好；

2. 如果一个病人的经济状况很好，那他就有可能付出较高的诊费；

3. 所以，如果一个病人能喝得起好酒，那他就有可能付出较高的诊费。

人们常常为一个判断找出一个前件或后件来构造一个假言判断,通过这种方式可以造成一定的幽默效果。如果我们能把其中的构造过程简化,则更能提高其幽默度;原例比我们的分析显得幽默一些的道理就在于此。

主考官问参加汽车驾驶执照口试的比奇:

“假如你在驾驶的过程中,看见路上有一个人和一条狗,那你是会轧人还是会轧狗呢?”

“当然是轧狗。”比奇毫不迟疑地说。

主考官:“你下一次再来吧!”

这个幽默的推理前提具有“是……还是……”的形式。具有这种形式的判断是一个选言判断。作为推理的前提,它必须是一个真判断,而主考官提供给比奇的却是一个假判断,因为它的两个选项都是不可选的。该幽默的构造手段恰恰是一个所有选项是不可选的选言判断。

牙医在报纸上刊登了一则招聘广告:“本人欲聘用一名女秘书,电话号码是654321234。如果此电话无人接听,那说明该职位仍然是空缺的。”

这个电话号码是不会有人拨打的,因为任何一个想拨打这个电话号码的人都面临这样一个二难推理:

如果这个电话有人接,那应聘不成;

如果这个电话没有人接,那也应聘不成;

这个电话或者有人接,或者没有人接;

总之,应聘不成。

交通警察站在一辆汽车旁边,他对司机说:

“我要对你进行罚款,你应该知道,这条路是单行道,你是不能逆行进来的。”

“那么,我现在就掉头出去。”

“不行,这里禁止掉头。”

“那么,我把车停在这里。”

“这里禁止停车。”

“那么,你开个价吧,如果价钱合适,我就把车卖给你了。”

如果你不小心把车开进这条单行道来,那么你将面临一个二难处境:

如果想掉头,那么你违反交通规则;

如果你想把车停下来,那么你违反交通规则。

或者掉头或者把车停下来;

所以,你总要违反交通规则。

就媒体的报道看,由于交通规则和交通标志的矛盾和不一致造成的麻烦不在少数。如果我们为上述幽默中的汽车司机想一想,那他也真是没办法了。即便是警察来拖车,也得违反交通规则,否则根本拖不了车。看来,只有就地报废了。

五、与归纳推理有关的幽默手段

一般认为归纳推理是一种从个别向一般的推理。它可以区分为简单枚举推理、完全归纳推理和科学归纳推理。它们的使用场合不同,方法有区别,结论的可靠性也不一样。

妈妈:“火柴买回来了吗?”

儿子:“买回来了。”

妈妈:“火柴好用吗?”

儿子:“好用,每一根我都试过了。”

在这个幽默中,儿子使用完全归纳推理证明了这些火柴都是好用的，但是，却把火柴都毁了。在现实生活中，能使用完全归纳推理的场合是十分有限的，更多的场合只适用简单枚举推理。在不能使用完全归纳推理的场合使用它，会造成荒谬的结果，而这正是该幽默的构造方法。

六、与类比推理有关的幽默手段

类比是构造幽默时最常用的手段之一。

一位年轻的妈妈半夜起来给孩子喂奶，她迷迷糊糊地把没掺一点水的炼乳喂给孩子，直到孩子吞下了3盎司，她才发觉自己弄错了。

她慌忙打电话给小儿科医生。

“不要紧，”医生说，“再给他灌3盎司水，摇一摇就行了。”

这则幽默的构造基础是类比推理，其相比较的两个对象是奶瓶的炼乳和孩子肚子里的炼乳。

著名的大学者钱钟书学贯中西、名扬四海，但他却淡泊名利，从来不接受报刊、电台、电视等媒体的采访。

有一次，一位外国的记者不远万里，来到钱老家中要采访钱老。而钱钟书却说：“你知道有只鸡蛋好吃就行了，何必非要见一见那只下蛋的母鸡呢？”

钱老的幽默也是建立在类比的基础之上的：

相比较的对象	相比较的相关方面
蛋	好吃，没人想知道它的生产者；
书	书好看；

所以，对书而言，也不必知道它的作者。

钱老在其幽默中犯有“机械类比”的错误，虽然荒谬，但其荒谬的目的是让人发笑;你如果笑了,他的目的就达到了。你既然肯定了他使人发笑的目的,那你就等于肯定了他使人发笑的手段在幽默意义上的合理性。

钱钟书的有名的幽默段子很多,其中自嘲方式的幽默占有很大的比例,这与他对幽默的看法是分不开的。他认为:真正的幽默是反躬自笑的。他不但对人生是幽默的看法,对幽默本身也是幽默的看法。

一个秀才即将参加考试,每日茶饭不思。妻子安慰他:

“看你作文章如此之难,像我生孩子一样。”

秀才:“还是你生孩子容易些。”

妻子:“怎么会呢?”

秀才:“你要生的,是肚子里已经有的东西;而我在考试时要写的,是我肚子里还没有的东西。”

妻子用了一个形象的类比推理,使他放松些,让他别把写文章看得那么难,丈夫也用了一个类比推理,更形象地告诉妻子,写文章要比生孩子难得多。

两口子用的都是类比推理。在他们的推理中,由于相比较的对象相差得太远,所以犯了“荒谬类比”的错误。但是,也正因为如此,他们的推理才显得幽默。

有一点值得注意:在幽默中,人们并不希望通过推理得出正确结论;恰恰相反,他们希望通过错误的推理得出荒谬结论。错误的推理是得出荒谬结论的常用手段。

七、与证明有关的幽默手段

三国时,蜀国大旱,为了节约粮食,刘备下令禁酒。有一天,负责禁酒的官员在一户人家里发现了酿酒的器具,就把主人抓起来准备治罪。众人不服。

适逢简雍陪同刘备出巡，简雍看见路上有一对男女，就对刘备说：

“快把那男人抓起来！”

“为什么？”

“那男人想对女的非礼。”

“你怎么知道的？”

“因为，那男人身上有干坏事的家伙。”

刘备大笑，于是命人把那家主人放了。

有一次，一位记者向罗斯福总统询问美国在加勒比某小岛修建潜水艇基地的计划。这属于国家的机密，是绝对不能对外泄露的，按常规，对这类问题的回答都是“无可奉告”。但是，罗斯福总统没有这样做。

他问那位记者：“如果我告诉你，那你能保密吗？”

记者回答：“我能保密。”

罗斯福总统说：“我也能。”

罗斯福总统不愧是幽默高手，既拒绝了记者的要求，又让记者心服口服。因为罗斯福总统拒绝记者的理由是记者自己提供的，而这正是罗斯福总统的高明之处。他的推理是这样的：

如口无遮拦的记者能保密，那美国总统就更能保密了。

记者确认能保密。

所以，美国总统更能保密。

而这恰恰意味着不能把秘密告诉那位记者。

八、与同一律有关的幽默手段

有一次上地理课。老师正在讲美洲大陆的时候，看见班里有一个叫汤姆的学生不听讲，便把汤姆叫了起来。

老师用手指着美洲大陆问汤姆：“这是什么？”

汤姆:“这是您的手指。”

老师生气了:“我问的是我用手指指的是什么?”

汤姆:“您用手指指的是地图。”

老师更生气了:“我用手指指的是哪儿?”

汤姆:“是地球上的某一个地方。”

老师气糊涂了,改叫另一位女生贝利回答问题。这个女生正确地回答了问题。

老师怒气未消,又把汤姆叫了起来:“那你说说,是谁发现了美洲大陆?”

汤姆:“是贝利发现了美洲大陆。”

汤姆的一连串回答都违反了论证的要求。

南朝时,齐太祖和王僧虔都非常喜爱书法。有一天,齐太祖提议,他们两人各写一篇楷书,然后比一比,看谁写得好。写完后,齐太祖问王僧虔:“你看我们谁写得好呀?”王僧虔答道:“臣的书法在人臣中是第一的;而您的书法在君王中是第一的。”

面对一个很难回答的问题,最好的办法是偷换论题。王僧虔回答的方法很巧妙:他既不说齐太祖的字比自己的好,因为这是违心的;也不说自己的字比齐太祖的字好,因为这可能使齐太祖感到不快。齐太祖要是感到不快,那是什么事情都可能发生的。因此,他把齐太祖的问题“要么我第一,要么你第一”分解开来,从而把两个人之间的比较,偷换成两个人分别在各自的群体中的比较,以此回避了二难的处境。

在语法课上,老师在黑板上写了一个句子:

“我的哥哥去学校。”

然后让同学们把这句话改为将来式。老师叫托比上去改写。

托比走到黑板前，迅速地写道：

“我哥哥的儿子去学校。”

小托比在这里把概念混淆了，他把“将来式”混淆为“将来的事”。

有一位患者到医院去看病。大夫仔细检查了他的病历，询问了一些情况后，对他说：“请躺下，让我检查检查。”大夫在患者的腹部按了几下，问道：“有什么感觉吗？”

患者：“有！”

大夫：“什么样的感觉？”

患者：“有人在按我的肚子。”

在这则幽默里，医生问的是“异常的感觉”，而不是“对检查本身的感觉”；患者把后者偷换成前者，其目的只是想制造一个幽默。

甲：“我最近刚应聘了一个新工作，我下面管着几千人。”

乙：“恭喜你了，你一定当上大公司的 CEO 了。”

甲：“不是，我负责管理和打扫一块墓地。”

这则幽默有些自嘲的意思，其构造的基础也是“偷换概念”。按一般理解，“下面管着几千人”应该是指他的下属，而不是指“埋在下面的人”。

妻子：“当我老时，你还会爱我吗？”

丈夫：“我们为什么要等这么久？”

如果你屡屡遇到此类问题而多少有些厌烦，那你完全可以采用上述幽默中那位丈夫的办法来加以回避。

这位妻子提出的问题是有条件的，如果你想回避问题，你就可以就“当我老时”这一条件本身做一些文章。这样一来，你就可以很机智、不留痕迹地把论题偷换掉。

九、与矛盾律有关的幽默手段

一对夫妻为新家的装修问题发生了矛盾。装修是一种很烦人的事情，丈夫想精益求精，而妻子主张马马虎虎、能过得去就行了。

丈夫很恼火地说：“我是一个在各个方面都力求尽善尽美的人，而你却不是。”

妻子说：“对极了，正因为如此，我才嫁给了你，而同时你又娶了我。”

在这个幽默中，丈夫的说法违反了矛盾律。首先，如果丈夫是一个在各个方面都力求尽善尽美的人，那他的妻子本人也应该是尽善尽美的人；而在各个方面都力求尽善尽美的丈夫却娶了一位有某种缺点的妻子。这显然犯了“两可”的错误。

这则幽默的目的是一个反驳，妻子利用丈夫的自我吹捧，反驳了他贬低自己的说法。具体推理如下：

如果丈夫说他自己是各方面都力求尽善尽美的人，其妻子也必定是尽善尽美的人；

丈夫的确这么说了。

所以，妻子是尽善尽美的人。

反过来，如果妻子不是尽善尽美的人，那她才可能嫁给不那么尽善尽美的丈夫。

十、与排中律有关的幽默手段

甲：“我加工资了，但我不知怎么办才好，是告诉我妻子还是不告诉她？”

乙：“你应该告诉她。”

甲:“我才没那么傻呢!”

乙:“那你就别告诉她。”

甲:“不告诉她,她会经常抱怨我笨,工作这么多年还加不了薪。”

这个例子就是一个违反排中律的幽默故事,因为它既否定了“告诉”,又否定了“不告诉”,犯了“两不可”的逻辑错误。

十一、与充足理由律有关的幽默手段

一次,酒鬼菲尔来到一家酒店喝了很多酒。走出酒店,他看见一个人站在路中央。这个人看起来喝得更多。他似乎在天上看见了什么奇怪的东西,用手往天上一指问菲尔:

“对不起,请问,那是太阳还是月亮?”

菲尔看了看,然后摇摇头,说:“不知道,我不是本地人。”

这个幽默故事所犯的逻辑错误叫作“推不出”。

通过违反充足理由律来构成幽默故事的例子不胜枚举,但菲尔提出的理由却愚蠢得透顶。

幽默故事中的愚蠢越荒谬越好,这样可以提高幽默度,但也不是凡是愚蠢的东西都足以制造幽默度较高的幽默。只有具有一定程度“合理性”的愚蠢和荒谬才行,它看起来既像理由,却又愚蠢得出格。

辨别不了太阳和月亮的荒谬是一种简单的荒谬;而菲尔的荒谬是一个复杂的荒谬,因为它为前一个荒谬提出一个貌似合理的荒谬理由。只有在“合理”的外衣下的荒谬才可以使人感到更可笑,简单的荒谬和愚蠢都是不够的。事实上,能做出一些荒谬的事或做一些荒谬的表达的正常人都是幽默的人,但能为荒谬的东西找到荒谬而又“合理”的解释的人必定是更幽默的人。

错误和荒谬是不同的东西,未见有人对此作出过区分。我以为作出这种区分是必要的,因为它涉及我们所构造的幽默的可笑程度或幽默度的高低。

错误是可能发生的失误;荒谬是不太可能发生的失误。

我们做一件正确的事,很多情况下是很容易的;做一件错误的事,也是很可能的。但是,有意识地做成一件荒谬的事却是不太容易的。

我们为一件正确的事找出一个合理的理由,很多情况下是很容易的;为一件错误的事找出一个合理的理由,也是很可能的;但有意识地为一件荒谬的事找出一个合理的理由却是不太容易的。前两种作为属于人类的正常的理性工作;后一种作为属于人类的幽默操作,但它实际包含了更多的理性成分。

由于本书是一本逻辑教材,对幽默的涉及必然是有限的,对幽默学理论感兴趣的读者可以参阅同一出版社出版的我的另一拙著——《幽默学原理》。它会使你了解幽默学的全貌,并多掌握一些幽默手段。

练习题

第二章练习题

一、什么是单独概念？什么是普遍概念？指出下列概念哪些是单独概念，哪些是普遍概念。

文具、塑料、机器人、杜甫草堂、英格兰小姐、秦俑、电脑动画片、黄山、宇宙大爆炸、草珊瑚、花店、洞庭湖、云雀、土特产品

二、什么是实体概念？什么是属性概念？指出下列概念哪些是实体概念，哪些是属性概念。

喜马拉雅山、长江、低、精细化工产品、丘陵、懦弱、寿山石、窄小、波罗的海、固执

三、指出下列概念间是什么关系，并用欧拉图解表示。

1. 藏族妇女—团员
2. 剥削阶级—非剥削阶级
3. 左派—右派
4. 上级—下级
5. 自然科学—社会科学—生物学
6. 历史学家—语言学家—画家
7. 政治家—外交家—作家
8. 彩色电视机—黑白电视机
9. 工—农—兵—学—商
10. 液体—固体
11. 水星—金星—地球—火星—木星—土星—天王星—海王星—冥王星
12. 金属—非金属

四、请分别举出符合下列欧拉图解要求的例子：

1. 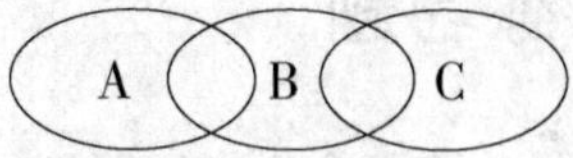

A：　B：　C：

2. 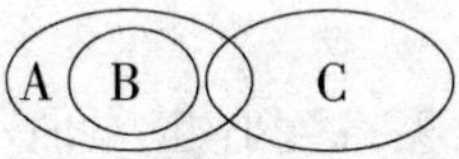

A：　B：　C：

3. 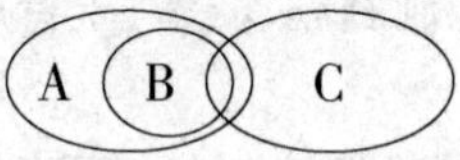

A：　B：　C：

4. 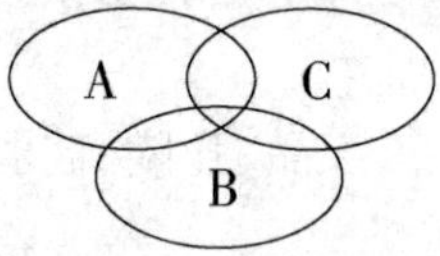

A：　B：　C：

5. 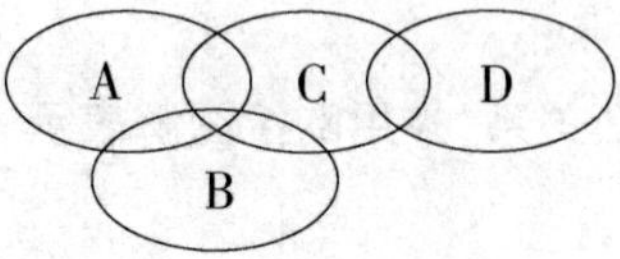

A：　B：
C：　D：

6. 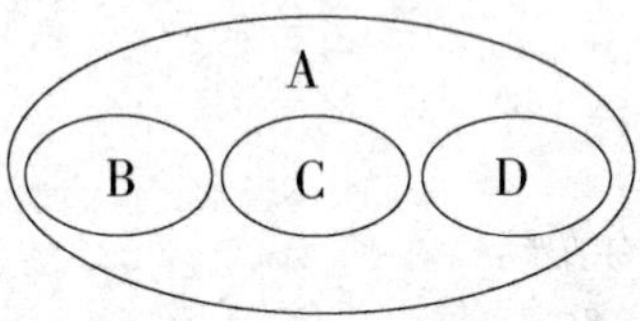

B：
D：

五、阅读下述定义，如有可能请指出下列定义是否正确，如不正确，请指出其违反了哪一条定义规则，并指出其所犯的错误。

1. 数学是一门基础科学。
2. 商品不是供生产者消费的产品。
3. 青年人是国家的希望。
4. 数字电视就是清晰度特别高的电视。
5. 下岗工人就是离开工作岗位的工人。
6. 行政诉讼法就是有关“民告官”的法律。

7. 逻辑规律就是逻辑学所研究的规律。

8. 信息功能材料是指信息获取、传输、转换、存储、显示或控制所需的材料。

9. 高性能结构材料是指高比强度、高比刚度、耐高温、耐腐蚀、抗磨损的结构材料。

10. 环境材料是指与环境相适应的材料，又称为“环境友好材料”或“绿色材料”。这类材料主要指节约资源和能源、无污染或少污染、最终能变为可降解的或易降解的废物的那些材料。

11. 灰色战争就是没有战线、没有军队、没有作战规划的一种战争；是使军队处于战争的外围，却使平民成了战争的对象的一种战争。

12. 所谓“中产阶级”指的是拥有稳定的收入，有能力买房买车，能够将收入用于旅游、教育等消费的人群。

13. 从自来水厂输出供给大家使用的清水叫作“上水”；从下水管道排放的污水叫作“下水”；而回收下水经过处理可以再利用的水就叫作“中水”。

14. 组织工程学是一门年轻的学科，也是一门交叉学科，其最终目的是在体外利用生物制成材料、细胞及讯息分子在体外形成组织和器官。

15. 江晓原对“性感”作过很好的阐述：性感是一种欲望的表达，这欲望就是——我想吸引你们。当一个人用各种方法表达这一欲望时，通常他会变得性感。因此也可以说，一个人只有当他希望自己是性感的时候，他才可能成为性感的。

六、划分有哪些规则？指出下列划分是否正确，如不正确，请指出其违反了哪一条规则，并指出其所犯的错误。

1. 企业可以分为：国营企业、私营企业；国有企业、私有企业、国有民营企业、国有国营企业；独资企业、合资企业；亏损企业、盈利企业及微利企业。

2. 上市公司可以分为:ST 类、PT 类以及一般上市公司。

3. 资产可以分为:经营性资产、非经营性资产;金融性资产、非金融性资产;固定资产、非固定资产。

4. 工业可以分为:重工业、轻工业、食品加工业、燃料工业。

七、对下列概念作一次概括或限制。

1. 排球队员　　6. 裤子
2. 奥运会　　7. 水果
3. 画展　　8. 家畜
4. 直辖市　　9. 线条
5. 生物　　10. 鱼类

八、下述概念的限制与概括是否正确,为什么?

1. 把中央电视台限制为中央电视台国际部。
2. 把中国人民解放军限制为中国人民解放军总参谋部。
3. 把北京大学限制为北京大学哲学系。
4. 把南沙群岛概括为岛。
5. 把学生概括为知识分子。
6. 把鲸鱼概括为大型海洋鱼类。

九、阅读下述文字,然后回答问题。

在日前召开的“中国人群肥胖与疾病危险研讨会”上,医学专家们首次提出测评标准:成人体重指数[体重(以公斤为单位)/身高的平方(以米为单位)]大于 24 为超重,大于 28 为肥胖;男性腰围大于 85 厘米、女性腰围大于 80 厘米也属肥胖。

请你根据会议达成的共识,给“肥胖”下一个定义。

十、根据下述资料试给“生物多样性”和“胚胎干细胞”下一个定义。

1. 生物多样性是地球40多亿年来生物进化的结果。地球上所有的生物(植物、动物、微生物)及其所构成的综合体,就是生物多样性。它包括从微观到宏观的三个层次:世界上没有两片完全相同的叶子,这是“遗传多样性”;种瓜得瓜,种豆得豆,这表现的是“物种多样性”;从新疆荒漠到海南红树林,异彩纷呈的生态系统显示的是“生态系统多样性”。

2. 1998年11月,维斯康星大学的汤姆生教授和约翰·霍普金斯大学的吉尔哈特教授分别在《科学》和《美国科学院论文集》上宣布,他们用不同的方法获得了具有无限增值和全分化潜力的胚胎干细胞。这一成就将会给移植治疗、药物发现及筛选、细胞及基因治疗和生物发育的基础研究等带来深远的影响,打开在体外生产所有类型的可供移植治疗的人体细胞乃至组织器官的大门。因为从理论上讲,人胚胎干细胞具有全能型,在一定的诱导条件下,既可发育分化为感受和传导生物电信号的神经组织,也可分化为携带氧的血细胞,还可分化为提供血液循环动力的心肌细胞等等。

胚胎干细胞是在人体胚胎发育早期,囊胚中未分化的细胞。囊胚中含有约140个细胞,囊胚外表是一层扁平的细胞,称为滋养层,可发育成胚胎的支持组织如胎盘等。中心的腔称为囊胚腔,腔内一侧的细胞群,称为内细胞群,这些未分化的细胞可进一步分裂、分化,发育成个体。内细胞群在形成内、中、外三个胚层时开始分化。每个胚层将分别分化为人体的各种组织和器官。如外胚层将分化为皮肤、眼睛和神经系统等,中胚层将形成骨骼、血液和肌肉等组织,内胚层将分化为肝、肺和肠等。由于内细胞群可以完全发育成为完整的个体,因而这些细胞被认为具有全能型。当细胞群在培养皿中培养时,我们称之为胚胎干细胞。

但是,由于人胚胎干细胞来自具有发育成一个个体潜力的人胚胎,因而人胚胎干细胞的研究引发了一场伦理大辩论。有人担心,人胚胎干细胞的研究会导致医生可以收集未出生的人胚胎的细胞,来提供其他病人治疗的需要,或者利用该项技术进行克隆人的研究,这可能会引发公众对科学的恐惧。

十一、根据你对以下短文的理解,给生命伦理学、生物芯片和彩票这三个概念分别下一个定义和进行划分。

1. 国际上普遍公认的生命伦理学四大原则是:①行善原则,即生命科学要为人类造福,增进人类健康和幸福;②自主原则,即尊重受试对象,必须取得他们自愿、自主的同意,必须要有书面的同意;③不伤害原则,即任何一种研究不能对被实验人群、被实验者造成伤害;④公正原则,它包括资源分配的公正、利益分享的公正和风险承担的公正。这四大原则已经被生命科学界的广大研究人员所接受,所有生命科学实验均不能违背其中任何一条。

2. 生物芯片是近十年在生命科学领域中迅速发展起来的一项高新技术。它主要是指通过微加工和微电子技术在固体芯片表面构建微型生物化学分析系统,以实现对生命机体的组织、细胞、蛋白质、核酸、糖类以及其他生物组成成分进行准确、快速、大信息量的检测。目前常见的生物芯片分为三大类,即基因芯片(Gene chip,DNA chip,DNA min-croarray)、蛋白基因芯片(Protein chip)、芯片实验室(Lab-on-a-chip)。它和计算机芯片非常相似,只不过高度集成的不是半导体晶体管,而是成千上万的网格状、密集排列的基因探针 。

3. 彩票究竟是什么? 从经济学意义上说,彩票首先是一种"税",是无偿征收的一种政府收入;其次,彩票是一种"自愿税",一种与法定义务无关的、"彩民"自觉自愿缴纳的税。"无偿"是指政府没有责任对应于某一个具体"彩民"的下注金额给予相应的经济回报。常见的有各种福利彩票、体育彩票等。

十二、阅读下文并把其中的划分勾画出来。

高等动物和人体的细胞有成百上千种,若按组织分类的话,它们只有四种,分别是上皮组织、结缔组织、肌组织和神经组织。

上皮组织可分为被覆上皮、腺体上皮、感觉器官上皮、生殖细胞上皮和肌上皮,所对应的特化组织有与感觉相关的味蕾上皮、嗅觉细胞上皮、听觉感受器官上皮、视网膜、微绒毛、纤毛和腺体上皮等。腺体大多来自胚胎外胚层和内胚层分化的被覆上皮,有些来自中胚层分化的上皮,其余组织在胚胎发育的更晚期出现。

但是上皮组织却不包括我们按字面理解的皮肤,皮肤和骨骼都属于结缔组织。

结缔组织大致分为疏松结缔组织、致密结缔组织、网状结缔组织和黏液结缔组织,如血液中的大部分细胞和纤维细胞、肌腱、腱膜、韧带、真皮和器官被膜、造血器官、淋巴器官、眼球内的玻璃体等。

肌组织包括骨骼肌、心肌和平滑肌。骨骼肌细胞由来源于胚胎中胚层的成肌细胞发育而成;心肌细胞和平滑肌细胞都来自早期胚胎心管周围的间充质细胞和胚胎时期的间充质细胞,并由它们分化而来。

神经组织主要由神经元和神经胶质细胞组成,二者以特有的构筑形式组成复杂的中枢和周围神经系统。神经元源自胚胎时期的神经管和神经嵴细胞。

如此数量巨大、种类各异的细胞群都是由一个细胞——受精卵发育分化而来。决定这一分化过程的物质是DNA,仅由四种核苷酸分子连接而成的一维分子链竟包含了对应这一过程的所有信息。如果我们知道了由胚胎组织向特定组织或器官分化的调控机制,就可以在体外的人工环境中生长出所需要的组织,替换衰老、功能减退或意外损伤的组织,延长人类寿命。目前人们还不了解其中的奥秘所在,在体外生成与体内相同的组织和器官还有相当长的路要走。

十三、请给“隐私”下一个定义。

十四、请给“性感”下一个定义。

十五、请给“门”下一个定义。

第三章练习题

一、下述句子是否表达判断，为什么？

1. 祝你一帆风顺！
2. CPU 是什么？
3. 没有耕耘，何来收获。
4. 请打开书！
5. 为考上大学而干杯！
6. 鲁迅是《呐喊》的作者。
7. 所有计算机病毒都是黑客制造的。
8. 吸烟有害于健康。
9. 并非所有计算机高手都是黑客。
10. 蟾蜍聚集与地震无关。

二、下述判断是哪一种性质判断，请指出其主项、谓项、联项和量项，并指出主谓项的周延情况。

1. 任何高峰都是可以征服的。
2. 所有的假文凭早晚是会露馅的。
3. 有些工人是私营企业的工人。
4. 一切原子都是无限可分的。
5. 有些教材不是盗版的。

6. 所有人都是可以漂浮在死海海面上的。

7. 西沙群岛不是越南的领土。

8. 日本是一个经济大国。

9. 人的正确思想不是从天上掉下来的。

10. 有些人是下象棋的高手。

11. 土耳其是北约成员国。

12. 人民是历史的创造者。

13. 张学良是蒋介石的拜把子兄弟。

14. 所有病毒都是黑客制造的。

15. 不少明星的子女是智力残疾者。

三、请从下列判断出发，根据对当关系，指出同其主、谓项相同的其他三个判断的真假。

1. 有些老人是国画爱好者。（真）

2. 迄今为止所有登月的人都是美国人。（真）

3. 所有真菌都是有益的。（假）

4. 有些贪污受贿行为不是违法行为。（假）

5. 有些球迷不是男性。（真）

6. 有些男高音歌唱家不是意大利人。（真）

四、根据对当关系，举实例说明下述推导。

1. I 真 E 假，A 真假不定。

2. A 假，I 真假不定。

3. O 假 A 真，A 真 E 假，E 假 I 真。

4. E 真 O 真，A 假 I 假。

5. A 真，E 假、I 真、O 假。

6. I 假 E 真，O 真 A 假。

五、根据对当关系，选用适当的判断反驳下述判断。

1. 所有的隐形战机都是西方国家制造的。
2. 有些人类基因的结构是非洲人分析出来的。

六、请指出下列关系判断中的关系词为何种关系词？

1. 人民的利益高于个人利益。
2. 老李是小李的父亲。
3. 中国女排战胜了日本女排，日本女排战胜了古巴女排。
4. 小张和小李是同事，小李和小赵是同事。

5 刘平认识王励，王励认识赵强。

6. 张学良与蒋介石是把兄弟。

七、请试找出九种性质不同的关系词。

第四章练习题

一、试指出下述判断是何种复合判断。

1. 名声，谤之媒也。欢乐，悲之渐也。
2. 经一番挫折，长一番见识。
3. 容一番横逆，增一番器度。
4. 必有容，德乃大。必有忍，事乃济。
5. 无心者公，无我者明。

（无心——心中没有成见；无我——心中没有自我）

6. 学一分退让，讨一分便宜。
7. 鼓足干劲，力争上游 ，多、快、好、省地建设社会主义。
8. 不是东风压倒西风，就是西风压倒东风。
9. 两手都要抓，两手都要硬。
10. 美国既是世界上最不安全的国家，又是世界“警察”；既是世界上最富有的国家,又是世界上欠债最多的国家。

11. 不自重者取辱,不自畏者招祸。

12. 不自满者受益,不自是者博闻。

13. 神只可得,不可失;只宜安,不宜乱。

14. 横眉冷对千夫指,俯首甘为孺子牛。

15. 提得起,放得下;算得到,做得完;看得破,撇得开。

16. 并非只有亏损,上市公司才做假账。

17. 造假的上市公司必然受到严厉查处。

18. 注册会计师事务所不都是靠不住的。

19. 美国并非因为穷才拖欠联合国的会员费。

20. 社会主义是个漫长的过程,短时期内是不可能实现的。

21. 省一分经营,多一分道义。

二、你认为下述判断是何种假言判断,请用公式表达。

1. 以恕己之心恕人,则全交。

2. 以责人之心责己,则寡过。

3. 萝卜就热茶,医生气得满街爬。

4. 冬吃萝卜夏吃姜,不用医生开药方。

5. 不耐烦者,做不成一件事业。

6. 衣食足,知荣辱。

7. 没有春天的耕耘,就没有秋天的收获。

8. 倚势欺人,势尽而为人欺;悖财侮人,财散而受人侮。

9. 落后,就要挨打。

10. 若为良政,必当创新。

三、请指出下述判断在什么情况下可被认定为假判断。

1. 明天,或小张或小李去同仁医院看望老王。

2. 董事会应在明天把报表准备好,并向证监会提交停盘申请。

3. 小吴昨天没离开学院,他或者在教室自习或者在图书馆查资料。

4. 只有在经济发达地区,才有污染问题。
5. 这件衣服真是物美价廉。
6. 并非所有的花都是红的。
7. 不可以既让马儿跑又让马儿吃草。
8. 如果让马儿跑,就不能让马儿吃草。

四、请找出与下述判断等值的所有形式。

1. 只有政策稳定,经济才能顺利发展。
2. 如果要政令畅通,必须打击地方主义。

五、请找出与下述负判断等值的判断,并用公式表示出来。

1. 张某期末考试各门功课不都是及格的。
2. 你们俩别一起来(并非你来他也来)。
3. 这场球赛中国队或得第一或得第二,事实并非如此。
4. 并非如果肚子疼就一定是阑尾炎。
5. 并非如果吸烟就一定得肺癌。

六、请用复合判断的公式表达性质判断对当方阵中的各种关系,并找出这些公式的等值形式。

七、请用复合判断的公式表达模态判断对当方阵中的各种关系,并找出这些公式的等值形式。

第五章练习题

一、已知下述判断的真假,请根据对当关系推出素材相同的其他判断的真假情况。

1. A真　　　　2. E假

3. I 真	4. O 真
5. A 假	6. E 真
7. I 假	8. O 假

二、对下列判断分别进行换质和换位，并用公式表示出来。

1. 凡是中华人民共和国境内的少数民族，都是人口数量不多于汉族的民族。

2. 没有一个狭隘的民族主义者是真正的国际主义者。

3. 领导干部是要起模范作用的。

4. 有些行为规范是非强制性的。

5. 有些哺乳动物是会飞的。

三、给下述判断换质、位、质。

1. 不劳动者不得食。

2. 凡有烟处必有火。

3. 凡囚犯必有罪。

四、将具体内容带入下列公式，并分析是否正确。

1. $SA\bar{P} \rightarrow SEP \rightarrow PES$

2. $SEP \rightarrow SA\bar{P} \rightarrow \bar{P}OS$

3. $SIP \rightarrow SO\bar{P} \rightarrow \bar{P}OS$

4. $SOP \rightarrow SI\bar{P} \rightarrow \bar{P}IS$

五、推出与下列负判断等值的判断，并用公式表示。

1. 并非他们没有过错。

2. 蒙古族人不都能歌善舞。

3. 并非价不廉或者物不美。

4. 并非肚子疼，那么，就一定患阑尾炎。

5. 并非你一来，他就一定不来。

六、根据直接推理的规则回答下列问题，并将推理过程用公式表示出来。

1. 从“任何公益事业都是受人民欢迎的”，能否推出“不受人民欢迎的不是公益事业”？

2. 从“民族大学某专业的学生都是少数民族的学生”，能否推出“所有少数民族的学生都是民族大学某专业的学生”？

3. 从“有些学生不是汉族人”，能否推出“有些汉族人不是学生”？

4. 从“有些维吾尔族学生能歌善舞”，能否推出“有些不能歌善舞的学生不是维吾尔族的学生”？

5. 从“有些外国学生不信仰伊斯兰教”，能否推出“有些信仰伊斯兰教的不是外国学生”？

6. 从“有些中年人懂计算机”，能否推出“有些中年人不懂计算机”。

七、找出与下述判断等值的四个判断，并代入适当的例子予以说明。

1. $P \rightarrow \overline{Q}$

2. $\overline{P} \rightarrow Q$

3. $P \leftarrow \overline{Q}$

4. $\overline{P} \leftarrow Q$

八、下述模态变形推理是否正确，为什么？

1. 他不可能没有获得学位，所以，他不一定获得学位的说法是假的。

2. 老王可能没得肝炎，所以，老王不一定没得肝炎。

3. 如果下雨，交通事故一定多；明天可能下雨，所以，明天交通事故一定多。

4.“没有永恒的朋友,也没有永恒的敌人”,这是必然的;所以,不可能“有永恒的朋友,或有永恒的敌人”。

九、认真阅读下述短文,并提出自己的处理意见。

《××晚报》上曾有一条新闻,转述如下:

国家工商行政管理局七月十五日发出通知,规定商品使用未注册商标必须在商品上和外包装上标明企业名称或地址。

据反映,最近某些商品使用未标注商标不标明企业名称或地址,发生问题无法查找,消费者对此意见很大。为了便于对商品质量进行监督,保护消费者利益,国家工商行政管理局要求各地工商行政管理部门必要时可对各工商企业和个体工商业者进行一次检查。对使用未注册商标不标明企业名称或地址的,责令限期改正。通知规定,自一九八五年十月一日起,凡使用未注册商标不标明企业名称和地址的商品,不得在市场上销售。对粗制滥造、以次充好、以假充真、欺骗消费者的,要从严查处,没收其非法所得,对屡教不改的,要吊销其营业执照。

在这条新闻里,“企业名称”和“地址”中间三处用“或”,一处用“和”,那么,究竟是“企业和名称地址”对呢? 还是“企业名称或地址”对呢? 按常理说,应该是“企业名称和地址”,因为如果要查究责任,仅知道企业名称而不知道它的地址是无从查究的,仅知道地址而不知道企业名称也是无从查究的。

本书把这段新闻稿摘录出来,是想强调一下“和”与“或”不能随便使用。比如说,“有人结婚之后生了一男或一女”与“有人结婚之后生了一男和一女”就大有分别。前者是不违背现行人口政策的,后者是违背现行人口政策的。又比如对“此处禁止抽烟和喝酒”的警示牌,一般人理解是两件事都在禁止之列,可是如果有人存心捣乱,掏出烟卷来抽,你去干涉,他会狡辩说他只是“抽烟”而没有“抽烟和喝酒”,如果写成“此处禁止抽烟或喝酒”,他就无从捣乱了。

只有在“无论”之后，用“和”或者“或”没有分别。“无论今天或明天”跟“无论今天和明天”是一个意思。

关于“和”与“或”在肯定句、否定句以及某些句式里的作用，逻辑学上很有讲究，对此感兴趣的读者可以向逻辑学家请教。

第六章练习题

一、指出以下三段论的大项、中项、小项，并说明这些三段论各属于哪一格，并用公式表示。

1. 社会主义的现代化建设必须从实际出发，我们的建设是社会主义的现代化建设，所以，我们的建设必须从实际出发。

2. 真正的马列主义是不会允许腐朽思想对自己侵蚀的，俄罗斯的埃利斯基是真正的马列主义者，所以，俄罗斯的埃利斯基是不会允许腐朽思想对自己侵蚀的。

3. 杰出的文学家都是对人类作出贡献的人，李四不是对人类作出贡献的人，所以，李四不是杰出的文学家。

4. 经不起实践检验的理论不是科学真理，“相对论”是科学真理，所以，“相对论”不是经不起实践检验的理论。

5. 阻碍人类进步的思想不是世界文化财富，法西斯主义是阻碍人类进步的思想，所以，法西斯主义不是世界文化财富。

6. 马克思主义者相信人民群众，主张英雄创造历史的认识是不相信人民群众的，所以，主张英雄创造历史的人不是马克思主义者。

7. 音乐是艺术，而音乐是能给人们带来听觉上的享受的，所以，有些能给人们带来听觉上的享受的是音乐。

8. 英雄模范行为是可以作为榜样的行为，英雄模范行为是非常鼓舞人的行为，所以，有些非常鼓舞人的行为是可以作为榜样的行为。

二、下列三段论是否正确？如果不正确，请指明违反了哪条规则和犯了什么错误。

1. 拒绝使用先进技术的人必定是落后的，而必定落后的人是不能有所作为的，所以，有些不能有所作为的人是拒绝使用先进技术的人。

2. 德国反对入侵伊拉克，德国是欧盟国家，所以欧盟反对入侵伊拉克。

3. 外国侵略者说，汉族人是中国人，蒙古族人不是汉族人，所以，蒙古族人不是中国人。

4. 日本不是大陆国家，日本也不是第三世界国家，所以，有些第三世界国家不是大陆国家。

5. 英国人都会说流利的英语，阿隆会说流利的英语，所以，阿隆是英国人。

三、运用三段论的有关知识填充下列各式，并使它们成为正确的三段论。

1. P(　)M
S(　)M
———
S(　)P

2. M　E　P
M(　)S
———
S(　)P

3. M(　)P
S　I　M
———
S(　)P

4. P(　)M
M　I　S
———
S(　)P

四、分析下列三段论的省略式，找出省略了的那一部分，在恢复成完整式后，说明它们是否正确。

1. 他发烧了，一定是感冒了。

2. 社会主义时期的民族问题是社会主义革命和建设中的问题的一部分，而中国现在的民族问题是社会主义建设时期的民族问题。

3. 凡哺乳动物都是温血动物,熊猫也不例外。

4. 所有的光都是电磁波,紫光是光。

5. 马克思主义之所以有力,就是因为它是真理。

6. 民族地区的建设是国家极为关注的大事,所以,西藏的建设是国家极为关注的大事。

7. 没有文化的军队是愚蠢的军队,而愚蠢的军队是不能战胜敌人的。

五、运用三段论推理的有关知识,回答下列问题。

1. 写出小前提为特称否定判断的二格三段论的形式,并查看其是否正确。

2. “一个结论为全称判断的三段论式,其中项不能周延两次。”这句话是否正确?为什么?

3. 以 A 判断为大前提,以 E 判断为小前提进行三段论推理,能否得出必然结论?为什么?

4. 有一个正确的三段论,它的大前提为肯定的,大项在前提和结论中都周延,小项在前提和结论中都不周延,那么这个三段论是怎样的?

5. “结论为否定判断的三段论式,其大前提不能是 I 判断。”这句话是否正确?为什么?

六、指出下列关系推理是否正确,如不正确说明其错误的原因,并用公式表示出来。

1. 黑龙江在辽河以北,所以,辽河不在黑龙江以北。

2. 美国在“9 · 11”事件中的损失大于在珍珠港事件中的损失,在珍珠港事件中的损失大于美国在中东战争中的损失;所以,美国在“9 · 11”事件中的损失大于美国在中东战争中的损失。

3. A,B 两国有战略伙伴关系,C,A 两国有战略伙伴关系 ;所以,B,C两国之间也一定有战略伙伴关系。

七、鲁迅在《辩论的灵魂》一书中概括了当时的顽固派反对革新的各种奇谈怪论。现摘引其中的三个片断,请运用三段论规则进行分析,找出它们的逻辑错误来。

“洋奴会说洋话。你主张读洋书,就是洋奴,人格破产了!受人格破产的洋奴崇拜的洋书,其价值从而可知矣!但我读洋文是学校里的课程,是政府的命令,反对者,即反对政府也。无文无君之无政府党,人人得而诛之。”

“你说中国不好。你是外国人吗?为什么不到外国去?可惜外国人看你不起……”

“你说甲生疮。甲是中国人,你就是说中国人生疮了。既然中国人生疮,你是中国人,就是你生疮了。你既然生疮,你就和甲一样。而你说甲生疮,则毫无自知之明,你的话还有什么价值?倘你没有生疮是说诳也。卖国贼是说诳的,所以你是卖国。我骂卖国贼,所以我是爱国者。爱国者的话是最有价值的,所以我的话是不错的,我的话既然不错,你就是卖国贼无疑了!”

八、三段论的一般规则与各格特殊规则有何区别?

九、请根据各格特殊规则分析本章练习题第二题中各推理是否正确。

第七章练习题

一、指出下述推理的种类并用公式表示,指出其是否正确并说明理由。

1.有一个伊朗民间故事:毛拉去集市买毛驴,卖驴的地方挤满了乡下来的农民。有个衣着考究的人经过那里,轻蔑地说:“这地方真拥挤,除了农民,就是毛驴。”毛拉听见此话,上前问那人道:“先生,您准是位农民了?”“不,我才不是农民呢。”“那您又是什么呢?”

2. 这段英文你没明白,或是我读错了,或是你没听清;我可以肯定我没有读错,所以一定是你没听清。

3. 秦末,陈胜、吴广等人因大雨连天,困在大泽乡,不能如期赶赴渔阳戍边。按秦律,如晚到,要处死;如不去,按抗命论处,也要死。反正是一死,不如揭竿而起。

4. 如果我是教师,那么当然要努力钻研业务,而我在搞后勤工作,所以我就不必努力钻研业务了!

5. 只有辛勤劳动、科学种田,才能把低产田变为高产田,可见南街村人是辛勤劳动、科学种田的。

6. 如果种草种树、发展畜牧业、改造产业结构,那么西北地区就能富裕起来;现在西北有些地区就富裕起来了,说明那些地区已经种草种树、发展畜牧业、改造产业结构了。

7. 某人不是从加州来的,就是从麻省来的;得知某人是从加州来的,所以,某人不是从麻省来的。

8. 奥斯特洛夫斯基有句名言:“人的一生可能燃烧也可能腐朽,我不能腐朽,我愿意燃烧起来!”

9. 革命既不能输入,也不能输出;所以,革命不能输出。

10. 如果它是金属,其价格就比较昂贵;如果它是黑色金属,其价格就比较低廉。它或者是有色金属,或者是稀有金属;所以,其价格或者昂贵,或者低廉。

11. 若是杀人,那他是犯罪;若是重伤害,那他也是犯罪。或者是杀人,或者是重伤害;所以,他都是犯罪。

12. 军队、警察、法庭、监狱都是暴力工具,所以,法庭、监狱是暴力工具。

13. 社会主义商品经济不仅是现实的需要，而且是历史发展的必然；所以，社会主义商品经济是历史发展的必然。

14. 当且仅当巴勒斯坦问题得到解决，中东地区才能获得安宁；巴勒斯坦问题未能得到解决，所以，中东地区得不到安宁。

15. 如果是抒情诗，它是文艺作品；如果是非抒情诗，它也是文艺作品。它或者是抒情诗，或者是非抒情诗；所以，它都是文艺作品。

二、阅读下述短文，然后回答问题。

1. 法官："我希望这是最后一次，我不想再在这里看见你了！"

小偷："怎么，先生，您要改行吗？"

请问小偷是怎么得出"法官要改行"这一结论的，请用公式把他的推理表达出来。

2. 深夜睡着了的孩子又哭了起来。父亲决定唱一首催眠曲。刚开了个头，隔壁人家就抗议了："还是让孩子哭吧。"

请问隔壁人家是否进行了某种推理才得出结论的。

三、阅读下述短文，然后回答问题。

某日，某小区发生入室盗窃案。案发后派出所抓到甲、乙、丙三名疑犯，接受审查时，三人陈述如下：

甲说是乙所为；

乙和丙都说不是自己所为。

现已知三人中只有一人说的是真话，且三名疑犯中只有一人作案。

请问谁是罪犯？

四、阅读下述短文，然后回答问题。

A，B，C，D，E 五人，他们或是男篮"国手"，或是男足"国脚"。

他们之间有一番对话，但对话时，同队队员说真话，异队队员说假话，对话如下：

A 对 B 说：B 是男篮的队员。

B 对 C 说：C 和 D 是男篮的队员。

C 对 D 说：D 和 B 是男足的队员。

D 对 E 说：E 和 B 是男篮的队员。

E 对 A 说：A 和 C 都不是男篮的队员。

请问他们各是哪一个队的？〈提示：可首先从二难推理入手〉

五、请用归谬赋值法判定下述推理是否是有效推理式。

1. 如果 A 被选为班长，那么或 B 或 C 可以当学习委员；所以，如果 C 落选，那么 A 不会当选班长。

2. 不做铁锤，就做铁砧。所以，一个人不能既做铁锤，又做铁砧；也不能既不做铁锤，也不做铁砧。

六、请用分支法判定下述推理是否是有效推理式。

1. $(P \land Q \to R) \to [P \to (Q \to R)]$

2. $(P \to Q) \land (R \to S) \land \overline{Q} \land \overline{S} \to \overline{P} \land \overline{R}$

七、不仅在三段论推理中有省略式，在复合判断推理中也有省略式。请你指出下述文字中所使用的复合判断推理，并把省略的部分补充完整。

因为我们是为人民服务的，所以，我们如果有缺点，就不怕别人批评指出。不论是什么人，谁向我们指出都行。只要你说得对，我们就改正。你说的办法对人民有好处，我们就照你的办。“精兵简政”这一条意见，就是党外人士李鼎铭先生提出来的；他提得好，对人民有好处，我们就采用了。只要我们为人民的利益坚持好的，为人民的利益改正错的，我们这个队伍就一定会兴旺起来。

八、阅读下列短文，并回答问题。

布朗、怀特、格林三个朋友在一起讨论问题。布朗说："真凑巧！咱们三个人的衬衣的颜色正好同咱们三个人的名字同音。"穿棕色衬衣的人说："哎呀，布朗的发现可真有趣！你们看，咱们每个人的衬衣的颜色，恰恰同自己的名字又不同音。"

请你推敲一下三人穿的衬衣各是什么颜色。

九、下例摘自《马王堆一号汉墓女尸研究的几个问题》一文。读完之后，请把研究者所使用的复合判断推理清理出来，并分析这些推理是否正确？

女尸的年龄约为50岁，皮下脂肪丰满，并无高度衰老现象，不可能是自然老死。经仔细检查，也未见任何暴力造成的致死创伤，故推测当是病死。但女尸营养状况良好，皮肤未见久卧病床后常见的褥疮，也未见慢性消耗性疾病的证据，而且消化道内还见到甜瓜子。这些情况表明，墓主人当系因某种疾病或慢性病发作，在进食甜瓜之后不久死的。

对于死者的死亡原因，也曾有过是否砷、汞、铅中毒的怀疑。现据化验，头发中的砷含量与现代人一样，因此砷中毒的怀疑就可以排除。至于某些内脏器官和组织中的汞、铅含量较多，估计有两种可能：一种可能是，在汉代统治阶级中流行的"升仙"思想的影响下，一号汉墓墓主生前曾长期服用含汞、铅之类的"仙丹"；另一可能是，尸体衣着上的红色染料（硫化汞）和棺壁漆料中所含之铅，经长期浸泡，一部分溶于棺液，并进入肌体内部。据初步研究，女尸的真发与假发均含有大量的汞，两者的汞含量相同，这就表明，发汞是由外部沾染上的。

十、请你把研究者所使用的推理清理出来。

1. 黄耆、含烟草和鸡冠花等一类植物，能吸收大量的铀等放射性元素;芦荟、吊兰和虎尾兰等可清除甲醛;常青藤、月季、蔷薇、芦荟和万年青等可有效清除室内的三氯乙烯、硫化氢、苯、苯酚、氟化氢和乙醚等;虎尾兰、龟背竹和一叶兰等可以吸收室内80%以上的有害气体;天门冬可以清除重金属微粒;柑橘、迷迭香和吊兰等可以使室内空气中的细菌和微生物大为减少。

另外,吊兰还可以有效地吸收二氧化碳;仙人掌科的一些多肉类花卉夜间很少排出二氧化碳;紫藤对二氧化硫、氯气和氟化氢的抗性较强,对铬也有一定的抗性;绿萝等一类叶大和喜水植物可使室内空气湿度保持极佳状态。

2. 英国科学家在研究中发现:饮食中盐的摄入量是决定钙的排出量多寡的主要因素,即盐的摄入量越多,尿中钙的排出量越多,钙的吸收越差。因此他们得出结论:适当减少盐的摄入量对骨质的益处,与增加900毫克的钙质的作用相当,这个数量已可满足人体对钙的基本需求。这就是说,少吃盐等于补钙,少吃盐对钙实际上起到了"不补之补"的作用。

十一、下述智力题为某电视台的竞赛题,试做此题并把所使用的推理勾画出来。

有一案件疑为小熊、猴子、乌龟三者所为。其中一个为主犯,一个是从犯,一个无辜。录得三句口供,如下:"猴子不是罪犯","小熊参与作案","乌龟不是主犯";其中至少一句是无辜者所说,而且是真话;此外每位均不提及自己的情况。请问三者的清白情况。

第八章练习题

一、指出下述推理是哪一种归纳推理?

1. 通过多年宣传教育和防治研究,人们对碘缺乏的危害有了较清楚的认识,但对高碘的危害的严重性却认识不足,研究较少。鉴于在推行全民食用加碘盐时,由于未能很好地区分缺碘区和高碘区,加之近年五花八门的富碘食品、补碘药品一度无控制地生产、应用,致使部分人群碘摄入量过多,并由此给人们的健康造成了不良影响及危害。

河北医科大学在国内外首次用多种动物、多批次复制成高碘甲状腺肿动物模型。从形态到机能,从代谢到基因表达,从整体到细胞培养,从细胞到分子水平,多层次、多角度地就高碘对机体的危害及防护对策进行了研究。

研究发现,用3 000 μg/L 高碘水喂动物(小鼠)6 个月后,与适碘组相比,仔鼠脑重量、蛋白质和 RNA 含量下降。

在高碘对动物受孕、胚胎发育影响的研究方面,发现用3 000 μg/L高碘水喂动物(小鼠)3 个月后,动物受孕率虽无明显变化,但胚胎发育受到影响,畸胎率增多,胎鼠和胎盘平均重量低于适碘组,显示出高碘具有胚胎毒性。

此外,在高碘母鼠所生仔鼠中,30 日龄仔鼠大脑皮层椎体细胞变小、变圆,发育落后,学习记忆能力下降,而且随着传代次数增多,损伤加重。

在高碘对肾脏的形态和功能影响的研究中,发现用3 000 μg/L高碘水喂动物 7 个月后,微粒体的酶活性降低,显示肾组织发生了病理形态改变 。

这些研究结果表明,高碘对动物的生长、发育、代谢及功能均有不利影响。

2. 近几年来,随着经济、贸易和交通的发展,外来物种的入侵日益加剧,对我国的一些地区已造成了巨大的生态和经济损失。

据统计,松材线虫、美国白蛾等森林入侵害虫目前每年发生严重危害的面积在 150 万顷左右。20 世纪 80 年代初,随木材贸易从美国侵入我国的红脂大小蠹,1999 年在山西省大面积繁殖,使山西省1/3的油松林在数月间毁灭。每年还有约150万公顷的农田遭受美洲斑潜蝇、马铃薯甲虫、非洲大蜗牛等入侵害虫的危害。

植物性物种如飞机草、水葫芦、大米草、空心莲子草、微甘菊等外来杂草肆意蔓延并到了难以控制的地步。

前些年从英、美等国引进的大米草,原是为了保护沿海滩涂,近年来却在沿海地区疯狂扩散,已经出现难以控制的局面。它与沿海滩涂本地植物竞争生长空间,致使大片红树林死亡。

二、在下述研究中使用了哪些探求因果关系的方法?

1. 科学家在地磁学的研究中发现,地磁场除了有规则地昼夜变化之外,还周期性地发生强烈的磁暴。在探索这一现象的原因时,又发现磁暴的周期性与太阳黑子的数量的多少有紧密联系,太阳黑子的数目减少时,其强烈程度也随之减少。据此,科学家们作出推论:太阳上所发生的变化(黑子数量的变化)和磁暴有因果联系。

2. 我国现今很多城市地面发生沉降。电视台曾报道西安市发生地裂,破坏了很多道路、古迹和民房,有的裂缝长达数公里,其原因是西安市发生地面沉降。探寻某城市地面沉降的原因时,可以使用探求因果关系的方法。我们知道,城市划分为若干个区域,各个区域的情况都不同,例如:有的人口密度高些,有的人口密度低些;有的是商业区,有的是文化区;有的地方地势高,有的地方地势低;有的临近郊区,有的地处市中心;有的高层建筑多些,有的古迹多些。总之,各种情况都不同。但是发现各个区域都在不同程度地抽取地下水,因而地面也就发生了不同程度的沉降。另外,靠近城市中心的地方,由于人口密度高,所以抽取的地下水就多;离市中心远的地方,由于人口密度低,抽取的地下水就少。因而,地面沉降的程度也有所变化,边远地区沉降较少,而市中心沉降较多,形成了所谓的“漏斗”形。通过对以上种种迹象的研究,有关部门确定:无限制地抽取地下水是城市地面沉降的罪魁祸首。

3. 1896 年初,伦琴发现了 X 射线。他意识到这个发现可能是一个重要的发现,而自己对其知之甚少。于是,他很谦虚地把这种射线取名为 X 射线,其中 X 的意思是“未知”的意思。在这之后,很多科学家对光线进行了大量的研究,发表了无数研究报告。这些科学家有的研究光线的性质,有的则研究光线的来源。由于匆忙和草率,有些科学家觉得自己也发现了几种射线,于是关于“Z”射线、“黑”射线等消息纷至沓来。

法国科学家亨利 · 庞加来也进行了 X 射线的研究。他设想,X 射线既然发生在磷光现象特别强烈的地方,那就有可能一切强烈的磷光物体都能发射强烈的 X 射线,并不只有克鲁克斯管在有电流通过的时候,才能够发射它。

另外一个法国人沙尔 · 昂利根据庞加来的设想作了一个试验,他把普通照相底片包上纸,底片上摆上能发磷光的硫化锌,然后把它们拿去放在日光下,晒过以后,把底片拿进暗室去显影。

显影的结果,底片上出现了一个深色的斑点,那正是曾经隔着黑纸摆过磷光物质的地方。可见庞加来的想法是正确的,凡是磷光物体,的确都能发出不可见的、能够自由穿越黑纸的 X 射线。在此之后,有一个名叫特罗斯特的科学家说,用不着那些容易打破的放电管,也用不着复杂昂贵的供电装置,只要把一小块磷光物质暴露在强烈的光线下,这物质就会发出 X 射线。

贝克勒耳出生于科学世家。他父亲曾研究过磷光现象。老贝克勒耳当年研究的是一种作用强大的磷光物质——铀盐。后来,小贝克勒耳也研究过它。因此,小贝克勒耳就想用这种盐来做这个实验。

小贝克勒耳居然也达到了实验的目的:太阳晒过的铀盐果然透过黑纸,造成了极其清晰的相片。

小贝克勒耳准备另做实验来验证这个结果。他用铀盐等东西准备了下一场实验。下面放的是用黑纸包好的照相底片,中间是剪成花样的金属片,上面是铀盐结晶体……可是那一天,太阳被乌云所遮蔽。所以他决定把这一套东西收进箱里,连纸上的铀盐也没取掉,为的是第二天可以立刻接着做实验。不料,第二天整天没有太阳,第三天、第四天也是阴天。

小贝克勒耳决定无论如何要给底片显一显影。当然,铀盐既然差不多全部时间待在黑暗里,只让阴天的漫射光线照过若干分钟,那它大概只发射过极短时间的磷光,而且磷光的力量也一定极其微弱。因此,X 射线未必产生过,即使产生过,也一定非常之少。小贝克勒耳抱着这种想法,所以满心以为底片上的暗影一定非常模糊。

不料事实完全相反。底片上居然有轮廓分明的黑底白花暗影,而且是磷光盐类从来没有产生过的。真是不可理解,真是莫名其妙!

后来,小贝克勒耳发现完全没有经过日晒的铀盐也能对黑纸包好的底片起很好的曝光作用,晒不晒太阳没有区别。

看样子,庞加来很可能是错了;底片曝光的原因可能是"铀"。那些在底片上造成曝光影像的盐类可能全都含有铀。

于是他又进行下一步实验,他把以前使用过的硫化锌和硫化钙等发光物质,放在阳光下暴晒,然后企图用它们使包在黑纸中的底片曝光,结果底片上一丝黑纹也没有。他的设想终于被证实了。

4. 光谱分析仪是一种十分有用的仪器,不同的元素发出的光有不同的波长,它们会在光谱分析仪上形成特定的谱线。比如:钠能发出明亮的黄色的谱线,锂能发出淡蓝色的谱线,金属铯的光谱线是天蓝色的。在 1868 年发生了一次日食,法国天文学家让逊和英国人洛克想利用这千载难逢的好机会分析太阳日珥,他们把分光镜对准太阳,结果在平常钠元素的黄色谱线旁边找到了另外一条不属于任何已知元素的明亮的黄线,后来人们给能发出这条黄线的元素起名叫“氦”。“氦”在希腊文里的含义就是太阳的意思。

由于在太阳上所发现的其他元素在地球都存在,所以,科学家相信在地球上一定也能发现氦的踪迹,经过不懈的努力,科学家终于在地球上也发现了氦元素。

5. 蚊子能传染疟疾,蚊子叮咬了人之后经常会使人感染疟疾,消灭了蚊子,疟疾也就消失了。于是有人运用求异法得出结论:蚊子是传染疟疾的元凶。但后来科学证明这种结论是错误的,传播疟疾的真正元凶是疟原虫,蚊子只不过是它的中间宿主。它叮咬了疟疾病人以后便把疟疾病人的疟原虫传染给其他的健康人。

6. 生物学分为两派,一派是进化论派,一派是遗传学派。遗传学派认为,物种的变化是由遗传决定的,而进化论派则认为物种的变化是由外界的环境决定的。达尔文在研究进化论时,就曾运用因果关系的方法研究了物种的形态与生活条件之间的因果关系。他首先注意到,在相同的生活环境中,动物的形态常常是相同的,例如:鲸是哺乳动物,鲨鱼属于鱼类,鱼龙属于爬行类,在动物分类中它们不属于同一类动物,但相同的生活环境使它们的形态很相似。它们都有鳍,体形呈流线型,以便尽可能地减少在水中的阻力。同时,他也注意到,生活在不同环境里的同类动物,体形上却有很大的差别。例如:蝙蝠靠趾间的皮膜可以飞行,猫科动物有着发达的肌肉且善于奔跑,而海豚则可以畅游于大海之中。不同的外界条件,是使同属哺乳类的这些动物在外形上产生巨大差异的原因。

7. 炭疽病是一种有高度传染性的疾病。它由炭疽杆菌引起,主要在草食性动物中发病,但人和其他某些动物接触到患病动物的皮毛或身体也会感染。人们发现豚鼠、老鼠和其他动物也会因感染炭疽病而死去,但跟这些动物接触过的鸟类却不受感染。巴斯德已经由试验知道,炭疽杆菌在44摄氏度以上是不能存活的。

鸟的体温通常在41～42摄氏度之间。他想:鸟类之所以能不感染炭疽病,是否由于它们的血很暖,加之感染后抵抗力能使它们的体温提高到44摄氏度。如果是这样,那么使鸟类感染炭疽杆菌而又人为地使其体温降低,就会使它们感染炭疽病。

于是,巴斯德将患炭疽病的动物的血注射给一只母鸡,并把这只母鸡的爪子放在25摄氏度的水中,使其体温逐步降低并最终稳定在37摄氏度左右。24小时后,这只母鸡死去,它的血液中充满了炭疽杆菌。

他取第二只母鸡做一个对比实验。开始的步骤像第一次一样,只是等母鸡感染炭疽杆菌后开始发烧时,将它的爪子从水中取出,包以棉花,置于35摄氏度的温室中。这只母鸡逐渐恢复健康,数小时后,完全恢复健康。然后检验它的血液,所有炭疽杆菌均不复存在。

8. 居里夫人发现在提取铀以后的沥青铀矿残渣中,仍有放射线放出。有放射线一定有放射性元素存在,那么,这个放射性元素既可能是残余的铀,也可能是其他的放射性元素;但铀的放射线强度远不如这种残渣的放射性大。这样,就可以排除是铀使现有的放射线强度如此之强的原因,一定是存在其他的放射性物质造成目前的放射现象。后来,通过居里夫妇二人的不懈努力,果真提炼出了钋和镭。

9. 英国物理学家瑞利在19世纪80年代,曾经为了某种目的用几种气体做了一系列的实验,来精确地测定它们每升的重量。

瑞利开始称最轻的气体"氢",接着称"氧",然后称"氮"。

纯氮不难从空气中取得。谁都知道,空气中将近80%都是氮,20%多一点是氧,剩下的是一些杂质和水蒸气。

在从空气中提取了纯氮以后,瑞利便把它放在天平上称量,并测量了它的密度。

瑞利是一个优秀的实验工作者,他总怕自己在提取纯氮的过程中,有所疏漏而混进了其他气体。有什么办法来检查上次做的实验是否有什么考虑不周全的地方,是不是有什么杂质混进去了呢?……瑞利决定从其他的途径来取得氮,以便与上次的试验作一些比较。如果两种结果完全一致,那就可以确定上次的实验结果没有差错;如果不同,则至少有一次试验是有误差的。

瑞利的朋友、化学家拉姆塞劝他从氨里提取氮。这种方法很方便,瑞利马上采用,从氨里提取了氮,并按照全部规程把它提纯了,也称过了。

不料这两份氮气重量竟然不相符。你想瑞利这时候是多么的苦恼。

从空气中得来的氮, 每升重 1.257 2 克;从氨中得来的氮,每升却重 1.256 0 克,比前者轻 0.1%。

于是瑞利动手检查自己的装置——玻璃管、抽气筒、天平等,可是得到的数字,还是一大一小,相差 0.1%。

瑞利不放心,做了第三次检查试验,但结果还是那样。

0.1% 的差额,这太小了,干脆忽略不管它,不就得了。可是瑞利不这样做,严谨的科学态度使他连这样微小的“误差”也不能容忍。

瑞利同这种顽固的气体一连斗争了 2 年,真是任何能想到的方法都用尽了! 他曾经分别让电火花通过从空气中制取的氮和从氨气中制取的氮;又曾把氮留置在密闭的容器里整整 8 个月之久。可是电流也好,时间也好,都不能改变这种气体的重量。

1894 年 4 月,瑞利在伦敦皇家科学会上报告了自己的试验。会后,化学家拉姆塞来找他谈话:

“两年以前,您给《自然》杂志社写信的时候,我还弄不明白为什么您会在这里得到两种不同的密度。现在,可全明白了:空气中的氮中一定有一种较重的杂质,一种未知的气体……如果您同意的话,我愿意把您的试验,接着做下去试试。”

后来,瑞利和拉姆塞及数千名研究者作了无数次试验之后,每次都未能找出确切的原因,也不能把那种可能存在的气体分离出来。正当二人无奈之时,有一位科学家建议他们去翻一翻档案,因为100年前有一位科学家卡文迪许也认为空气里的氮不是单质,卡文迪许的试验是这样的,他把一根玻璃管装满空气,然后在玻璃管里放电,放电的结果产生一种令人感到窒息的气体。他用溶液把这种气体吸收掉,由于管中的氮气多氧气少,所以他再次往管中增加一些氧气,然后再把产生的气体吸收掉,反复做下去,一直到最后,剩下一点气体,再也不能通过放电而与氧化合。卡文迪许由此得出结论,空气中的氮里混合着一种其他的气体。

有了卡文迪许的启发,瑞利和拉姆塞便通过各自的方法来开始做分离这种未知气体的工作。拉姆塞花了整整一个夏天的时间制取了100立方厘米的新气体。而瑞利则进行得慢些,直到1894年夏末,才收集到0.5立方厘米的新气体。不过重要的是,两位研究者使用不同的方法得到了相同的结果。

这种气体放在玻璃管内,通过两端的电极放电,可以发出美丽的冷光,冷光使科学家在光谱仪上看见了从未见过的新谱线。这等于确认了新元素的发现。

他们自豪地宣布:我们发现了一种新元素,这种元素到处都有,它从四面八方围绕着我们,在我们日常呼吸的空气中就有。

整整100年以来,科学家走遍天南地北,苦心搜集各种稀有的矿物,希望能从里面找出化学家尚未发现的最后几种元素……却想不到自己身边就藏有一种未知元素还没有被发现。

这种元素后来被命名为“氩”。氩的意思在希腊文里就是“秘密”“隐藏”的意思。

10. 以前,医学界还不知道某些人患“大脖子病”,即甲状腺肿大的致病机理,后来人们对甲状腺肿大高发病地区的环境进行调查和比较,发现那些地区的人口、气候、生活习惯等情况均不相同,但是有一个情况是相同的,那就是当地的土壤、水源以及食物中的碘元素含量偏低,由此作出结论:缺碘是引起甲状腺肿大的根本原因。现在,国家非常重视补碘的工作,在一定地区采取了某种程度的强制性补碘措施。

11. 1976 年 7 月 28 日,震惊中外的唐山大地震发生前夕,当地很多养蜂户的蜜蜂几乎全部跑光;有些地块的青蛙毫无道理地突然增多;有一个地区的鸟类纷纷弃巢而远飞他乡;田鼠等野生小动物成群结队地迁移,一点都不怕人;蛇、蚯蚓等穴居地下的动物纷纷爬出地面;骡子、马等家畜狂躁不安且拒绝进厩。过了不久,就发生了历史上罕见的、死伤人数几乎创纪录的唐山大地震。

1976 年 8 月,在四川某地区,养殖的蜜蜂纷纷弃巢远去,落在高处;该地区一个工地有成千上万只蛤蟆聚集在那里,排成两米多宽,两百多米长的长队;许多鸟类都飞离该地区。还有老鼠搬家,马牛打架、惊叫,狗狂吠不止等迹象。人们发现这些情况与唐山大地震前的情况极为相似,因此,推测该地区很有可能发生地震。后来地震果然发生了。

12. 在美国从事癌症研究的土耳其医生库却克对 26 名等候做前列腺癌手术的患者进行分组试验:一组服用他从西红柿中提取的番茄红素制成的胶囊,每天两次,每次 15 毫克;一组不服用这种胶囊。三周后他惊奇地发现,服用番茄红素胶囊的病人,肿瘤明显缩小,有的几乎消除,而对照组的病人的情况则保持在常规的病理状态下。可见番茄红素对前列腺癌有一定疗效。他说,下一步他将把番茄红素的研究推广到对结肠癌、脑癌及乳腺癌的研究中,并尽快证实番茄红素对治疗癌症的药性机理。

13. 香烟的烟雾里有超过 4 000 种的化学物质,其中许多可能有害健康。但是,要论罪魁祸首还得算尼古丁。这种化合物能引发快感,让人上瘾,高剂量下还会使人中毒。一项新研究发现了尼古丁的一种新特征:老鼠体内的尼古丁促进了新血管的生长,因此可能诱发癌症。

在这项新研究中,研究人员曾猜测,尼古丁会削弱血管生成。斯坦福大学医学院的心脏病专家约翰·库克博士说:“我们以错误的假设开始了这项研究。”令人惊讶的是,实验室里的人体血管培养组织在接触中等剂量的尼古丁后长势良好。尼古丁还减少了这些培养皿中正常的细胞死亡率。

在一群没有患肿瘤的老鼠身上,研究人员测试了尼古丁对动脉硬化症的影响。他们给一些老鼠的饮用水中加入了尼古丁,另一些老鼠只喝白水。结果发现,前者动脉中的脂肪块比后者大。库克认为,尼古丁促进了血管的生长,使这些脂肪块不断扩大。

库克和他的同事在一次试验中,向老鼠体内移植了人的肺癌组织,然后给一些老鼠的饮用水中加入了与吸烟者吸入量相当的尼古丁。饮用了加入尼古丁的水后,老鼠体内的肿瘤生长速度加快,因为尼古丁能促进血管的生长,而肿瘤没有独立的、丰富的、完备的供血系统是不可能快速生长的。

三、凡从事酿酒的人都明白,酿酒酿过头,酒就会变成醋。这在中国这样一个酿造大国,几乎是一个妇孺皆知的常识,但在西方国家,这个问题甚至引起过一场学术争论。

对为什么酒长期暴露在空气中会逐渐变成醋这个问题,利比西认为是由于酒中的氮在起作用。他做了一个实验,使酒精远离氮元素,那么,酒精过多长时间也不会变成醋;但若在其中加些含氮的化合物,它就会慢慢变成醋。

巴斯德反对这个说法,他认为,酒变醋是因为在试验过程中,有发酵菌混进酒中,并使其进一步发生变化。他指出:如果使酒不含发酵菌,它是不会变成醋的;但若加进一些不含氮的盐类进去,也会变成醋,因此,推翻了利比西的假说。他认为,利比西在实验中所加的氮化合物不过是使发酵菌混迹其中的媒介。

请回答：利比西利用了什么探求因果关系的方法？并指出利比西的错误的原因。巴斯德使用了什么方法排除了利比西所建立的错误的因果关系？

第九章练习题

一、阅读故事后回答问题。

泰国有个《糊涂鬼嫁女》的民间故事：

有个村子里住着一个糊涂先生。糊涂先生有一匹好马，十分讨人喜欢。可最近，糊涂先生急等钱用，打算把这匹心爱的马卖掉。

一天，糊涂先生牵了马，准备到市场去卖掉。他来到一条小河前，糊涂先生骑马下了河，结果马身上沾了不少污泥，本来很漂亮的马尾巴，变得难看极了，糊涂先生一见，拔刀就把马尾巴割掉了。

来到市场后，糊涂先生牵着这匹秃尾巴马走来走去，高声叫卖。但喊了很久，却没有一个人来看他的马。过了一会儿，他正要回家时，没想到在市场外碰到了一个老人。一番讨价后，终于以20铢的价格拍板成交了。

出乎意料，老人买下马后，又牵着马进了市场。“卖马啊！卖马！卖母马啊！”老人一面走，一面喊：“别看它尾巴断了，可它已经怀孕5个月了。你把它买了去，几个月之后，就可以得到一匹漂亮的小马驹了。朋友！我只卖25株！25铢啊！便宜得很呀！”他这样叫卖了不久，果然有人用25铢把马买去了。

“原来人家喜欢买怀孕的马，早知如此，我也这样叫卖，这5铢就不会让他白白赚去了。”

糊涂先生有个女儿，长得倒还俊，所以，上门来求婚的小伙子实在不少，但没有一个谈成的。为什么呢？原来是要的彩礼太多，那些小伙子不是认为太贵，便是付不起。

一天,又有一个小伙子上门来求亲。这一次,糊涂先生要的彩礼就更多了,那个小伙子要求减少一点,糊涂先生死也不肯答应,差一点跟小伙子吵起来。

“啊! 有了。”糊涂先生好像茅塞顿开。

“小伙子,你听好!”糊涂先生说“我要的彩礼并不算多,因为我的女儿已经怀孕几个月了。你要是娶了她,再过几个月,她就会替你生一个漂亮娃娃的。”

小伙子立刻被吓跑了。这门亲事当然没有谈成。

请问糊涂先生运用了什么推理以编造谎言。

二、阅读故事后回答问题。

《伊索寓言》里有这样一则故事, 大意是:

有一次,一头驴子驮着盐过河,这时,它渴得实在是厉害,于是就低头去喝水,可一不小心,滑倒在河里,盐溶化了一些。它站起来以后,觉得背上轻多了,心里很高兴。后来,又有一次,它驮着棉花过河。走到河边,这时它又想起上次驮着盐过河的经历,它想,如果跌倒在水里,背上一定也会轻多了。于是,就故意跌倒在水里。可是棉花吸足了水,将驴子压的气都喘不过来。

请问,寓言中的驴子用了什么样的推理? 是否正确? 如不正确,是犯了什么逻辑错误。

三、阅读故事后回答问题。

1. 弗朗西斯是马戏团的大力士。一根粗粗的铁棒到他手里,一扳便断了。每次表演,他都有一个保留节目,即把自己挤过的柠檬再让台下的观众挤挤,并对他们说:“如果你们能再挤出点儿汁来,我便给你们 100 英镑!”

一天,弗朗西斯又在重复他的老调,突然一个小个子男人跳上台来,引起观众的一阵哄笑。但令人惊讶的是,这个小个子男人不仅把弗朗西斯挤过的柠檬挤出汁来了，而且足足有一汤匙。弗朗西斯惊奇万分，不禁问道："先生，您是干哪行的？"小个子男人回答："我是收税的！"

2. 小军："今天考试我不用担心，因为我昨晚看了电视剧《明天交好运》。"

小华："我也不担心，因为早上我喝了'聪明泉'水。"

小林："坏了，刚才在路上我吃了一包'傻子瓜子'。"

以上是两个幽默故事，请问这个幽默故事是通过什么逻辑方法构造的。

四、请确定下述文字中使用的方法是比喻还是类比。

一位语言学家对她的班级解释说，跟英语不一样，法语里面的名词根据语法都分配有性别，要么是阳性，要么是阴性。她说，比如"粉笔"和"铅笔"这样的一些词都有性别上的联想，尽管在英语当中这些词都是中性的。

一位学生大惑不解，因此举手提问："那计算机属于什么性别？"老师也不知道，因此将全班分成两组，让他们来决定计算机应该属于阳性还是阴性。一组由班上的女生构成，另一组由男生构成。两个组都要求拿出4条理由来说明自己的意见。

女生那一组作出结论，认为计算机属于阳性，因为：为了获取它们的注意力，你必须让它们打开；它们有很多数据，但仍然很笨；它们应该能够帮助你，但有一半的时间它们本身都是问题；等你刚刚迷上一个，立即发现再等一阵子的话，一定能够得到更好的型号。

另外一方面，男生认为计算机属于阴性，而且肯定如此，因为：除制造者以外没有谁知道它们的内在逻辑；它们与其他计算机进行交流时使用的土语是其他任何人都听不懂的；哪怕你犯了最小的一个错误都会长期存储在内存中，便于以后检索；等你刚刚迷上一个,马上会发现自己必须把一半的工资拿去购买配件。

五、阅读下面的文章后回答问题。

1912 年,魏格纳根据非洲西部海岸和南美洲东部海岸形状相似的资料,设想地球在古代只有一整块陆地,在它的周围是一片广阔的海洋。后来由于天体的引潮力和地球自转所产生的离心力,使原始大陆分裂成若干块,浮在水面漂移。美洲脱离了欧洲和非洲向西移动,越漂越远,在它们之间就形成了大西洋。非洲一半脱离了亚洲,它的南岸顺时针方向略有扭动,渐渐与印巴次大陆分离,中间形成了印度洋。南极洲、澳洲脱离了亚洲、非洲向南移动,而后又彼此分开,这就是现在的澳洲和南极大陆。

20 世纪 60 年代中期,英国剑桥大学教授布拉德和他的同伴,根据最新的海洋图,运用电子技术,把大西洋两边大陆拼接在一起,几乎是天衣无缝。

美国麻省理工学院赫尔,利用绝对年龄测法,把两块大陆拼接的完美无瑕。

种种迹象表明,大陆漂移不仅发生在遥远的过去,还延续到现在和将来。如今,非洲大陆正在裂开,红海也在不断扩张,如果其扩张的速度按每年 16 厘米计算,那么不需要一亿年,一个新的宽达 15 000 公里的大洋就会形成。美国哥伦比亚大学的学者,对意大利进行地质勘查以后发现,西西里岛正在缓慢地向西北方漂移,离开意大利的亚平宁半岛。西西里岛与意大利大陆之间的墨西拿海峡也因而在逐年变宽。

美国学者用专门仪器进行测量以后证实,在最近 4 年内,墨西拿海峡比以前加宽了几厘米。

请分析这里提出了什么假说?是怎样提出和验证这个假说的?

第十章练习题

一、指出下列证明中的论题、论据和论证方式。

1. 日本科学家对成百上千名玩计算机游戏的少年的脑部活动水平进行了检测，并把结果与其他做简单、重复性算术题的学生的脑部扫描图进行了比较。让他们惊讶的是，计算机游戏只刺激了与视觉和运动有关的那部分脑的活动，对人的认识能力的提高毫无帮助。

相反，算术则刺激了大脑额叶左半球和右半球的活动，这部分大脑主要负责学习、记忆和情感。直到大约 20 岁还在发育的额叶对于控制个人行为也有重要的作用。儿童往往做出一些不该做的事情，原因是他们的额叶发育不良。这个区域受到的刺激越多，连接神经元的纤维就会越粗，儿童的行为自控能力就越强。

研究中还证实，练习算术比听音乐或听别人朗读更能激发大脑的活动。

2. 摇头丸其实也是毒品，只是由于很多人对它不了解，因此它比海洛因更具有欺骗性。而且摇头丸多为群体性滥用，长期服用，同样会成瘾，主要是心理成瘾，并会造成心理伤害。摇头丸的危害不亚于海洛因，它是一种兴奋性毒品，属于苯丙胺类毒品。它与海洛因相比，虽然成瘾慢，药力弱，但同样会严重损害人体的大脑和神经中枢，这种损害是不可恢复的。

3. 下面是大仲马竞选议员时所写的竞选传单。作为精神产品，其经济效益往往被人们忽视。以《基督山伯爵》等作品闻名于世的法国作家大仲马为了竞选议员，算出了他的作品的经济效益，让人能够一目了然，其手法确实令人耳目一新。

“劳动人民们！我提名自己为候选人。我请你们投我的票！

我的功绩是：在这 20 年里我写了 40 本书和 35 部剧本。这 40

本书,共值1 000多万法郎。其中:给编者26.4万法郎;给制版工人52.5万法郎;给装订工人12万法郎;给纸张生产者68.3万法郎;给出版商240万法郎;给代售商100万法郎;其他660万法郎。如果以一年300个工作日,每日工资3法郎计算,那么,我的书在20年内养活了1 692人。

35部剧本每部大约演出100场,提供了600多万法郎,其中:给经理们140万法郎;给演员们125万法郎;给布景师们21万法郎;给服装师们14.9万法郎;给乐师们15万法郎;给裁缝们5万法郎;给检票员和职员们14万法郎;其他212.5万法郎。因此,我的剧本使347人能在巴黎生活。这个数对农村来说应该乘以3,因此就是1 041人。

因此,先生们,我的剧本和书一共约向2 000多人提供了工作。在这个数字中自然不包括外国的译者和比利时的骗子们。"

4. 专家认为,人体如果长期接受超安全值的电磁辐射是十分有害的。长期接受超安全值的电磁辐射,人体细胞就会被大面积杀伤或杀死。高剂量电磁辐射还会影响及破坏人体原有的生物电流和生物磁场,使人体内原有的电磁场发生异常。长期处于高电磁辐射环境下,对人体健康产生的影响有:对心血管系统的影响,表现为心悸、头痛、失眠,部分女性经期紊乱、心动过缓、心搏血量减小、窦性心律不齐、白细胞减少、免疫系统功能下降等;对视觉系统的影响,表现为视力下降,引起白内障;对生殖系统的影响,表现为性功能降低、男性精子质量降低、孕妇发生自然流产和胎儿畸形等。长期处于高电磁辐射的环境中,还会使血液、淋巴液和细胞原生质发生改变,影响人体的循环系统和代谢功能,严重的还会诱发癌症,并会加速人体癌细胞增殖等。

电磁辐射对人体的影响是缓慢和无形的。对身体的损害因积累而产生,它的危害不容易被察觉。

5. 电磁辐射源,一般来说分为两类:一类是目的性的,另一类是非目的性的。目的性的电磁辐射,如电台、电视台、干扰台、微波通信、寻呼台、移动通信等等,数不清的电磁辐射源。它们的建立就是为了特定的目的,从而产生电磁辐射。非目的性的电磁辐射指的是一切通信设备、家用电器、电脑、电子产品及电器设备因设计不当而泄露的电磁辐射。

对后一种非目的性的电磁辐射,通过国家颁布强制性的电磁辐射管制标准可以加以控制;此外,电器设备能否正确安全地使用,也能决定这些设备的使用者能否避免过分的伤害。对此,中国消协曾提醒广大消费者:不要把家用电器摆放得过于集中,或经常一起使用;电视、电脑等电器需要较长时间使用时,应注意至少每小时离开一次;当电器暂停使用时,最好不要让它们处于待机状态;对各种电器的使用,应保持一定的安全距离。

但是,目的性的电磁辐射却是使人无法躲避的。试想一下,如果你有收音机,你在任何一个地方都可以收到无数电台的广播,而这意味着这无数电台的电磁波正围绕着每一个人,而不管你是否在听广播;如果你有寻呼机,你在寻呼范围内任何一个地方都可以收到寻呼信息,而这意味着这数不清的寻呼台的电磁波正围绕着每一个人,而不管你是否有寻呼机;同样但危害更大的移动通信设备是手机,如果你有手机,你在服务范围内任何一个地方都可以接听电话,而这意味着这数不清的机站(俗称"锅",即无线通信使用的收发天线)的电磁波正围绕着每一个人,而不管你是否有手机。

在北京西客站附近有一个安装在高层建筑物顶上,据说重量以吨计的巨大的天线。这个天线何时工作,附近的老百姓都知道,因为它一开动,附近的电视收看便会受影响,尽管这些电视是通过电缆收看,而很难受到干扰。此外,无绳电话也受到影响,在无来电的情况下,来电指示灯乱闪不停……

电磁辐射的危害虽不是人人了解,但总还是有人懂的。因此想在一个楼顶上装天线也并非易事,除保证此天线电磁辐射不超标外,还得按年付给物业相当的费用,另要付给经办人一定的好处。按几年前的行情,装一个“小锅”,经办人可得千元以上手机一部。

某个天线电磁辐射不超标,这是可能的。但如果我们发现北京有很多高层建筑群的顶上设有天线,而有天线的楼顶往往装满各种各样的天线,那么我们不免要问:电磁辐射总量是否超标?

某个频率的天线电磁辐射不超标,这是可能的。例如,电视台发出的信号与微波通信的频率不同,也许分别都不超标;但如果我们发现有多少种不同频率的电磁波在同时辐射,那么我们还不免要问:电磁辐射总量是否超标?

几年前就听施工队某些人议论说:“一看屋顶是否有铅板制的防辐射隔离层,就知道这房子主人是什么身份了。”我们宁愿这种说法是毫无根据的。因为,我们希望那些有身份的人能与百姓同甘共苦,也在“分享”电磁辐射带来的伤害,也希望他们正在研究制定电磁辐射总量和分量的控制标准和控制办法,如果他们有可能参与制定电磁辐射总量和分量的控制标准和控制办法的研究的话。

我们希望这方面的控制标准和控制办法早日出台。

6. 澳大利亚科学家研究发现,长时间或频繁使用手机有害健康。频繁使用手机会使人体的热休克蛋白质长时间被激活乃至活化,这种蛋白质通常只在人心情紧张、体温增高、身体受伤或发炎感染时才会被激活。人体细胞因各种各样的原因受损或产生有害细胞后,细胞的防御系统会自行清理修复。而热休克蛋白质会破坏细胞修补,破坏细胞防御系统,导致有害细胞和受损细胞越来越多,从而引发癌症。

7. 历史上没有一个反人民的势力不被人民毁灭的！希特勒、墨索里尼不都在人民面前倒下去了吗？翻开历史看看,你们还没站得住几天,你们就完了,快完了,因为逆历史潮流而动的势力,是必然要被扫进历史的垃圾堆的。

8. 近一段时间，医生经常遇到一些补钙过量的小患者。8 岁的亮亮除了日常蔬菜水果外，饮水时也要加一些果汁，春节后又开始服用补钙制剂。从 3 月末开始，亮亮有时尿中带血，腰部也时常隐隐作痛。专家为其作了血钙检测，结果发现血钙含量明显偏高，诊断为高钙尿症。这是由于亮亮补钙过量，加之进食含草酸过多的果蔬，生成草酸钙结晶，造成肾小管损伤出血。

6 岁的小强对果味鱼肝油非常感兴趣，时常自己倒点儿品尝一下。家人认为鱼肝油“有营养”，对此也未约束。近来，小强开始不爱吃饭，而且出现多汗、乏力等症状。医生诊断为是维生素 D 摄入量过多引起的，其肾脏已开始出现钙化点。

据专家介绍，补钙过多除了容易引起高钙尿症外，儿童补钙过量还可能导致囟门过早闭合，限制大脑发育；骨骺提前闭合，影响生长发育；血钙浓度过高还会导致异位沉积，如沉积在眼角膜周围将影响视力，沉积在心脏瓣膜上将影响心脏功能，沉积在血管壁上将加重血管硬化等。

对孩子采取不适当的补钙措施有碍孩子的健康成长。

9. 翻开科学史，我们可以发现，中年时期正是科学家出成果的黄金季节。有人对 1500 年至 1960 年全世界 1 249 名杰出科学家和 1 228 项重大科研成果做了统计，发现科学家发明的最佳年龄是 25 岁至 45 岁。还有人统计了古今中外的 1 243 位著名科学家、发明家，他们当中 65% 以上的人是在 20 岁至 40 岁之间做出第一项重大发明创造的。也有人统计了 301 位诺贝尔奖的获得者，其中大约 40% 的人是在 35 岁至 45 岁之间获奖的。美国学者莱曼统计了数千名科学家、文学家、艺术家的年龄和成就，结果表明，创造与成就的最佳年龄约在 25 岁至 40 岁之间。中国科学院的一份调查资料表明，该院北京地区部分研究单位 1978 年至 1979 年获得重大科技成果奖的科技骨干中，36 岁到 50 岁的科技人员占 88%。这些统计数字有力地说明,中年正是创造才能得以发挥的最佳年龄段。

10. 目前国外比较流行一些新的治疗方法。

爬行法是其中之一。这种方法可以治疗腰肌劳损、坐骨神经痛、关节炎、下肢静脉曲张、脊椎病、肌肉萎缩、痔疮等等。这是一位外国医生发明的。他对许多猴子解剖后发现,它们极少患上述疾病。人类易得这些病是由于直立行走过多而引起的。

逆行法是其中之二。所谓逆行法其实就是迈步朝后走,也就是倒退走。其疗效与爬行法相当。

人在正常行走时肌肉的动作方式、肌肉群和骨骼系统的动作程序是一定的;逆行或爬行时肌肉的动作方式、肌肉群和骨骼系统的动作程序要发生很大的改变,而这种改变等于给相关的肌肉群和骨骼系统以一定的刺激,使其相关部位血循环状态得以改善,因而使发病部位的病症得到缓解和治愈。

11. 如果法院的判决书能够公开出版,将是一件有益于法制建设的事。

判决书的内容是对社会进行的一种公示。通过公开出版,可以满足人民群众的知情权,对其合法权益是一种保护;有利于增强公民、法人依法办事的意识,增强法制观念。公开出版的判决书无疑是一种很好的法制宣传资料。

公开出版判决书,对于促进司法公正也有很重要的作用。对法官来讲,判决要经得起大众和时间的检验。一个"吃了原告吃被告"的法官,如果他的判决书颠倒黑白,公开以后必定露出破绽。

所以公开出版判决书有利于促使法官不断提高法学素养,提高法学理论水平。判决书的公布,会使上级法院的案例对下级法院发挥重要的参考作用,保证判决的统一性、均衡性,减少量刑畸轻畸重的现象。

12.“安慰剂”古已有之,而其实质就是心理安慰。近几年,医生发现“安慰剂效应”表现最明显的是高血压、心绞痛、情绪低落、胃肠溃疡、哮喘、关节炎、偏头疼和其他慢性疾病的病人,也有心脏病和癌症病人。

古今中外的大量实例告诉我们,心理安慰确能治好某些疾病。

二、指出下列反驳中反驳的论题、反驳的论据和反驳的方式及反驳的着手点,如有可能请分析其反驳是否正确。

1. 康老先生曾经发过一篇议论,他认为现在中国人既不拜天又不拜孔圣人,还留着这膝盖何用?鲁迅反驳道:康圣人主张跪拜,认为还留着这膝盖何用?走时腿的动作,固然看不太分明,但忘记了坐在椅子上的时候的膝盖的曲直。

2. 有一次,一位外国记者向周恩来总理提出这样一个观点:“一个国家向外扩张是由于人口过多。”周总理回答说:“我不太同意这种看法。美国的人口在一次大战前是 4 500 万,不算太多,但是,美国在一个很长的时期内曾是‘日不落帝国’,美国的面积略小于中国,而美国的人口还不及中国的 1/3,但是美国的军事基地遍布全球,美国的海外驻军 150 万。中国的人口虽多,但没有一兵一卒驻在外国的领土上,更没有在外国建立军事基地。可见一个国家是否向外扩张,并不决定于它的人口多少,而决定于它的社会制度。”

3. 著名的大学者钱钟书学贯中西、名扬四海。但他却淡泊名利,从来不接受报刊、电台、电视等媒体的采访。

有一次,一位外国记者不远万里来到钱老家中采访钱老,而钱老却说:“你知道有只鸡蛋好吃就行了,何必非要见一见那只下蛋的母鸡呢?”

4. 在聚餐会上,常听到这种说法:感情深,一口闷;感情浅,喝一点。

但是,现代科学证明人的酒量和感情是没有关系的,与酒量有关系的是人的遗传基因。有些人的基因中含有 ALDH－1,有些人的基因中含有 ALDH－2,它们的不同导致酒精在人体内的分解速度有很大不同。所以,有些人摄入的酒精——乙醇能很快地分解为乙胺,排出体外;而这个过程在有些人身体里却慢得多,酒精在他们的体内滞留时间要长些,存留量相对多些,所以他们就容易醉。

5. 假话,在人际交往中几乎随处可见。有些人宣布自己从来不说假话,这句话本身就是一句假话。当我们看到亲戚病重,当我们获悉朋友遭难,我们就时常会说一些与实际完全不符的假话。在这个意义上,世界上没有不说假话的人。许多假话在形式上与人际间的真诚不相一致,但在本质上却吻合于人的心理需求和社交需求。人都不希望被否定,人都希望猜测中的坏消息是假的。为了不使人的许多合理要求或美好的愿望瞬间被毁灭,假话就有其存在的必要。

6. 加拿大前外交官切斯特·朗宁,1893 年出生于我国湖北省襄樊市,他的父母是美籍传教士。切斯特·朗宁幼时曾喝过中国奶妈的奶汁。当他 30 岁竞选加拿大省议员时,反对派掀起一场诽谤他的运动。他们说切斯特·朗宁是喝中国奶妈的奶长大的,他身上一定有中国血统。

斯特·朗宁反驳道:“据权威人士披露,你们是喝牛奶长大的,你们身上一定有牛的血统。”结果,他在这次竞选中获胜。

7. 人们以前认为,一个人的观点、态度完全是从家长、老师和他所处的文化环境中学习而来的。一项新的研究指出,基因不仅从生理上塑造我们,而且影响我们的观点和态度。

加拿大科学家对 336 对成年双胞胎进行调查后发现,在研究涉及的 30 个测试题目中,受调查者对其中 26 个测试题目的回答受到基因影响。受基因影响最大的三大主题为:在“维护生命”的标题下，包括对堕胎、自愿安乐死、死刑和有组织的宗教等问题；在“平等”的标题下，包括对种族歧视、开放的移民政策和与他人“友好相处”等问题；对“体育活动”的态度，如有组织的体育赛事和锻炼。人们对脑力劳动（如阅读、填字游戏和国际象棋）的态度受基因的影响最小。

8. 专家披露喝牛奶是骗局和有极大危害①

“一杯牛奶强壮一个民族”，钟爱牛奶的人们对此津津乐道。然而最近，瑞典卡洛林斯卡研究所完成的一项研究表明，大量饮用牛奶会增加妇女卵巢癌的发病率。这是科学家对6万多名每天饮用2杯以上牛奶的妇女调查后得出的结论。科学家对61 084名年龄在38岁至76岁的妇女跟踪了13年之久，在这段时间里，有266名妇女被诊断出患上了卵巢癌，125名尚未确诊。那些每天饮用4次以上奶制品的妇女，卵巢癌的发病率比每天喝2杯牛奶的妇女高出一倍。

从80年代起，就有一些医学专家对牛奶提出质疑。一些世界著名的医学杂志也不断有不利于牛奶的研究问世，那么这些不同声音主要来自哪些方面呢？

过多饮用牛奶可能诱发癌症

90年代以来，已经有多项研究宣称过多饮用牛奶可能诱发女性乳腺癌、卵巢癌，男性前列腺癌等多种癌症。

2004年10月发表在《新英格兰医学杂志》上的一项研究指出，牛奶可能是女性乳腺癌的重要诱导因素。

来自丹麦的研究人员对117 000名妇女的调查发现，8～14岁的少女青春期的成长速度对其成年后乳腺癌的发病率有很大影响，青春发育期体形高而瘦的女孩成年后乳腺癌的发病率明显高于那些胖而矮的女孩。

① 来源：2005年1月7日《北京科技报》。

研究显示,在 13～14 岁达到发育高峰期的女孩,比在 10～11 岁就达到发育高峰期的女孩乳腺癌的发病率低 16%。

研究人员认为,近 50 年来世界乳腺癌发病率的大幅提高与人们饮食结构中牛奶及奶制品消费增加密切相关。例如:日本战后,饮食结构西化,牛奶和奶制品的消费大幅增加,这使得日本女性的平均身高明显增加,但是同时女性乳腺癌发病率也随之提高了一倍。

研究人员认为,大量饮用牛奶会增加人体中类胰岛素一号增长因子(IGF—I)的水平,而 IGF—I 与更高的身材密切关联。已经有多项研究表明,几乎每一种癌症都与 IGF—I 有关联,IGF—I 是一种促使癌细胞生长和繁殖的关键性因素。

去年 9 月,另一项发表在《生物化学杂志》的研究成果也认为,IGF－I 在妇科癌症的生长和扩散过程中扮演了很重要的角色。哈佛大学医学院、牛津大学和台湾医科大学的科学家联合研究发现,IGF－I 加速和加强了氯化钾离子在细胞壁之间的交换,导致人类卵巢癌细胞的繁殖和宫颈癌细胞的加速生长。

牛奶的补钙功能受到质疑

对于牛奶可以补钙,从而防治骨折和骨质疏松的观点,一些研究也提出质疑。一项为期 12 年、涉及 78 000 名妇女的哈佛大学的护士健康研究表明,大量饮用牛奶的妇女比那些少量饮用或者不饮用牛奶的妇女骨折的比例高两倍。

医学研究表明,大量钙流失是导致骨折的主要原因,盐和动物蛋白质,例如鸡肉、鱼、蛋等都会引发钙流失。

牛奶中含有的几种蛋白质也会引起钙的流失,从牛奶中吸收到的钙有 1/3 会从尿液中被排出,而从奶酪中吸收的钙 2/3 会流失。

骨质疏松症发病率最高的正是那些牛奶和奶制品消费高的国家,例如:美国、瑞典、芬兰等。北欧的因纽特人平均每天吸收 250～

400 克动物蛋白,从鱼骨中吸收的钙质有 2 200 毫克,却是世界上骨质疏松症发病率最高的民族。

而饮食中乳制品很少的亚洲国家,骨折发生率最低。平均钙摄入量只有 300 毫克的新加坡,骨折发生率只有美国的 1/9。因此大量饮用牛奶可能不仅不能增强骨质,还可能适得其反。

儿童牛奶过敏比较常见

各种动物分泌的乳汁都是适应它们自己幼崽生长发育的需要。就奶牛而言,它有四个胃,有大而粗的肠子,巨大的骨架及由大量的内分泌系统所控制的生长速度。适应小牛生长的牛奶不一定完全适合婴儿发育的要求。

牛奶极易引起儿童过敏,这种过敏大都会在 3 岁左右消失,少数儿童的过敏症状一直会延续到 10 岁左右。

最近法国的一项研究发现,在被调查的儿童中,大约 2/3 的儿童有牛奶过敏反应。

牛奶过敏症状主要包括:流鼻涕、哮喘、发烧、中耳炎、皮疹以及胃部不适等。研究人员发现,当将牛奶从他们的食谱中撤出时,这些症状就会减轻或者消失。如果食谱中再加进牛奶,这些症状又会出现。

牛奶的危害———重建牛奶摄取的正确认识

[台湾] 姜淑惠 医师

牛奶好还是豆浆好?联合国国际会议上说:牛奶里含的是乳糖,而全世界有 2/3 的人不吸收乳糖,黄种人中有 70% 不吸收乳糖,我们是黄种人。有人牛奶是喝了,但事实上并没有吸收多少。豆浆有什么优点?豆浆里含的是寡糖,它 100% 吸收。而且豆浆里还含有钾、钙、镁等,钙比牛奶含量多。牛奶里没有抗癌物质,而豆浆里有 5 种抗癌物质。其中特别是饴黄酮,专门预防、治疗乳腺癌、直肠癌、结肠癌。所以对我们黄种人来说最合适的是豆浆。此为一般性常识,更为详尽的专业性认知可参考下文:

此篇文章与牛奶的传统认知观念差异极大，就如姜淑惠医师在后记中所言，“虽千万人吾往矣！明知这冒犯许多乳制业者、奶粉贩售者、专家、权威……”依然坚持自己一贯的主张：“牛奶是牛吃的，不是人吃的，为了远离慢性病，请尽早断奶。”为阐明科学真相、维护健康，请认真研读吧！

在多年临床行医生涯里，因所学之故，经常遇见幼儿过敏、气喘、过敏性鼻炎、扁桃腺肿大、皮肤发疹，成年人关节炎、经常性腰背酸痛、免疫系统失调等病例，每当患者或其父母亲属详细询问致病原因，或想改善日常饮食时，我通常会建议他们停止摄取牛奶或乳类制品，多数的人最初都是投以惊讶疑惑的眼神，或有驳斥道：牛奶乃极端完整的食物，欧美人士长得高大壮硕，就是从小摄取牛奶代替茶水饮用。你这位医师到底有没有搞错？也有些患者，姑且相信并付诸实践，结果成效斐然，痼疾得以痊愈，进而体悟“知难行易”的道理。

牛奶本身营养成分相当完整，但仅对小牛而言，犹如人类的母奶对婴儿一样。而且奶只适合幼小期，这由动物会自动断奶的自然现象就可得知，其中蕴涵着深远道理。牛奶类制品是否适合孩童、青少年、成人及老人，以下将逐步分析说明。请先记住消化生理学上的通则：没有健全、完整的消化作用，就无法获得完善的营养。

(1)牛奶与人奶的成分比较

蛋白质：牛奶总蛋白质含量高，为人奶的3倍。牛奶的蛋白质主要是酪蛋白(Casein)，人奶以白蛋白为主。人奶味道较甜，因为碳水化合物含量比牛奶高。在矿物质方面，牛奶缺乏碘、铁、磷、镁，而人奶中含量丰富。人奶含有两种物质成分，为牛奶所缺乏，一是卵磷质(Lecithin)，属于磷脂质；一是Taurine，属于一种氨基酸。这两种物质参与婴儿脑部发育，哺乳人奶攸关婴儿智能发展，牛奶难以替代。人奶中另有两种氨基酸，其含量为众奶之上，成分为 Cystine 及 Tryptophan，它们提供婴儿所需的最佳营养成分。

从人奶与牛奶成分比较中，我们可以发现一个事实，人奶、牛奶都是提供给小牛或婴幼儿饮用的。仔细观察小牛与婴儿成长的差异，可以发现牛奶原来是小牛发育中的食物，小牛出生后饮用牛奶，促使其骨骼及身体重量急速发育，每个月增加 1 倍（出生后前 3 个月均如此），但脑部发育少且慢。而人类婴儿需要 6 个月时间体重才会增加为出生时的 1 倍大。婴儿身体的成长速度缓慢，但脑部却以最快的速度发育，超越所有的动物。小牛肢体骨骼成长快速，故需大量蛋白质。而婴儿脑部成长胜过肢干，故需卵磷质及 Taurine 等特别物质的辅助。

现在社会经济发达，乳类制品充斥市场，现代的小孩外形发育极好，高大的躯干、呈现早熟的征兆。但常常是 12 岁的外表却仅有 8 岁的智能内涵，脑部发育、智力启发都大不如前，这就是食用牛奶等高动物性蛋白质食物的结果！

从消化的观点来看，牛奶中有两种成分：乳糖（Lactose）、酪蛋白（Casein），均需仰赖特定酵素来分解。如乳糖经由 Lactase（乳糖酶）、酪蛋白经由 Rennin 分解成较单纯之成分才能吸收。人类仅在婴儿期（稚齿未长齐前）胃内含有这种可消化酪蛋白的酵素 Rennin，孩童约 3 ~4 岁时，乳齿已长完备，这两种酵素就会从消化道中消失，终其一生不再分泌。此时应停止使用乳类制品，开始进食固体食物。如果仍继续使用牛奶，将会埋藏许多痛苦的病因。牛奶所含的蛋白质大多数是酪蛋白（Casein），酪蛋白是一种大型、坚硬、致密、极难消化分解的凝乳（curds）。酪蛋白适合有四个胃结构的牛，利用不断反刍分解，方能完全消化。人奶蛋白质成分单位相当小，属于性质柔软的凝乳，即使消化系统尚在发育中的新生儿，均能很容易就消化。

牛奶与人奶中酪蛋白的含量，牛奶为 300%，这种坚厚粗糙的东西，如黏合木器的胶质。哈维医师指出：牛奶中酪蛋白因子是造成消化不良的重要因素。因为牛奶中所含酪蛋白及脂肪会与所有食物进行极不适当的组合。牛奶进入胃后会自然变成凝乳,形成一种把胃中残存食物包围起来的作用,这种隔离造成的孤立状态会阻碍其他食物消化,直到凝乳被消化为止。

从牛奶与人奶成分的分析中可知,新生儿至6个月间最好以人奶哺乳,脑部发育及营养状况才能健全。6个月至幼齿长成期,可考虑食物替代。3岁以上或幼齿长齐时,应放弃牛奶而以天然谷物及豆类、蔬果等取代。

(2)牛奶摄取与疾病的关系

牛奶及乳类制品含有至少25种以上不同成分类型的蛋白质(异类蛋白质),不但是造成人类过敏反应的重要原因,与自体免疫疾病都有关联性。牛奶及乳制品为食物过敏的元凶。过敏反应几乎不曾见于喂食母奶的婴幼儿。倘若母亲是乳制品的大量消耗者,过敏反应会透过奶水的喂食,造成婴儿腹痛等疾病。

消化性溃疡者,假使摄取乳制品,常会恶化溃疡。其原因乃是乳类制品含有高浓度蛋白质,蛋白质的消化必须靠胃部分泌更多的胃酸(主要是盐酸)及消化酵素方能分解消化。因此大众错误的认知以为"胃溃疡应多喝牛奶,以令胃壁形成一层膜,可以抵抗发炎且可帮助溃疡的愈合"。乍听似有道理,实则是一派胡言。

神经医学上有种疾病,至今仍令人感到沮丧难治:多发性硬化症,其发生率与孩提时代摄取过多乳制品有关。流行病学研究显示,吃人奶者极少见有罹患此病。

成年人糜烂溃疡性大肠炎,儿童经常发作的急性扁桃腺炎、慢性鼻窦炎、淋巴结发炎肿大、慢性中耳炎……这些顽固且反复发作恼人的疾病,不论何种年龄层,只要单纯地从饮食中剔除牛奶以及相关的乳类制品,短则或1个月,长则或3个月,就可以得到非常神奇的效果与改善。譬如儿童肿大的扁桃腺,不需借助扁桃腺摘除手术,或长期抗生素治疗,假以时日就会明显的缩小而回复正常大小,永绝再患。

W. Walker 医师是美国一位世界知名的内分泌专家,他从60多年长期行医的丰富经验中体会到,许多疾病尤其甲状腺肿大之形成及其他甲状腺功能失调等棘手疾病,除了碘代谢以及荷尔蒙因素之外,直接导致的原因在于牛奶中所含酪蛋白,这经常为人们所忽略。这种现象在牛奶及乳制品大量采用巴斯德消毒法之后,更为显著。Walker 医师在20世纪30~40年代,提出这种理念及呼吁,实为高瞻远瞩。

酪蛋白是一种坚厚如绳索、黏腻如胶水的黏液组织,会附着在胃肠黏膜壁上而形成身体的阻塞,造成组织器官的病变。人体组织中并没有这种机转的设计,足以消化分解酪蛋白,因此对人体而言,它们是无法被利用且会阻塞全身各种系统的黏液。不论儿童、青少年、成年人、老人或病人,取用乳类制品,均会有副作用。孩提时代,呼吸道及消化道在免疫系统上属于较为脆弱的组织,必然首当其冲。当黏液分泌物过多时,这两处所形成的障碍也相对增加。因此不论大小医院,小儿门诊所见,通常尽是这些消化不良、腹胀、腹泻、便秘、呕吐、感冒、气管炎、气喘、鼻塞等等病症。不论什么年龄层,黏液阻塞通常选择在人体较脆弱的组织,此乃定则。中国医学谈论病机时,在黄帝内经记载:"邪之所凑,其气必虚。"由此可见,中外古今自然界所共同遵循的道理,同出一辙也。

因为牛奶与人奶在成分组成上之差异,人与牛消化器官功能上的差别,酪蛋白的腐化,酿成许多健康的问题。在我们品尝牛奶、奶酪、奶油等香醇迷人的乳类制品时亦当省思"病从口入"的谛理事实,读者诸君自能领悟健康之道,建立起手口之间抉择的理智。

(3)摄取牛奶无法阻止骨质疏松症(缺钙)

"多喝牛奶可以预防骨质疏松症""多吃鱼骨头、小鱼干可以补充钙质,可以预防骨质疏松症""每天喝三大杯牛奶,健康营养不缺了”“×××高蛋白高钙奶粉,病中的补品,平日的食品”……打开报章杂志、电视广播,眼所见、耳所闻,广告中不断教导大众,多喝牛奶摄取足量钙质,可以杜绝骨骼疏松,强化骨骼。营养专家、医护人员教导,政府卫生教育宣导,一再强调补充蛋白质、补充钙质、多喝牛奶、多摄取乳类制品,年轻人可以强化骨骼,老年人可以挥别骨骼疏松。这种耳熟能详的广告词,早已被“蛋白质、钙质及牛奶缺乏会导致骨质疏松症的恐慌者”奉为圭臬,并且天天力行实践。奇怪的是,如此卖力实践,骨科门诊及病房中仍有许多不慎扭伤或滑倒就造成骨折的病人。坦白说,每当后学对医学研究报告学得越多越仔细越深入后,越感到夸大不实、虚伪广告对大众的残害。以讹传讹、错误观念、所谓专家一言九鼎的信条,也只是扭曲事实、自大腐化的表现。殊不知,营养医学的革命早已在有良知者默默的改革下大力推动着。如在美国研究饮食与疾病关联方面权威之一的麦都果医师 A. John McDougall,曾做过一个全世界各地区人民摄取钙质与骨质疏松症的大型研究计划,历经多年的研究调查,提出几个事实,以资参考:

乳类制品贩售的基本理由在于可提供丰富的钙质。事实上,世界上有许多国家的人民,他们的饮食中并没有乳制品,也未面临骨质疏松的侵害。人类钙质缺乏,因人类饮食中摄取钙质不足者,极为有限。相反,摄取动物性蛋白质越多,骨质中流失的钙质也越多。血液中钙的浓度不能代表骨骼钙质流失的程度。保持体内钙质正性平衡、维持骨骼硬朗的根本政策:改变饮食内容,减少每天摄取动物性蛋白质的量,不需增加钙质之摄取。

从世界各地收集的资料显示:亚洲及非洲社会,在工业大发展前,牛奶是非常罕见的食品,但他们都具有坚强的骨骼及坚固的牙齿,所谓富裕社会的文明病,极少发生在他们身上。如非洲斑图(Bantu)妇女的健康状况就是很好例证。在她们的日用饮食里,从来没有见过牛奶,她们钙质的来源取自蔬菜,每日提供 250 到 400

毫克钙质，她们钙质吸收量不及西方社会妇女的一半。斑图妇女，一生当中平均生育10个子女，每个孩子都是亲自哺乳1年以上。即使如此的钙质流出及相对低量的钙质摄入，骨质疏松症（多数骨头表现薄又脆弱）的妇女几乎不曾见到过。有趣的是，斑图妇女移民或迁徙到其他西方国家，改变她们的饮食状况，改以文明饮食为主时（高动物性蛋白质、高糖分、高油脂、高盐，营养丰富饮食），骨质疏松症及牙齿的毛病，就变得稀松平常！骨质疏松症的发生率是一个很理性的指标，代表任何一种文化背景社会中，人的骨骼中钙质存留的状况，间接反映饮食营养文化。

医学界及公共卫生学家们对全世界作了广泛研究后发现：骨质疏松症最常见之国家为美国、英国、瑞典、芬兰，它们也正是乳类制品消耗量最多的国家。骨质疏松症在乳制品消耗量最低的国家，如亚洲及非洲却极少见。

在美国受到骨质疏松症侵害者，大约有1.5亿至2亿人口，而美国人民的乳制品消耗量也是世界第一位。平均每人一年的消耗量约为300磅。

由此得知，饮食中钙质足够与否，并非骨质疏松症之诱因，其真正原因在于：骨质疏松症与动物性蛋白质消耗量多少有直接关联性。换言之，动物性蛋白质摄取愈多，钙质流失就愈厉害，骨质就愈脆弱疏松。蛋白质效应与骨质中钙的存留关系，因纽特人给我们提供了精彩的范例。因纽特人因为地理环境使然，他们的饮食含有全世界最高的蛋白质：每天250到400公克，取自鱼、海象、鲸鱼等。钙质摄取量也是世界最高：每天超过2 000毫克，取自鱼骨头及肉类。他们的骨质疏松症发生率是世界之冠，平均20岁不到，就可见到弯腰驼背者比比皆是。而非洲斑图人民每天蛋白质摄取仅47公克、钙质仅400毫克，未闻有骨质疏松症。由此再次说明牛奶及其他乳类制品（包括奶酪、奶油、冰淇淋、肉类等）饮食中所含高量、高浓度的蛋白质是造成骨质中钙质大量流失的真凶。

植物性蛋白质对骨骼却有保护作用,过量摄取也不会造成骨质软化。这是因为牛奶、乳类制品、肉类、蛋、鱼类,除了蛋白质的原因外还有其他导致骨质疏松症的因素:酸性物质比例太高。为了保持血液酸碱平衡,维持弱碱性,骨骼必然要游离(抽取)更多的钙质以达成中和平衡的目标。在此特别提醒大众,目前蛋白质平均摄取量均属过剩,绝无缺乏之忧,千万不要因担心营养缺乏而加倍补充牛奶、优酪乳、奶酪及蛋。这势必造成钙质及其他矿物质流失体外之后患,造成身体负性钙平衡(缺钙)。

除大量动物性蛋白质摄取会造成骨质矿物外流外,缺乏运动,停经,喝汽水和可乐(碳酸,磷质含量太高),吃精加工食物、过量的盐及其他酸性食物,均是骨质疏松症的致病因素。长期的腰酸背痛、疲倦、骨头酸软无力、牙齿松动、齿龈萎缩以及容易扭伤、闪腰、骨折……代表骨质中钙质及其他矿物质之流失,此刻应重新检讨我们的饮食,减少动物性蛋白质、鱼肉类、乳类制品的摄取,以重建真正的健康。

(4)人类应尽早放弃乳制品的理由

现代商业化的成果——便利又方便的牛奶及乳类制品对我们人体有极大危害,除了前面叙述的理由外,有更多的研究显示我们应当尽早丢弃牛奶、奶酪、奶油等乳类制品,今列举其中四点说明之:第一,巴斯德消毒法的负面影响。第二,毒性物质的残存隐患。第三,均质化乳制品带来的伤害。第四,合成维生素 D 的添加危害。

第一,巴斯德加热消毒法的负面影响。细菌学家巴斯德创立了消毒杀菌的方法,在乳制品生产中可将牛奶或羊奶由生奶变成熟奶,这样有利于保存和减少伤寒等细菌感染,但加热后的牛奶或奶酪等乳制品改变了原有的酵素性质,酵素及蛋白质、脂肪的结构成分加热后会形成不稳定的物质,而且牛奶加热至华氏 170℉(约摄氏 62℃)时会破坏牛奶中活性酵素系统 Cystine, Tryptophan, Lactase,维生素等营养物质也大多摧毁殆尽。加热后蛋白质会凝固(凝乳)形成坚硬的蛋白体,有益于肠道的乳酸菌也遭到完全破坏,最后牛奶就变成了非常难以消化、易过敏、对人类有害无益的东西。

用巴斯德消毒法消毒牛奶是卫生单位为了强调卫生安全、保证产品清洁的工艺设计。但这却并不能提供对人们有健康帮助的产品,更何况巴斯德消毒法并不能完全排除灰尘、花粉、霉菌、昆虫等小体积物质的环境污染。巴斯德消毒法提供的仅仅是劣质食品,即使天生就喝牛奶的动物:小牛,如一直喂食消过毒的牛奶,它在未长大前就会死亡。人类应当觉察这些事实,只要及时觉悟而拒绝再喝牛奶等乳制品,都不算太迟。

虽然经过发酵的乳制品如奶酪、酸奶酪、酸奶等,会比牛奶对于人类消化道稍好一点,但对人类健康有益而言,差距甚远。因为它们都是偏酸性食物,理应避免。假使一定要摄取,可选用少量生鲜无添加盐分的乳制品。

第二,毒性物质的残存隐患。现代畜牧业与过去完全不同,受限于空间、管理、经济效益,已不采取野外自由放牧而是限地集中喂养。为了避免密集式畜养而造成传染病意外,故于饲料中添加抗生素及杀虫剂;为了促进肉质肥美、乳汁增产,添加生长促进剂及荷尔蒙,这些无法确知的化学品、添加剂、毒性物质亦会流入牛奶中,随着人类摄食又进入人体。畜养方式的改变,合成饲料取代牧草,牛群的生态环境及生理现象也随之改变。

圈养牛因饲料中缺乏天然牧草的纤维质,排出的粪便稀松、不成型,犹如腹泻般。牛奶中脂肪的成分也随之改变:脂肪含量增加(因为牛群饱食终日缺乏活动)、饱和性脂肪比例偏高、未饱和脂肪大量减少,例如 EP(EicosapentaenoicAcid)。换言之,破坏性脂肪远比建设性脂肪多,这将造成心脏血管疾病及生殖系统癌变的增加。

第三，均质化乳制品带来的伤害。牛奶均质化(Homogenization)是打断牛奶中的脂肪球，令其解散的一种制作法。虽然在乳制工业中属一种新的制作工艺，但均质化乳会破坏人类的动脉管壁，这对牛奶均质化的发展，实为致命一击。

Kurt Oster 医师在这方面的研究最为精辟。他发现有一种酵素(Xanthin OxiDase)简称 XO，可存于牛奶脂肪中，正常饮用非均质化乳时，XO 只会存在于肠道间，不会被回收入血液循环中。但牛奶经过均质化之后，均质化过程会减少乳化脂肪，造成 XO 大量释放，进而造成血液再回收。因此摄取均质化牛奶，血中 XO 浓度均会很高。相反，饮用非均质化牛奶或不喝牛奶者的 XO 浓度均低，而 XO 被视为血管壁瘢痕化的原因。血管壁失去原有的平滑性会诱发脂肪物质沉淀，凝聚血小板或崩解的血球等，进一步造成瘢痕、粥状化，最后形成血管硬化、管腔狭窄。Ostcr 及哈佛大医学院的 Esselbacher 共同提出：摄取均质化牛奶是美国人罹患心脏病的最主要原因。世界上其他国家，如芬兰，乳制品也是全面采用均质化过程，心脏病发生率亦极高；而法国极少用均质化制乳，其心脏病比率较美国、芬兰明显降低。

第四，合成维生素 D 的添加危害。维生素 D(irradiated ergosterol)，是一种经放射性处理过的维生素添加剂，多年来一直被使用于添加入大多数商业用乳类制品、其他食品及常见合成性的多种维生素丸中。何以要添加维生素 D 呢？以前畜牧业以野外放牧方式为主，牛羊们一年到头在户外吃草，天然的维生素 D 及胡萝卜素，可以通过阳光照射在体内自然合成，再从挤出的新鲜乳汁中制作成奶油(尤其是日照丰富的夏季，制成的奶油是一种天然的鲜明的黄色成分)。这种天然的奶油，无法长久储存及运输到远地，凡是能长途运送的，都是维生素 D 含量极少且颜色较淡的。随着野外放牧时间减少、吃野草机会减少、曝晒日光机会缩短，维生素 D 合成量减少，所制成的奶油在品质及维生素 D 含量上，皆随着颜色褪去而锐减，最后制乳业者只得添加色素及放射性 D 以补其不足。

动物体内的维生素 D 是一种极为复杂的成分，它们的活化过程，需要阳光照射在皮肤上，活化催促由 D_1 转成 D_2 再转成 D_3，分别在肝脏、肾脏中进行，最后活性的 D_3，负担执行钙磷代谢、钙质再吸收、骨质钙化等等过程。具放射性的 D_2 是一种人工合成维生素，与自然形成的维生素在结构上有所不同。在食物中因无法摄取完整的、天然的维生素 D，就会发生临床上常见的关节炎病患，其问题通常都是钙质的利用有所障碍。显示出添加的合成性维生素 D，不论取自牛奶或其他乳类制品，都不是根本解决之法。

在 20 世纪 30 年代，发现妇女怀孕时摄取添加维生素 D 的牛奶，其胎盘有钙化现象，合成维生素 D 的危险性逐渐为人所了解。后来，在英国因为不正常钙质代谢导致新生儿致死，发现与放射性维生素 D 被过量添加入牛奶中使用（由 400 国际单位增加为 1 000 国际单位/每品脱）有直接关联性，因此放射性维生素 D_2 添加品在英国已被禁用。近年来，乳制业者又以合成性维生素 D_3 取代放射性 D_2 为添加品，但其对人类健康之利害影响亦令人担忧。

后记

后学撰写此文时，曾为自己不断打气加油，“虽千万人吾往矣！”明知这冒犯许多乳制业者、奶粉贩售者、医护营养学者、专家及行政卫生单位，仍旧完成了。也算为自己的一向主张作了一次较详尽的说明：“牛奶是牛吃的，不是人吃的，为了远离慢性病，请尽早断奶。”宁愿采用其他含钙的植物性天然食物取代牛奶及其乳制品，因为它们的弊端远大过利益。期望可以帮助大家走出误区，重建牛奶摄取的正确观念。

三、阅读古文，然后回答问题。

大夫登徒子侍于楚王，短宋玉曰：“玉为人体貌娴丽，口多微辞,又性好色。愿王勿与出入后宫。”

王以登徒子之言问宋玉。

玉曰:“体貌娴丽,所受于天也;口多微辞,所学于师也;至于好色,臣无有也。”

王曰:“子不好色,亦有说乎?有说则止,无说则退。”

玉曰:“天下之佳人莫若楚国,楚国之丽者莫若臣里,臣里之美者莫若臣东家之子。东家之子,增之一分则太长,减之一分则太短;著粉则太白,施朱则太赤;眉如翠羽,肌如白雪;腰如束素,齿如含贝;嫣然一笑,惑阳城,迷下蔡。然此女登高墙窥臣三年,至今未许也。登徒子则不然,其妻蓬头挛耳,齞唇历齿,旁行踽偻,又疥且痔,登徒子悦之,使有五子。王熟察之,谁为好色者矣?”

问题:

1. 登徒子是如何证明“宋玉好色”这一论题的?其证明是否有错误?

2. 宋玉对登徒子对他的指责,采用了什么样的反驳方式?

3. 宋玉用来证明“登徒子好色”的论题是否成立?他在这里使用了什么样的证明方式?

四、下面是两篇短文,其中一篇立论、一篇驳论。请问它们是采用何种方式进行证明和反驳的。

一个外国人创作的中国民族音乐能听吗?——那天去听“纪念阿隆·阿甫夏洛穆夫诞辰九十周年音乐会”时,我就是怀着这样的疑虑走进海淀影剧院的。

翻开节目单,顿时一振,《孟姜女》《贵妃之歌》《柳堤岸》《为李白氏谱曲》《北京胡同》,多熟悉的字眼!俨然是中国作曲家们的作品。我的疑虑消失了一半。

幕启。中国歌剧舞剧院合唱队雄浑、古朴、激越、悲壮的无言的歌声,歌唱演员李元华情真意切的演唱,把我们带到了2 000多年前的巍巍长城下,我们仿佛看到了筑城的劳工、戍边的将士,还有那痴情的孟姜女……我们从史书上、文学作品中早已熟悉的雄才大略的秦始皇和威猛的将士,又以音乐形象出现了。劳工的沉郁顿挫之声,又使我们联想起嘉陵江畔、澧水之滨、黄河漩涡中的劳动者们拼搏奋进的身影;怨泣悲歌的孟姜女,更是家喻户晓的民间传说,早已熏陶过我们的心灵……

刘秉义的歌声,青年演员赵国雄的二胡独奏,又分明把我们带到莺飞草长的江南,那丝竹乐的情调是我们民族固有的,"折柳送别,见月怀乡"不也正是我们民族纯朴感情的传统表现形式吗?

还有。回荡在《北京胡同》里的各种各样的音响,不恰恰是古都北京纷纭的市井生活的充分体现吗?乐曲中深含的韵味,与我们从《城南旧事》《茶馆》《吉祥胡同》《钟鼓楼》《烟壶》一类中国作家的作品中体验到的,简直是一脉相承!

我沉浸在我们中国音乐所给予的享受中。

还有什么疑虑?只有被激起的民族的自豪和自信。

特别值得我崇敬的是雅各·阿甫夏洛穆夫先生,不仅是对他娴熟的指挥艺术,主要是他从遥远的大洋彼岸,来到我们的国家——他的出生之国,亲自指挥他父亲的中国音乐作品,还有他的频频友好的微笑,诚挚的态度,与中央乐团和谐的合作演出。总之,对他表现出来的友好之情,我要以一个普通的中国公民的身份,奉献上我衷心的最崇高的敬意。

音乐会散场之后,在回家的路上,我想:一个外国音乐家,毕生致力于中国民族音乐的研究和创作,而我们自己的音乐家难道就应以唱外国歌,创作脱离本国国情的音乐作品为荣吗?寄予我们的音乐家们,请以阿隆·阿甫夏洛穆夫为榜样,创作出无愧于中华民族的音乐作品来。

后来,有人针对上述文章发表了一篇反驳文章如下:

读了晚报的这篇文章之后,对阿隆·阿甫夏洛穆夫充满着敬意,但作者有一段文字,却令人难以苟同。

文章说:一个外国音乐家,毕生致力于中国民族音乐的研究和创作,而我们自己的音乐家难道就应以唱外国歌曲,创作脱离本国国情的音乐为荣吗?

试问,如果有个外国阿诚,他责备阿隆·阿甫夏洛穆夫不去创作他自己国家的音乐,而创作脱离本国国情的音乐,从而受到非难,我们会有什么感觉呢?

我们的音乐家向阿隆·阿甫夏洛穆夫学习,提倡创作大量的具有中华民族气概,深刻反映中国人民的精神面貌的音乐,是完全正确的。但也不能以此去排除唱外国歌曲,创作外国特色的音乐作品。一些著名的中国音乐家不也是因演奏外国的作品,而被外国热烈称赞为"富有诗意"吗?我国的一些歌唱家不也是在国际声乐比赛中,演唱外国歌曲而得奖吗?

五、指出下述短文中所包含的证明和反驳,并指出其证明和反驳的方式及所使用的推理形式。

补钙之风大起,其势头远非"打鸡血疗法"、"红茶菌疗法"、"甩手疗法"所能比。以前的几股风没有经过人为炒作,没有媒体为其登播那些地毯式广告轰炸,只是民间的养生方法,与"全民补钙"相比,简直是小巫见大巫。一时间,补钙品纷纷炮制出世。有的适用于儿童,有的适用中老年人;有的含锌,有的含维生素D;有的钙取自矿物,有的钙取自动物。

于是,不明白的人纷纷去进补这地球上差不多是最丰富的元素。不补可不行,明星中都那么多人缺钙,何况我等。缺钙的,一个字,"补";不缺钙的,还是那个字,"补"。以备不时之需嘛!

而偷着乐的明白人却大行其"道",他们或者正忙于开发票,或正忙着开处方……我们不便说某些人是骗子,因为有这样一个说法——骗子是受骗最少的一种人。

中老年人最缺钙,因为他们最需要补钙(这是一个笑话)。

作为中老年人,我也常常腰酸腿疼,不禁动了补钙的念头,但无奈工资收入比较低,不好好思索一下是不敢贸然下手的。

我想,缺钙无非是两种原因:

1. 摄入量不够。

2. 钙从身体里流失。

首先,我的情况不是摄入量不够。如果是摄入量不够,那么,缺钙的现象应当在我进入中老年之前发生,因为那时,我国人民生活水平比较低,肉、蛋、奶,尤其是奶的消耗量远远没有现在高。怎么能因为这些东西的摄入量提高,反而缺钙了呢?怎么会在过穷日子时不缺钙,而生活水平提高之后骨质反而疏松了呢?

再者,欧美人,奶的摄入量是中国人的几十倍,但缺钙者也不乏其人,这说明了什么?我想,这是不言而喻的。

那么,钙是不是从身体里流失了呢?从逻辑上来说,这恐怕是唯一的可能了。因为,人体如果缺了什么,要么是该“来”的没“来”,要么就是不该“走”的“走”了。如此说来,“硬补”是起不了太大作用的,因为“该走”的东西自有其走的道理,是挡不住的;补得多,还得多费点事把它排出去,闹不好,再弄出几块结石来……

但钙为什么会流失呢?

这中老年人真是冤,摄入量明明够,但还缺钙;明明缺钙,它还偏偏流失……

偶然听到的一则报道使我再次回到补钙问题。

这则报道的大概意思是,在太空飞了很久的宇航员回到地球后,身体多处的骨骼会发生疼痛,且不能行走,行走功能需数天乃至数周方可完全恢复,其原因是宇航员体内的钙大量流失。

看样子,身体素质超一流的宇航员也不能缺钙。缺钙确实也能让他们腰酸、腿痛,甚至走不了路,其症状比一般中老年人的缺钙还要严重。

可是宇航员为什么会缺钙呢？摄入少？不会，美国人没那么傻，美国人再穷，即便是穷得让美国总统小布什缺了钙，也不至于让宇航员营养不良。况且，宇航员的身体是怎样的身体？100个候选者中也不一定能挑选出一个宇航员来。

那钙又为什么会流失呢？

想来想去，我终于明白了，原来是“失重”捣的鬼。

由于失重，宇航员便没有体重；宇航员没有体重，宇航员的骨骼系统便没有负荷；而没有负荷的骨骼系统必然会适应这种负荷的改变，启动自身内部的调节机制，而自行“减肥”了。其结果，当然是让多余的钙“流失”掉。

如果骨骼负荷的改变，会影响骨骼的含钙水平，那么，增加骨骼的负荷，必然可以提高骨骼的含钙水平。

但细想起来，问题似乎并未完全解决。因为骨骼里的钙总不会像味精瓶里的味精，倒出一点，就少一点，而加入一点，就多一点，那样简单地进出骨骼。如果事情没这么简单，那么，这意味着在钙进出骨骼的同时骨骼还发生了一些其他的变化。到底发生了哪些变化呢？这可能是一个只有医学家才有权威去解释的问题。

不管医学家会作出怎样的解释，有一个情况还是值得注意的。

我们都曾注意到在户外玩耍的幼儿常会摔跟头，有时候还会摔得很重，但却极少会发生骨折；如果中老年人也照那个样子去摔的话，恐怕早就会发生多处粉碎性骨折了。这难道是幼儿骨骼中的钙比那些骨质已经或开始疏松的中老年人还多吗？答案是否定的。实际上，幼儿的骨骼很软，钙在其中的比例绝不会比中老年人高，但他们却很少发生骨折。

这告诉我们，骨骼中钙的含量不是判定骨质是否疏松的唯一标准。一定还有其他的因素在起作用，这个或这些因素与钙的作用共同决定了骨质的密度。那这个或这些因素又是什么呢？这也是一个很专业的问题,但无论如何它或它们必定是与钙“共进退”的。

我们或许可以参考中国古代医学理论中的“生精填髓”这一治疗方法,这个方法告诉我们,中医很早就注意到骨质疏松的问题了。

那时的中医虽不可能知晓骨骼中都有什么成分,故把疏松的骨质所缺少的东西笼统地称为“髓”,但却研究了大量能用于“填髓”的药材和处方。中医还认为“虚”了,就该“填”,就该“补”,而且“药补”不如“食补”。“补”只是一物质条件,而“补”的目的能否实现,还要看身体是否有“补”的需要。那些宇航员在太空中“虚”成那样,可“补”却不起作用,因为没有“需求”、没有体重……因此,为了创造这种“需求”,宇航员在太空中采取各项措施进行锻炼。

对于生活在地球上的患骨质疏松症的中老年人来说,也需要创造一种“需求”,即增加骨骼的负荷,而实现它的唯一办法是增加运动量。

“生命在于运动”,这话早就有了,只是我们没在意而已。

六、阅读文章并回答问题。

毛泽东同志在1949年9月16日为新华社写了一篇评论文章《唯心论历史观的破产》,其目的是反驳艾奇逊诬蔑“中国革命的发生,是由于人口太多的缘故”的谬论。他在文章中写道:

革命的发生是由于人口太多的缘故吗?古今中外有过很多次的革命,都是由于人口太多吗?中国几千年以来的很多次的革命,也是由于人口太多吗?美国174年以前的反英革命,也是由于人口太多吗?艾奇逊的历史知识等于零,他连美国独立宣言也没有读过。华盛顿杰斐逊们之所以举行反英革命,是因为英国人压迫和剥削美国人,而不是什么美国人口过剩。中国人民历次推翻自己的封建朝廷,是因为这些封建朝廷压迫和剥削人民,而不是什么人口过剩。俄国人所以举行二月革命和十月革命,是因为俄皇和俄国资产阶级的压迫和剥削,而不是什么人口过剩……

以上是一个反驳论题的例子。毛泽东同志用中国、美国、俄国革命的事实——这些革命都是由于反动者的压迫和剥削,而不是由于人口过多的缘故——作为驳据,采用归纳推理的形式,从正面直接论证,驳倒了艾奇逊的“革命的发生是由于人口太多的缘故”这一荒唐论题。

请你认真分析要反驳的论题,并对其作出评价。

七、请证明三段论推理第一格的结论可以分别是 A,E,I,O 四种判断。

八、请用反证法证明“三段论推理第二格的结论必然是否定判断”这一结论。

九、请用归谬法反驳“三段论推理第三格的结论必然是全称判断”这一结论。

十、看过下述两段短文后,你一定有自己的看法。如果你赞同“苦难教育”,请你作一简短证明;如果你反对“苦难教育”,请你作一简短反驳。

1. 上一代人(大致相当于“老三届”)认为拾煤渣、吃窝头、穿补丁衣服是一种苦难,而能够进学堂、挑灯夜读是幸福的。

而这一代人却觉得,如果能不为考试所累,不被分数所缠,他们宁愿去拾煤渣、吃窝头、穿补丁衣服。有个学生曾道出过肺腑之言:“这学习也太累了,我宁愿到山上去当捡矿石的工人。”

更老的一代则认为“老三届”这一代人“生在新中国,长在红旗下”，从小生活在“蜜罐”里，所以，应当“上山下乡”去“接受再教育”。

这说明“苦难教育”有它的传统性，也有时代性的内容。“苦难教育”从何时开始，这很难探究，恐怕在孟子提出“天将降大任于斯人也”这一名句提出之前就有了。

2. 大人们对孩子实施的“苦难教育”，其实是由大人们做导演，孩子们做演员的一出“闹剧”。演员所演的故事不是演员自己的，所以演戏者也很难入情入理地进入角色。如果错误地、过度地实施“苦难教育”，其结局，不过是给下一代人增加了双重的——大人们的和孩子自己的苦难；如果把“苦难教育”作为下一代人生活中的可有可无的“点缀”，其结局，不过是给他们的生活添加了一个逢场作戏的舞台。教会孩子追求，在追求的苦难中，适时地给予鼓励，坚定其信心，应该更有滋味。

十一、请对下述说法作适当反驳。

1. 年轻人没有什么不可以。

2. 过把瘾就死！

3. 我的未来不是梦！

十二、阅读以下文字[oyicc58（本书作者）在百度贴吧的一个帖子及其相关讨论]：

场及其场力_

在密闭容器内的平衡液体中，任意一点的压强如有变化，这个压强的变化值将传给液体中的所有各点，而且其值不变……

我们假定那密闭容器是一个球形气球，于是我们可以通过球心画无数条线。从牛顿力学考虑，其中每一条线都是一对力，一对矢量力。

但是从场理论看，那场内只有一个力——场力。

(1 楼 2013－01－23 14:11)

六月份的盐汽水：

又是这种幼稚的问题。但我现在都懒得跟你废话了。跟你这种根本不尊重同你讨论者的人探讨问题，是一种折磨。

oyicc58：

再如，一个鞭炮在空中爆炸，我们同样不能说那爆炸范围有无数对向量力，我们只能说那里只有一个力在起作用。

hutu198cn：

楼主比喻得非常好，场其实就是一种压力环境，场力其实就是压力差。只有对外显现场力时，人们才会感觉到场的存在。譬如大气压力平衡时，我们就不会感觉到大气压力的存在。

2013－3－17 21:00 回复 hutu198cn：

你的这个场力能够解释为什么洛伦兹力的方向正好与电荷运动方向垂直。譬如做一个 L 形的管子，两头有活塞，推一个活塞时，在空气压力的作用下，另一个活塞就会运动，但其运动方向和另一个活塞的运动方向垂直。这个实验说明，只有在压力环境下，才会发生运动与力相互垂直的情况。

wxd356：

似乎这个系统里没必要用场描述。

一贴友：

场力，与物体的力刚好相反。

oyicc58：

是，在某种意义上。

一贴友：回复 oyicc58：

是在任何意义上。

wxd356：

完全不明白你说的什么意思。

一贴友：回复 wxd356：

完全不明白你说的什么意思——应该如此。

oyicc58：

同样的道理，我们手握两块极性相异的磁铁使之靠近，我们可以感受到其间的吸引力，我们不能说我们感受到两个力或者一对力，而只能说感受到一个力。

这个力是两个场之间的作用力。

场力与牛顿第二定理描述的力不是一回事。场力是一种相互作用力。

同理，万有引力描述的也是两个场之间的作用力，它们是一个力，而不是一对力。

我是李康乐：

一个力可细分为无数个分力，场力就是无数个力的聚集。

oyicc58：

从现在开始物理学有三种物理量了。

1. 标量。

2. 矢量。

3. 场量。

W_H_Bragg：

第三种应该是张量。

朱辰冰：

场力无法确定其方向，只有把场设定为第三者的存在，才能找到场力的作用力与反作用力，才能确定它的方向。甲对场作用，场又对乙作用。

oyicc58：

个人以为，牛顿的第三定律就是为解决场力问题而提出的。这定律在他那里没有完成。

香麸新馍：

啥叫场？你说的场与物理学中的场是一样的吗？

oyicc58：

场量的提出是一大步，物理学的一大步。

oyicc58：

物理学对场作过不少研究，但是，对场作宏观方面的研究却没有。

oyicc58：

对场作出归纳式的研究，还没有人搞过。大家试一试？

暗夜雨寒：回复 oyicc58：

我可以说 18 世纪就有人研究了吗？

oyicc58：

场首先分为有限场和无限场，前者的空间是有限的，后者的空间是无限的。

淄博宋立强：

请问磁场是什么场？

oyicc58：回复淄博宋立强：

还没有到这段儿呢。

oyicc58：

http://tieba.baidu.com/f? ct = 335675392&tn = baiduPostBrowser&sc = 29909369567&z = 2188226429

今天才到这段。哈哈。

永久的女王：

场力，子虚乌有。

oyicc58：

我们提出新理论、新概念仅仅是出于两个原因：

1. 为了解释现有理论不能解释的现象。

2. 为了解决现有理论的逻辑矛盾。

无中生有 99：

“1. 为了解释现有理论不能解释的现象，2. 为了解决现有理论的逻辑矛盾”,我觉得这两句话说得好,欣赏,支持。

oyicc58:回复 无中生有99:

除此之外的一切目的都是自虐、自娱、自嘲。

无中生有99:回复 oyicc58:

是的,同感。

oyicc58:续13楼:

场首先分为有限场和无限场,前者的空间是有限的,后者的空间是无限的。

有限场,例如压力体,这种场的界限是明确的;无限场,例如磁场和引力场,其场的界限是无限延伸的。

oyicc58:回复 lzqqqqqq:

压力是矢量还是标量?

lzqqqqqq:回复 oyicc58:

矢量

oyicc58:回复 lzqqqqqq:

指向何处?

lzqqqqqq:回复 oyicc58:

接触面方向。

oyicc58:回复 lzqqqqqq:

内部每一个区域呢?压力体内任何一点呢?

lzqqqqqq:回复 oyicc58:

各个方向都有。

oyicc58:回复 lzqqqqqq:

于是内部的方向是混沌状态;于是,简单的矢量、标量解决不了,只能提出场量这个新物理量。

lzqqqqqq:回复 oyicc58:

哪混沌了?内部某一点各个方向均受到压力。

oyicc58:回复 lzqqqqqq:

相邻两个点的力如何分析？作为这压力体内部的压力，从整体说这压力是什么性质的？

oyicc58：回复 lzqqqqqq：

如果你是 90 后，你不用回复了。

oyicc58：

我对场的第一个分类是：

有限场、无限场。

在无限场的基础上可以进行再次分类：

单极场、偶极场。

电荷形成的电场以及引力场是单极场，磁场电磁场（电磁铁形成的磁场）是偶极场。

由于场的性质完全不同，所以，爱因斯坦的大一统理想从根本上说是一个梦想。

oyicc58：

这个次级分类是非常重要的，它告诉我们哪些研究是行得通的，哪些研究是不可能成功的。

oyicc58：

目前，物理学家们正乘胜出击，致力于建立所谓大统一理论，把电磁作用、弱相互作用和强相互作用三种基本力统一在一起，以及更进一步地建立起大统一理论，把所有四种……

zhidao. baidu. com/question/78790219. html 2008 - 12 - 12

看看那些热血沸腾，摩拳擦掌的物理学家，他们是不是很阿 Q？

电磁场与引力场是根本性质完全不同的两种场，他们可能把其统一起来？

如果单极场与偶极场可能会统一起来，那它们“统一”成什么场？“统一”成单极场还是偶极场？

从逻辑看，那是不可能的。科学家更没有可能在单极和偶极之间架设一座桥梁。

这是物理学的悲哀还是物理学家的悲哀?

当然这也许不是悲哀,因为会有非常多的人因为他们的扯淡研究而成为专家、学者、教授、终身教授,甚至成为院士!

oyicc58:

这物理学发展到今天已然是一片狼藉。尽管这样,这物理学大粪缸里的蛆虫仍然努力在其中"吾将上下而求索",当然……

如果有人从头到尾看过这帖子,还会有人觉得我上述的话语很过分吗?

oyicc58:

一个爆炸所形成的场也是一个力场,它是一个单极场、无限场。

oyicc58:

下面是一个通知:

你在相对论吧发表的主题:"转贴:场及其场力_民科吧" 被该吧吧主或小吧主 删除 03-03 14:12

这删帖是理所当然的,哈哈。

oyicc58:

从逻辑上来说,大一统意味着一种"系统性混乱"。

wenmingyy:

呵呵,我居然看完了,大神我好崇拜你

oyicc58:

这帖子可以让很多人少走弯路,也可能使很多人成为笑料。

oyicc58:续 19 楼:

我对场的第一个分类是:

有限场、无限场。

在无限场的基础上可以进行再次分类:

单极场、偶极场。

电荷形成的电场以及引力场是单极场,磁场电磁场(电磁铁形成的磁场)是偶极场。

由于场的性质完全不同,所以,大一统的理想从根本上说是一个梦想。

物体之间的相互作用本质上应该都是场与场之间的作用;而不看作是物体与物体之间或者物体与场之间的作用。

oyicc58:

相互作用力——这是场力的本来面目——也是力的本质。

牛顿第三定律其实就是为了解释这个问题而提出的,但是牛顿的解释没有在点子上。

第十一章练习题

一、下述议论或对话是否违反逻辑规律,如果违反逻辑规律,请你指出违反了哪些逻辑规律并犯有什么逻辑错误。

1. 在《儒林外史·范进中举》中,有如下描述——范进为了参加乡试,想向丈人胡屠户借盘费,遭到胡屠户的一顿臭骂:

“这些中举的老爷们都是天上的‘文曲星’,你不看见城里张府那些老爷们,都有万贯家私,一个个方面大耳,像你这尖嘴猴腮,也该撒泡尿自己照照!不三不四,就想天鹅屁吃!”

范进中举后,胡屠户判若两人。他不仅恭维范进是天上的星宿,而且说:

“我这贤婿,才学又高,品貌又好,就是城里头张府、周府这些老爷,也没有我女婿这样一个体面的相貌。”

2. 国王命令处死小偷,小偷请求国王宽恕。

国王说:“你犯了这么大罪,我怎么能宽恕你呢?我只同意你选一种死法……”

小偷忙说:“那就让我老死吧!”

3. 美国国会曾有人提出一条新法案,有关人员征求罗斯对该法案的意见,罗斯说:“我的朋友中,有人赞成,有人反对。”有关人员进一步追问罗斯:“我们问的是你的意见。”罗斯说:“我赞同我的朋友们。”

4. 几天以来从未停下来的雨终于又淅沥淅沥地下起来了,真是烦人得很。

5. 在我家乡有座大山,山峰陡峭无比。从未听说有人能爬上顶峰,前几年听说有人爬上去过,但最后也未能活着下山来。

6. 一名五十来岁的“算命先生”故作高深地对假冒落榜生的记者说:“我掐算得可准了。你今年命中注定要受到挫折,所以没考上。但你还不能工作,应该继续复读,明年就会时来运转,一定能考上大学。”

7. 由于在法庭上无所适从,被告一直把手放在衣袋里,法官指责他没有礼貌。

他回答说:“我简直不知道该怎么办才好! 把手放在别人口袋里,你们惩罚我;放在自己口袋里,你们又说我没有礼貌。”

8. 律师为被告辩护时说:被告在犯罪前曾荣立三等功,按刑法第 63 条规定,有立功表现的罪犯可以减轻或免除处罚,希望法庭在量刑时予以考虑。

9. 我完全有信心、有决心做好这一工作,当然多少有些担心自己的领导能力不够。

10. 老师:“罗勃特,请你举例说明热胀冷缩的现象。”

学生:“暑假有 6 个星期,寒假最多只有 14 天。”

11. “今年爸妈不收礼,收礼还收脑白金”。

12.《艺文类聚》中有个《东食西宿》的故事。

齐国有个姑娘到了出嫁的年龄,很多人上门求亲。其父母相中了两户人家:东邻一家是富裕人家,可儿子却其貌不扬;西邻一家是贫苦人家,可儿子却一表人才。

姑娘的父母思前想后,拿不准主意,便要女儿决定对两家的取舍。知道女儿可能羞于开口,便与女儿约定,若喜欢东邻便可伸出左手,若喜欢西邻便可伸出右手。

姑娘怔了一会,伸出两只手。父母大惑不解,问女儿这是什么意思。

女儿答道:“我想在东邻吃饭,同时在西邻住宿。”

13. 下述文字是否发生了矛盾?

莫言:人的禀赋,并不由人决定,而是由环境决定。人的明亮眼睛,放在阳光下是透彻的明镜,放在黑暗里就是幽暗的摆设。人的嫣红心脏,放在热血中是跳动的青春,放在药液里就是苍白的标本。人的炽热情愫,放在爱恋中是激荡的情海,放在仇恨中就是燃烧的怒海。因此,人不仅要塑造自己,还要塑造环境。

14. 我们看看这谚语背后有没有逻辑矛盾:

不怕贼偷,就怕贼惦记。

15. 以下是李敖《佛教本质就是邪教》一文的章节标题,我们看看能否从中找出逻辑矛盾。

(1)中国佛教沦为邪魔外道。

(2)佛教三原旨。

原旨1:无神论、反崇拜

原旨2:智慧天生、众生平等

原旨3:反念经,反修行

(3)佛教五大魔障。

念经、拜佛、寺庙、和尚、修行是佛教五大魔障,只有打破这五大魔障,才能迈入佛教门槛,找到觉悟的方式。

(4)佛和魔。

“佛”的意思是智慧,“佛”有两层意思:

第一,自我获得智慧。

第二,传播智慧,使其他人获得智慧。

“魔”的意思是“愚昧”,是“佛”的反义词,“魔”也有两层意思:

第一,自我愚昧。

第二,毒害他人,把他人变得愚昧。

16. 以下是易中天的一段文字,我们看看能否从其中找出逻辑矛盾:

犹太文明像油,放在水里是孤立的。伊斯兰文明像奶,伊斯兰文明讲特慈和普慈,伊斯兰文明是世界性文明。西方文明是酒。西方文明更进一步它讲普世,既没有普和特的区别了……中华文明像水,而且是纯净水,我是水,那什么都可以进来,油也可以进来,奶也可以进来,酒也可以进来,来者不拒。你要信上帝,可以,你要信安拉,可以,你要信佛祖,可以。你要我跟着你信,可以,反正我其实什么也不信。无所谓。

17. 以下是《论语·学而》中的一段文字,我们看看能否从中找出逻辑矛盾:

子曰:君子不重则不威,学则不固。主忠信,无友不如己者,过则勿惮改。(《论语·学而》)

二、下述议论或对话是否违反充足理由律?如果违反,请你指出犯了什么逻辑错误。

1. 晚餐时,丈夫吃了一口菜,不高兴地说:“这菜是怎么做的?难吃极了!”

“那你自己去做做看!”妻子不满地反驳道,“你必须知道,你并不是跟一个厨师结婚的呀!”

那天晚上就寝时,太太听到楼下有奇怪的声音,就对丈夫小声说:“你下去看看吧!大概是小偷光顾了。”

丈夫坚决地回答:“那你自己下去看看,你必须知道,你并不是跟一个警官结婚的呀!”

2. 人从本性来说都是自私自利的,但也有些人是高尚的、无私的。

3. 有些人是高尚的,所以,在新中国才会出现许多高尚的人。

附录

练习题解题目的、要求与思路

第二章练习题

第一题

单独概念与普遍概念的区别仅仅在于其外延。如果外延包含多个含有概念所揭示的本质属性的个体，那么，这个概念就是普遍概念，否则就是单独概念。

第二题

实体概念与属性概念的区别仅仅在于其内涵的丰富程度。例如，红色的内涵仅仅是红色本身，而红色颜料的内涵则明显很多。

第三题

这道题很简单，按照概念外延间实际关系处理即可。概念间的关系不同于对象在时间空间里的关系。例如，铅笔盒与书包在逻辑上是反对关系，且不可以以为铅笔盒可以放在书包里而把它们之间的关系误认为是属种关系。

第四题

做这道题的时候应该注意，你所列举的任何两个概念间的关系都必须符合欧拉图的要求。

第五题

按照定义规则的要求逐条核对。

第六题

按照划分规则的要求逐条核对。这里有一点需要特别注意，一个正确的划分是，其母项与子项之间的关系一定是属种关系，否则一定是错误的。

第七题

按照限制与概括规则的要求逐条核对。这里有一点需要特别注意，一个正确的概括与限制，其概念与限制或者概括后的概念之间的关系一定要是属种关系，否则一定是错误的。

第八题

同第七题。

第九题

下定义无非是先给出一个属概念，然后通过概括或者限制手段找出一个恰如其分的种差。

第十题

同第九题。

第十一题

在第八题的基础上再加上耐心与细致。在很多场合，定义与划分不会很明显地给你罗列出来，你需要有意识地去把握它们。

第十二题

同第十一题。

第十三、十四、十五题

同第九题。

第三章练习题

第一题

根据句子、命题、判断的定义予以确认。本教程已经说得很清楚了，由于判断涉及主观认定，所以在明确命题与判断的实际区别后，我们就不再区分命题与判断而把判断看做命题加以处理。

第二题

根据判断的量项联项加以识别即可。

第三题

做这道题时我们常常会犯这样的错误，我们会根据一个判断的实际真假去确定其他素材相同的判断的真假，逻辑学在这个问题上的要求是假定一个判断的真假去确定其他素材相同的判断的真假，也就是仅仅"根据对当关系"加以确认。

第四题

这道题的要求与第三题的要求不同，它要求你举出事实上的真假判断。

第五题

反驳一个全称判断可以通过其矛盾判断之为真来进行；反驳一个特称判断也可以通过其矛盾关系的判断为真来进行，也可以通过其上位判断之为真来进行。

第六题

根据关系词的实际情况进行识别。

第七题

根据两种关系词的三种情况予以排列组合就可以找全九种性质不同的关系词。

第四章练习题

第一题

根据复合判断的定义和特征予以识别。

第二题

根据假言判断前后件实际关系进行识别，根据假言判断的特征和该假言判断的真值表定义都可以准确确定假言判断的种类。

第三题

本教程已经非常清楚地解释了一个复合判断在什么情况下是一个假判断。

第四题

一个在真值表上只有一行为真的判断（联言判断）及其负判断或者三行为真的判断（充分条件假言判断、必要条件假言判断、相容关系选言判断）及其负判断都有五个判断形式与其等值。一个在真值表上只有两行为真的判断只有不相容关系选言判断和充要条件假言判断，它们的等值形式非常多，对本科生而言只要搞清楚这两种判断互为负判断就足够了。

第五题

同第四题。

第六题

依据对当关系进行。

第七题

同第六题。

第五章练习题

第一题

根据对当关系进行推导。

第二题

应该注意的是这里的“换质换位”与“换质位”不同。前者要求在原判断的基础上分别做一次换质推理和换位推理，后者要求在原判断的基础上连续进行两种变换。在做这类题目时候切记 O 判断是不能换位的。

第三题

本题要求连续换三次，除非遇到 O 判断。

第四题

列举适当的例子即可。

第五题

做这类题目的时候应该先把判断符号化，再从符号公式进行推导，然后再回到文字判断。这个中间过程不可以随便省略，除非你对这部分的内容掌握得滚瓜烂熟。

第六题

对这类习题的处理只需要回答能否，然后用符号表达即可。

第七题

本题的目的仍然是让你熟悉复合判断的等值变换，虽然要求你代入实际例子，但是实际变换过程仍然应该通过符号公式进行。

第八题

依据模态对当关系进行。

第九题

本题其实是一道讨论题，其目的是让学生们认识到关联词语的选择，尤其是多重关联词语的选择和措辞其实不是一个语法过程而主要是一个逻辑学过程。

第六章练习题

第一题

严格依据三段论的相关规定进行识别。

第二题

严格依据三段论规则予以识别。这里有一点值得提及，我们不要一看到题目马上就从第一条规则进行分析，除非它是明显的四名词错误；我们应该先行从其他规则进行分析，如果这个三段论没有违反其他规则而又明显地说不通、明显的是错误的，那它一定是违反了第一条规则，而这个四名词错误也一定是隐性的。

第三题

依据三段论的一般规则和各格的特殊规则都可以完成本题，但是如果你牢记了本教程建议你牢记的九个三段论推理式，解答本题将易如反掌。

第四题

首先看看文字中有没有或者能不能加入表达推理的特殊字眼，如因为、所以、一定、由于等。这样就可以确定省略了什么，这样你就可以把缺省的部分予以补足。此外，我们应该特别注意，在补足缺省部分的过程中我们应该尽可能按照规则把这个三段论复原为一个正确的三段论；如果这个省略式原本可以复原成一个正确的三段论而你把其复原成一个错误的三段论，那么错误就仅仅是你的，而不是那省略式的。

一个错误的三段论省略式可以被复原为多种错误。

第五题

依据三段论规则进行，值得提醒的是本题目所提供的任何一点信息都是不可以忽略的。

第六题

依据关系词的性质、依据关系词所允许的推导方式进行推导。

第七题

本题的目的是让学生明白三段论并不像是逻辑学教科书那样给你清清楚楚地勾画出来。

第八题

本题主要目的是使学生明白两套规则的使用范围是不同的，两套规则对保证三段论推理形式正确的目的而言其作用是不同的。三段论一般规则是保证推理形式正确的充分条件，至于各格的特殊规则大家可以继续考量。

第九题

按照本题的要求将第二题重新做一遍。

第七章练习题

第一题

本题要求指出的推理种类应该具体到××推理××式。

第二题

省略式不仅仅在直言三段论中才有，复合判断推理也常常出现省略式。本题的目的是让大家充分认识到这点。

第三题

做类似智力题的这类题目无非是假定，例如假定 A 说真话然后进行推导，如果推导的结果与已知条件不符就立刻改换一个假设再进行推导，直至得出与已知条件相符的结果。

第四题

本题思路与上题相同。有一点值得提示，只有简单式二难推理才可以推出确切结论，比如可以推出某一个人是哪一个队的，因为简单式的结论是简单判断。

第五题

首先把题目变成公式，再依据判定方法一步步进行。

第六题

同第五题。

第七题

在大段文字里面识别省略式是本题的目的。

第八题

同第三题。

第九题

在大段文字里面识别省略式的基础上加以有效性的确认。

第十题

科研是推理使用最多的场合，本题目的是让大家充分认识到这一点。

第十一题

同第三题。

第八章练习题

第一题

把握好不同归纳推理的区别后再进行识别。

第二题

把握好不同探求因果关系的方法有什么区别后再进行识别。这里可以采用倒推方法，比如首先确认题目没有使用剩余法、没有使用共变法等等。

第三题

同第二题。

第九章练习题

第一题

直接指出推理的种类。

第二题

这道题告诉我们，在类比推理中相比较的必须是对象的属性，而不是其他一些什么东西。

第三题

这道题告诉我们，错误的类比常常是幽默的手段。

第四题

这道题的目的是让大家重温类比与比喻的区别。

第五题

这道题目的是让大家重温假说的步骤。

第十章练习题

第一题

本题值得提及的是在一个论证中多种论证方式可能同时出现。

第二题

本题目的是让大家重温反驳的结构、方法以及反驳的着手点。

第三题

证明与反驳在对话里往往是交替出现的。

第四题

相比较而言反驳的成功率往往高于证明，大学里各种各样的辩论赛说明了这一点。

第五题

一个复杂的论证其所使用的证明或者反驳方式往往是叠套在一起的。

第六题

不明论旨是非常可怕的,常常有人在没有搞清楚对方论题的情况下就仓促反驳,伟人亦不能幸免。

第七题

按照三段论一格规则推导。

第八题

本题目的是让学生自己使用反证法。

第九题

本题目的是让学生自己使用归谬法。

第十题

本题目的是让学生自己练习反驳的方法。

第十一题

适当反驳,意思是尽可能、不拘形式、能反驳就反驳,不求全责备。

第十一章练习题

第一题

违反同一律的情况容易识别,识别违反矛盾律和排中律的错误相对较难。要区分这两种错误我们首先看例子里对两个矛盾的东西的态度是肯定还是否定。如果肯定了矛盾的双方,那一定是违反了矛盾律,如果否定了矛盾的双方,那一定是违反了排中律。此外还得注意,如果肯定了上反对关系的双方也是违反矛盾律的。

第二题

如果题目是一段文字,其中包含推理、论证,那么我们除了必须从同一律、矛盾律、排中律角度加以推敲外,还必须从充足理由律加以推敲。反之,如果题目是一段文字,其中不包含推理或者论证,那我们完全不必从充足理由律的角度进行推敲。在很多场合也可能出现多种逻辑错误,我们应该特别注意的是,在确认某论述违反充足理由律之后常常有人忽略从其他逻辑规律进行推敲。

图书在版编目(CIP)数据

普通逻辑学教程/李小克编著.—6版.—北京:首都经济贸易大学出版社,2017.10

ISBN 978-7-5638-2709-1

Ⅰ.①普… Ⅱ.①李… Ⅲ.①形式逻辑—教材 Ⅳ.①B812

中国版本图书馆CIP数据核字(2017)第236340号

普通逻辑学教程(第六版)

李小克　编著

责任编辑　晓　云

封面设计　砚祥志远·激光照排　TEL: 010-65976003

出版发行　首都经济贸易大学出版社

地　　址　北京市朝阳区红庙(邮编100026)

电　　话　(010)65976483　65065761　65071505(传真)

网　　址　http://www.sjmcb.com

E-mail　publish@cueb.edu.cn

经　　销　全国新华书店

照　　排　北京砚祥志远激光照排技术有限公司

印　　刷　北京世纪雨田印刷有限责任公司

开　　本　850毫米×1168毫米　1/32

字　　数　317千字

印　　张　12.375

版　　次　2002年3月第1版　**2017年10月第6版**

　　　　　2017年10月总第17次印刷

印　　数　84 001~88 000

书　　号　ISBN 978-7-5638-2709-1/B·60

定　　价　27.00元
